Goldmann Sachbuch

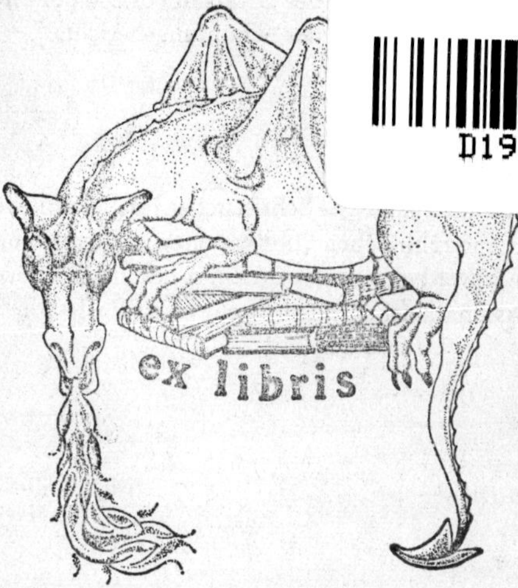

Buch

In dieser Untersuchung des 1. Buches Mose zeigt der Autor, daß viele »Entdeckungen« der modernen Naturwissenschaft bereits in den Aussagen der Bibel enthalten sind. So weist er beispielsweise auf Parallelen hin zwischen der Urknalltheorie in der Physik und den Schilderungen des Schöpfungsberichts.

Autor

Der 1920 geborene amerikanische Schriftsteller Isaac Asimov ist nicht nur durch seine zahlreichen Publikationen auf dem Gebiet der Science Fiction weltbekannt geworden, sondern auch durch seine naturwissenschaftlichen Schriften. Er ist Professor für Biochemie.

ISAAC

ASIMOV

GENESIS

SCHÖPFUNGSBERICHT UND URZEIT IM WIDERSTREIT VON WISSENSCHAFT UND OFFENBARUNG

Deutsche
Erstveröffentlichung

Wilhelm Goldmann Verlag

Titel der Originalausgabe: IN THE BEGINNING
Originalverlag: Crown Publishers, Inc., New York

Aus dem Amerikanischen
übertragen von Martin Schulte

Made in Germany · 1/83 · 1. Auflage · 118
Genehmigte Taschenbuchausgabe

Umschlagentwurf: Atelier Adolf & Angelika Bachmann, München
Umschlagfoto: Ausschnitt aus dem Deckenfresko
der Sixtinischen Kapelle von Michelangelo
Satz: Fotosatz Glücker, Würzburg
Druck: Elsner-Druck, Berlin
Verlagsnummer: 11346
Lektorat: Ria Schulte/Dr. Ekkehard Reitter
Herstellung: Peter Papenbrok
ISBN 3-442-11346-6

Gewidmet
Izzy und Annie Adler,
deren Liebenswürdigkeit
eine Auszeichnung
verdiente.

Einleitung

Die Bibel ist das meistgelesene Buch in der Geschichte der Menschheit. Auch heute noch sind viele Millionen Menschen auf der ganzen Erde davon überzeugt, daß sie das inspirierte Wort Gottes ist, daß sie in jedem Punkt buchstäblich wahr ist, daß es in ihr keine Irrtümer oder Widersprüche gibt – außer solchen, die durch Kopier- oder Übersetzungsfehler entstanden.

Zweifellos ist es vielen Bibellesern nicht klar, daß auch eine autorisierte Textfassung (bei englischsprachigen Protestanten etwa die »King James Bible« oder bei deutschsprachigen die »Lutherbibel«) nur eine Übersetzung ist. Sie glauben vielmehr, daß jedes Wort »ihrer« Bibel offenbart und daher unfehlbar ist. Die Wissenschaftler hatten einen ständigen Kampf zu führen, um ihre sich in einem langwierigen Prozeß entwickelnden Theorien gegen diese festen und unbeirrbaren Überzeugungen durchzusetzen. Die biologische Evolution zum Beispiel, die Lehre von der Entwicklung der Mannigfaltigkeit der Lebensformen auf der Erde, wird im Prinzip von fast allen Naturwissenschaftlern akzeptiert. Es wird immer wieder Debatten über Details der Entwicklungsmechanismen geben, die Tatsache der Evolution als solche aber ist unbestritten. Bei vielen Menschen löst diese Theorie jedoch starken emotionellen Widerstand aus, obwohl sie wenig oder nichts über die Beweisführung und das logische Grundprinzip wissen. Es genügt ihnen, daß die Bibel so und nicht anders sagt; jede Diskussion endet hier.

Was aber sagt die Bibel? Und was sagt die Wissenschaft? Wo, wenn überhaupt, stimmen sie überein? Wo widersprechen sie sich? Das ist das Thema dieses Buches.

Es nimmt weder für die eine noch für die andere Seite Partei. Es bringt keine Polemik. Es stellt die Verse der Bibel vor, diskutiert ihren Inhalt und ihre Bedeutung, Zeile für Zeile, Wort für Wort, und vergleicht sie mit den wissenschaftlichen Erkenntnissen. Das Thema umfaßt nicht die ganze Bibel; denn die wesentlichen Streitpunkte finden sich am Anfang der Bibel – in den ersten elf Kapiteln des Buches Genesis (1. Mose).

Das Alte Testament befaßt sich zum überwiegenden Teil mit dem legendären Abram (dem Gott später den Namen Abraham gab) und seinen Nachkommen, gibt aber in den ersten elf Kapiteln des Buches Genesis einen kurzen Überblick über frühere Ereignisse – von der Erschaffung des Universums bis zur Geburt Abrams um 2000 v. Chr.
Der Bericht über diese urgeschichtliche Periode basiert nach Auffassung der modernen Bibelwissenschaft hauptsächlich auf zwei Quellen: der jahwistischen Schrift (hier J-Dokument genannt) und dem Priesterkodex (P-Dokument genannt).
Das ältere J-Dokument stützt sich auf dramatische frühe Sagen, die im Volk Israel und Juda verbreitet waren. Die Erzählungen des J-Dokuments dürften in ihrer jetzigen Form einige Zeit vor 700 v. Chr. niedergeschrieben worden sein, als Assyrien sich von seiner Basis im Tigris-Euphrat-Tal aus (dem heutigen Irak) zur stärksten Macht im westlichen Asien entwickelt hatte.
Noch bevor Assyrien Großmacht wurde, beherrschte die Kultur des Zweistromlandes das westliche Asien, schon um 3400 v. Chr., als die dort lebenden Sumerer die Schrift erfanden. Die sumerischen Sagen von der Erschaffung der Welt und der Urgeschichte der Menschheit verbreiteten sich bei den benachbarten Völkern und übten einen nachhaltig starken Einfluß auf sie aus.
Das P-Dokument stammt aus einer späteren Zeit. Es wurde kodifiziert und niedergeschrieben, als das Volk von Juda (die Juden) sich im sechsten Jahrhundert v. Chr. im Tigris-Euphrat-Gebiet in der Gefangenschaft befand. Zu dieser Zeit herrschten dort die Chaldäer, deren Hauptstadt Babylon war. Das P-Dokument basiert daher auf chaldäischen oder babylonischen Überlieferungen von der Geschichte des Kosmos.
Die beiden Dokumente wurden von traditionsbewußten Bearbeitern sorgfältig zu einer einheitlichen Fassung zusammengeführt, wobei man den größten Wert darauf legte, die Urtexte möglichst unverfälscht zu bewahren. Die ersten elf Kapitel des Buches Genesis erhielten ihre jetzige Form zu der Zeit, als die Juden aus dem Babylonischen Exil nach Jerusalem zurückkehrten – also um 500 v. Chr.
In allen elf Kapiteln spürt man einen starken Anklang an die Kultur des Tigris-Euphrat-Raums; die sumerisch-assyrisch-babylonische Herkunft ist unverkennbar.

Das ist kein Nachteil. Die Menschen im Zweistromland waren an Bildung allen anderen Völkern der damaligen Welt überlegen. Sie waren den Methoden und Erkenntnissen der Wissenschaft am nächsten gekommen; sie hatten in dieser Beziehung einen großen Vorsprung vor allen anderen Kulturen – der ägyptischen, der indischen, der chinesischen, der kretischen –, und zwar seit der Erfindung der Schrift bis zu der Zeit, als die Bibel ihre heutige Form erhielt – über einen Zeitraum von dreitausend Jahren.
Zudem waren die Verfasser und Herausgeber der Bibel sehr umsichtig bei der Auswahl der Texte. Sie nahmen nur die Ereignisse auf, die ihnen charakteristisch und bedeutungsvoll erschienen. Sie verwarfen alles, was sie als nicht sinnvoll oder nicht lehrreich erachteten, und bemühten sich, ein möglichst vernünftiges und nützliches Werk zu schaffen.
Das gelang ihnen hervorragend. Es gibt keine Darstellung der Urgeschichte – wenn man von den Entdeckungen der modernen Wissenschaft absieht –, die so rational und inspirierend ist wie die ersten elf Kapitel des Buches Genesis.
Wenn die Urgeschichte, wie sie sich hier darstellt, dem, was die Wissenschaft heute als die Wahrheit ansieht, nicht standhält, dann liegt der Fehler nicht bei den Verfassern der Bibel. Sie haben das ihnen zugängliche Material meisterhaft verarbeitet. Hätten sie bei der Niederschrift der Genesis unseren heutigen Wissensstand gehabt, würde ihr Werk sicherlich eine ganz andere Form gefunden haben.

Das Erste Buch Mose (1), genannt GENESIS (2)

Kapitel 1 (3)

1 Nach alter Überlieferung wurden die ersten fünf Bücher der Bibel von Mose geschrieben, dem Volkshelden, der nach dem Bericht des zweiten bis fünften Buches der Bibel die Israeliten aus der ägyptischen Knechtschaft befreite.
Moderne Bibelwissenschaftler sind überzeugt, daß diese Theorie nicht haltbar ist, daß die ersten Bücher der Bibel nicht das Werk eines einzelnen Menschen, und sicherlich nicht das des Mose, sind. Sie sind nach ihrer Meinung vielmehr eine sorgfältig verfaßte Kompilation von Material aus mehreren Quellen. Die Theorie von mehreren Verfassern der Bibeltexte entstand allerdings erst im neunzehnten Jahrhundert.
Im Jahre 1611, als König Jakob I. von England vierundfünfzig Gelehrten den Auftrag erteilte, eine Übersetzung der Bibel für englischsprachige Protestanten zu erarbeiten, stellte niemand die traditionelle Autorschaft des Mose für die fünf Bücher in Frage. Die von diesen Gelehrten erstellte Übersetzung gilt als die »autorisierte Fassung« (autorisiert durch den König als Haupt der Anglikanischen Kirche). Diese Fassung wird im allgemeinen Sprachgebrauch als die »King James Bible« bezeichnet. Sie wird in der Originalausgabe dieses Buches verwendet, denn sie gilt auch heute noch als »die Bibel« in allen englischsprachigen Ländern. Es hat seitdem sicherlich bessere Übersetzungen gegeben, aber keine kann es mit der King James Bible an poetischer Schönheit der Sprache aufnehmen. (Dem deutschen Text liegt die Übersetzung Martin Luthers in der revidierten Fassung von 1964/75 zugrunde.)
In beiden Fassungen wird das Anfangsbuch der Bibel als »Das Erste Buch Mose« bezeichnet.

2 Das Erste Buch Mose beginnt im hebräischen Original mit dem Wort *bereschit*. Es war in biblischen Zeiten nicht ungewöhnlich, ein Buch nach seinem ersten Wort oder seinen ersten

Wörtern zu bezeichnen. (Päpstliche Enzykliken werden noch heute nach ihren ersten zwei lateinischen Wörtern benannt.)
Der hebräische Name für das Erste Buch Mose ist also *bereschit*. Es bedeutet »Am Anfang«, und da das Erste Buch Mose mit der Erschaffung der Welt beginnt, ist die Bezeichnung sehr treffend.
Die Bibel wurde zum erstenmal im dritten vorchristlichen Jahrhundert in eine andere Sprache, das Griechische, übersetzt. Man folgte hier nicht der hebräischen Buchbezeichnung, sondern benutzte statt dessen beschreibende Titel. Das Erste Buch Mose wurde *Genesis* genannt, ein griechisches Wort, das »Entstehung« bedeutet. Das griechische *Genesis* wird auch im heutigen Sprachgebrauch als Titel des ersten Buches der Bibel verwendet.

3 Frühe Handschriften unterteilten die Bücher der Bibel nicht in Kapitel und Verse. Diese Aufteilung setzte sich erst allmählich im Laufe der Zeit durch. Das heutige System von Kapiteln und Versen erscheint in einer englischen Übersetzung von 1560 zum erstenmal.
Die Unterteilungen sind nicht immer logisch; aber eine Änderung wäre heute unzweckmäßig, denn man hat sie in vier Jahrhunderten in Hinweisen, Kommentaren und Konkordanzen einheitlich benutzt.

1. Vers: Am Anfang (4) schuf (6) Gott (5)
Himmel (7) und Erde (8).

4 Der erste Satz der Bibel stellt fest, daß es einen Anfang der Dinge gab.
Was spricht dagegen? Es erscheint uns natürlich. Alle Dinge, mit denen wir vertraut sind, haben einen Anfang. Wir Menschen werden geboren, und vorher existieren wir nicht, jedenfalls nicht in unserer jetzigen Gestalt. Dasselbe gilt für Pflanzen und Tiere, für alle lebenden Dinge also, soweit wir das durch unsere Wahrnehmung wissen.
Mehr noch, wir leben in einer Welt, die von den Werken der Menschheit geprägt ist, und diese sind alle – auf die eine oder andere Weise – von menschlichen Wesen geschaffen. Vorher existierten sie nicht, zumindest nicht in ihrer jetzigen Form.

Wenn alle lebenden und alle von Menschen geschaffenen Dinge einen Anfang haben, dann ist es eine natürliche Folgerung, daß diese Regel allgemein gilt, daß also auch die nicht lebenden und die nicht von Menschen geschaffenen Dinge einen Anfang haben.
Mythologische Deutungen des Weltalls beginnen jedenfalls immer damit, eine Erklärung für seinen Anfang zu finden. Das scheint eine so natürliche Sache zu sein, daß man bezweifeln muß, ob früher jemals der Gedanke eines Anfangs in Frage gestellt worden ist, so unterschiedlich man die Vorgänge im einzelnen beurteilt haben mag.
Und auch die wissenschaftliche Theorie geht von einem Anfang aus, nicht nur für die Erde, sondern für das ganze Universum. Da Bibel und Wissenschaft beide feststellen, daß Himmel und Erde einen Anfang hatten, kann man da von einer Übereinstimmung in diesem Punkt sprechen?
Ja, natürlich – aber das ist eine triviale Übereinstimmung. Es gibt einen gewaltigen Unterschied zwischen der biblischen und der wissenschaftlichen Aussage über den Anfang. Ich will das näher ausführen, denn es ist von erheblicher Bedeutung für die Klärung auch aller anderen Übereinstimmungen zwischen dem biblischen und dem wissenschaftlichen Standpunkt. Und natürlich auch für ihre Diskrepanz.
Biblische Aussagen gründen sich auf Autorität. Wenn sie als das inspirierte Wort Gottes angenommen werden, dann enden damit alle Argumente. Es gibt keinen Raum für Meinungsverschiedenheiten. Die Aussage ist endgültig und absolut für alle Zeit.
Ein Wissenschaftler hingegen ist verpflichtet, nichts zu akzeptieren, was nicht durch hinreichende Beweise bekräftigt wird. Selbst wenn für ein Problem eine eindeutige Lösung offensichtlich zu sein scheint, muß diese doch durch Beweise erhärtet werden. Als akzeptabler Beweis gilt das, was in solcher Weise beobachtet und gemessen werden kann, daß die subjektive Meinung auf ein Minimum reduziert wird. Mit anderen Worten: Wissenschaftliche Beobachtungen und Messungen, mit verschiedenen Instrumenten zu verschiedenen Zeiten und an verschiedenen Orten wiederholt durchgeführt, sollen zum gleichen Ergebnis führen. Darüber hinaus müssen die Schlußfolgerungen aus den Beobachtungen und Messungen anerkannten

Regeln von Logik und Vernunft folgen.
Ein solcher Beweis ist ein »wissenschaftlicher Beweis«, und er ist seinem Wesen nach »zwingend«. Das heißt, Wissenschaftler, die die Beobachtungen und Messungen und die aus ihnen gewonnenen Schlußfolgerungen untersuchen, fühlen sich gezwungen, diesen zuzustimmen, auch wenn sie am Anfang starke Zweifel hatten.

Man kann natürlich argumentieren, daß wissenschaftliche Beweisführung nicht der einzige Weg zur Wahrheit ist, daß es Inspiration oder intuitives Erfassen oder blitzartige Einsicht oder überwältigende Autorität gibt, die alle die Wahrheit unmittelbarer und sicherer erreichen, als dies der wissenschaftliche Beweis vermag.

Das mag sein, aber keiner dieser alternativen Wege zur Wahrheit ist zwingend. Wie groß auch die persönliche innere Gewißheit eines Menschen sein mag, es bleibt schwierig, sie anderen zu vermitteln. Die meisten werden unsicher und skeptisch bleiben.

Nehmen wir zum Beispiel die Autorität der Bibel. Es hat niemals in der Geschichte eine Zeit gegeben, in der mehr als eine Minorität der Menschheit diese Autorität anerkannt hat. Und auch unter denen, die ihre Autorität anerkannten, hat es viele und heftige Auseinandersetzungen über Interpretationen gegeben, und niemals hat eine Interpretation alle anderen verdrängen können.

So stark waren die Differenzen, und so unfähig war jede Gruppe, anderen ihre Version der »Wahrheit« zu vermitteln, daß man sehr oft zur Gewalt als letztem Mittel griff. Wir brauchen hier nicht auf die Geschichte der europäischen Glaubenskriege oder die Ketzerverbrennungen einzugehen, um Beispiele dafür zu finden.

Auch die Wissenschaft hat ihr gerütteltes Maß an Auseinandersetzungen, Disputen und Polemiken gehabt. Wissenschaftler sind Menschen, und wissenschaftliche Ideale werden wie alle anderen Ideale nur selten in der Praxis erreicht. Sehr viele solcher Auseinandersetzungen und Polemiken führten zu einander widersprechenden Ergebnissen, bis sich schließlich die allgemeine wissenschaftliche Meinung auf die Seite schlug, die *zwingende* Beweise vorlegen konnte.

Und doch, so zwingend ein Beweis ist, es gibt in der Wissenschaft immer wieder die Möglichkeit, daß neue und bessere Beweise auftauchen, daß verborgene Irrtümer und falsche Voraussetzungen entdeckt werden, daß unerwartete Unvollständigkeit der Beweiskette sichtbar wird. Dann kann das »gesicherte« Ergebnis von gestern sich plötzlich als unhaltbar herausstellen und eine überraschende neue und bessere Schlußfolgerung sichtbar werden.

Es zeigt sich also, daß die biblische Aussage, daß Erde und Himmel einen Anfang haben, autoritativ und absolut, aber nicht zwingend ist, während die wissenschaftliche Feststellung, daß Erde und Himmel einen Anfang haben, zwingend, aber nicht autoritativ und absolut ist. Hier besteht ein wichtigerer und tieferer Dissens, als die oberflächliche Übereinstimmung der Worte erkennen läßt.

Und auch diese oberflächliche Übereinstimmung verschwindet, wenn wir eine weitere Frage stellen.

Angenommen, wir akzeptieren die Existenz eines Anfangs, welche Antwort erhalten wir dann, wenn wir nach dem Zeitpunkt dieses Anfangs fragen?

Die Bibel gibt darüber keine direkte Auskunft. Tatsächlich datiert die Bibel in ihrer autorisierten Fassung in keinem ihrer Bücher irgendein Ereignis so, daß wir es nach unserem chronologischen System einer bestimmten Zeitperiode zuordnen könnten.

Trotzdem hat die Frage nach der Datierung der Schöpfung die Menschen zu allen Zeiten beschäftigt. Namhafte Bibelforscher haben immer wieder versucht, den Zeitpunkt aus verschiedenen Aussagen in der Bibel durch indirekten Beweis abzuleiten. Sie kamen zu keiner präzisen Übereinstimmung. Das von jüdischen Gelehrten allgemein akzeptierte Ergebnis war zum Beispiel, daß die Schöpfung auf den 7. Oktober 3761 v. Chr. zu datieren sei.

James Ussher, der anglikanische Erzbischof von Armagh in Irland, entschied dagegen 1654, daß die Schöpfung am 23. Oktober 4004 v. Chr. um 9 Uhr vormittags stattfand. (Usshers Berechnungen für dieses und für andere Ereignisse der biblischen Geschichte sind gewöhnlich in den Seitenüberschriften der King James Bible angegeben.) Andere Berechnungen führen bis zum Jahre 5509 v. Chr. zurück.

Die üblichen Schätzungen für das Alter von Himmel und Erde

nach biblischen Quellen reichen also von siebenundfünfzig bis zu fünfundsiebzig Jahrhunderten. In diesem Punkt aber weichen die Schätzungen der Bibelexperten erheblich von den Berechnungen der Wissenschaft ab.
Die wissenschaftliche Beweisführung ist zu dem Ergebnis gekommen, daß die Erde und das Sonnensystem in ihrer annähernd jetzigen Gestalt vor etwa 4,6 Milliarden Jahren entstanden sind. Das Universum hat nach ihren Berechnungen ein Alter von rund fünfzehn Milliarden Jahren.
Das Alter der Erde ist also nach Ansicht der Wissenschaft um das Sechshunderttausendfache höher als von den Bibelforschern angenommen, das Alter des Universums sogar mindestens das Zweimillionenfache.
Wenn man sich diese Diskrepanz vor Augen führt, verliert die bloße Übereinstimmung von Bibel und Wissenschaft über die Tatsache, daß es einen Anfang gegeben hat, erheblich an Bedeutung.

5 Gott wird sogleich als die bewegende Kraft hinter dem Universum eingeführt. Seine Existenz wird in der Bibel als gegeben angenommen. Man kann in der Tat gewichtige Gründe dafür anführen, daß die Existenz Gottes selbstverständlich ist.
Überlegen wir einmal: Alle Lebewesen entstehen aus Aktivitäten früherer Lebewesen. Wenn es tatsächlich einen Anfang gab, wie Bibel und Wissenschaft übereinstimmend behaupten, worauf ist dann die Existenz der ersten Lebewesen zurückzuführen?
Wenn es wirklich einen Anfang gab, wie sind dann alle Phänomene der Natur entstanden – Land und Meer, Hügel und Täler, Himmel und Erde? Alle künstlichen Gegenstände wurden von menschlichen Wesen geschaffen. Wer oder was hat aber die natürlichen Dinge geschaffen?
Die übliche Art der Erklärung geht von dem Beispiel aus: »Eine Uhr setzt einen Uhrmacher voraus.« Wenn es unbegreiflich ist, daß ein so komplizierter Gegenstand wie eine Uhr spontan zur Existenz kam, dann muß er geschaffen worden sein. Um wieviel mehr muß etwas so Kompliziertes wie das Universum geschaffen worden sein!
In der Frühzeit wurde die Analogie viel enger gefaßt. Da menschliche Wesen durch Blasen mit Nase und Mund einen

leichten Wind erzeugen können, muß der Wind in der Natur das Werk eines sehr viel stärkeren Wesens sein, das durch Nase und Mund bläst. Wenn ein Pferdewagen ein gebräuchliches Mittel ist, sich auf dem Lande fortzubewegen, dann muß ein feuriger Pferdewagen das Mittel sein, durch das die Sonne über den Himmel gezogen wird.

In den Mythen wird jedes Naturphänomen einem menschenähnlichen Wesen zugeschrieben, das Funktionen ausübt, die uns bekannten menschlichen Tätigkeiten analog sind. Nichts in der Natur entsteht also spontan.

Diese Milliarden spezialisierter göttlicher Wesen werden oft im Widerstreit untereinander dargestellt, durch den ein ungeordnetes Universum geschaffen wird. Fortgeschrittenere Kulturen neigten dazu, eine einzige Gottheit anzunehmen, die für alles verantwortlich ist, die Menschheit, Erde und das ganze All regiert und alles zu einem harmonischen Ganzen vereinigt, das auf ein bestimmtes Ziel gerichtet ist.

Dieses vergeistigte Bild eines monotheistischen Gottes stellt uns die Bibel vor – aber eines Gottes, der sich ständig um jedes Detail seiner Schöpfung kümmert. Auch in einer monotheistischen Religion stellt sich der Volksglaube Myriaden von Engeln und Heiligen vor, die spezifische Funktionen ausüben, so daß eine Art von Polytheismus (unter einem obersten Herrscher) bestehen bleibt.

In den letzten vier Jahrhunderten jedoch haben die Wissenschaftler ein alternatives Bild des Universums geschaffen. Die Sonne bewegt sich nicht über den Himmel; ihre scheinbare Bewegung ist der Erdumdrehung zu verdanken. Der Wind muß nicht durch riesige Lungen erzeugt werden; er entsteht durch die spontane Wirkung der einer ungleichmäßigen Erwärmung durch die Sonne ausgesetzten Luft. Mit anderen Worten: Eine sich bewegende Sonne setzt keinen Sonnenwagen, und der Wind keinen blasenden Mund voraus.

Die Naturphänomene Erde und Weltall scheinen sich also nach und nach als ein zufälliges, spontanes, ungewolltes Verhalten ergeben zu haben, das sich innerhalb der Grenzen der »Naturgesetze« abspielt.

Die Wissenschaftler faßten eine immer stärker werdende Abneigung gegen die Vermutung, daß in das Wirken der Naturgesetze jemals eingegriffen worden sei (durch etwas, das man als

»Wunder« definieren würde). Zweifellos ist ein solches Eingreifen niemals beobachtet worden, und die Erzählungen von solchen Eingriffen in der Vergangenheit wurden zunehmend unglaubwürdig.
Kurz, die wissenschaftliche Theorie sieht das Universum als etwas, das seinen eigenen Gesetzen blind folgt – ohne Eingriff oder Lenkung.
Das läßt noch immer die Möglichkeit offen, daß Gott das Universum zu Beginn geschaffen und die Naturgesetze bestimmt hat, die sein Verhalten lenken. Von diesem Standpunkt aus könnte man das Weltall als ein Spielzeug betrachten, das Gott einmal aufgezogen hat und das nun abläuft bis zum Ende, ohne daß es jemals berührt wird.
Wenn das zutrifft, reduziert sich Gottes Mitwirkung auf ein Minimum, und wir müssen uns fragen, ob er überhaupt notwendig ist.
Bisher haben die Wissenschaftler keinen Beweis gefunden, der darauf hindeuten könnte, daß die Funktionsfähigkeit des Universums die Mitwirkung eines göttlichen Wesens erfordert. Andererseits haben die Wissenschaftler auch keinen Beweis für die Theorie gefunden, daß ein göttliches Wesen nicht existiert. Wenn die Wissenschaft weder bewiesen hat, daß Gott existiert, noch, daß er nicht existiert, sind wir dann nach wissenschaftlichen Prinzipien berechtigt, an eine dieser Alternativen zu glauben?
Hier muß man entschieden mit Nein antworten. Es ist nicht vernünftig, den Beweis eines Negativums zu fordern und bei Fehlen eines solchen Beweises das Positivum zu akzeptieren. Ebenso wie die Wissenschaft den Beweis nicht hat erbringen können, daß Gott nicht existiert, hat sie schließlich auch nicht beweisen können, daß Zeus nicht existiert, oder Marduk, oder Thoth oder irgendwelche der Myriaden mythischer Götter. Wenn das Fehlen des Beweises der Nichtexistenz als Beweis für die Existenz gewertet wird, dann müssen wir folgern, daß *alles* existiert.
Und das läßt immer noch die letzte, quälende Frage offen: »Woher ist dieses alles gekommen? Worauf ist die Existenz des Universums zurückzuführen?«
Wenn man es mit der Antwort versucht: »Das Universum war immer da, es ist ewig«, dann wird man mit dem beunruhigen-

den Begriff »Ewigkeit« konfrontiert und muß die unwiderstehliche Annahme, daß alles einen Anfang gehabt haben muß, verwerfen.
Aus dieser schier unlösbar erscheinenden Verstrickung sucht man sich schließlich dadurch zu befreien, daß man sagt: »Gott hat das Universum gemacht.« Das gibt uns zumindest einen Startpunkt.
Aber dann finden wir heraus, daß wir der Ewigkeit nur dadurch entronnen sind, daß wir sie voraussetzen; denn wir dürfen nicht einmal die Frage stellen: »Wer hat Gott geschaffen?« Die Frage selbst ist Blasphemie. Gott ist per definitionem ewig. Wenn wir uns also mit dem Begriff der Ewigkeit in jedem Falle abfinden müssen, dann scheint uns doch die Wissenschaft vorzuziehen zu sein, die sich auf Beobachten und Messen stützt, dann wählen wir lieber ein ewiges Etwas, das zumindest beobachtet und gemessen werden kann – das Universum selbst.
Die Idee eines ewigen Universums bringt eine Menge Schwierigkeiten mit sich. Einige von ihnen erscheinen (jedenfalls nach unserem jetzigen Wissensstand) als unüberwindbar; aber Wissenschaftler lassen sich von Schwierigkeiten nicht beeindrukken – sie gehören zu ihrem Handwerk. Wenn alle Schwierigkeiten beseitigt und alle Fragen beantwortet wären, hätte die Wissenschaft ausgedient. Die Wissenschaftler sind guter Dinge, daß dies niemals eintreten wird.
Hier liegt der vielleicht grundlegendste Dissens zwischen der Bibel und der Wissenschaft. Die Bibel beschreibt ein Universum, das von Gott geschaffen ist, von ihm erhalten und bis ins Detail von ihm gelenkt wird, während die Wissenschaft ein Universum beschreibt, das die Notwendigkeit der Existenz Gottes nicht zwingend erfordert.
Das bedeutet übrigens nicht, daß Wissenschaftler notwendigerweise Atheisten sein müssen. Es gibt viele Wissenschaftler, die streng religiös sind. Trotzdem bleibt festzuhalten, daß solche Wissenschaftler, wenn sie kompetent in ihrem Beruf sind, auf zwei Ebenen operieren müssen. Was immer der Glaube an Gott in ihrem Leben bedeutet, sie müssen Gott außer acht lassen bei ihren wissenschaftlichen Beobachtungen. Sie können niemals ein rätselhaftes Phänomen damit erklären, daß sie es als ein Ergebnis des Eingreifens Gottes in die Gesetze der Natur hinstellen.

6 Die erste Tat Gottes, die in der Bibel berichtet wird, ist die Erschaffung der Welt. Aber da Gott ewig ist, muß es einen unendlich langen Zeitraum gegeben haben, bevor er das Universum in Gang brachte. Was tat er während dieser langen Zeit?

Als dem heiligen Augustinus diese Frage gestellt wurde, soll er ironisch geantwortet haben: »Die Hölle erschaffen für die, die solche Fragen stellen.«

Lassen wir Augustinus und spekulieren wir. Gott könnte zum Beispiel die Zeit damit verbracht haben, eine unendliche Hierarchie von Engeln zu erschaffen. Oder er könnte eine unendliche Zahl von Welten erschaffen haben, eine nach der anderen, jede zu einem eigenen Zweck, so daß unsere Welt nur eine laufende Nummer in dieser Reihe wäre, der eine gleichfalls unendliche Zahl von Universen folgen würde. Oder Gott könnte bis zum Augenblick der Schöpfung nichts anderes getan haben, als mit seinem unendlichen Selbst zu Rate zu gehen.

Alle denkbaren Antworten auf diese Frage sind bloße Vermutungen; denn es gibt keinen Beweis für eine von ihnen. Es gibt nicht nur keinen wissenschaftlichen Beweis für sie, sondern auch keinen biblischen Beweis. Die Antworten gehören gänzlich in das Reich der Legende.

Aber wenn wir uns wieder der Welt der Wissenschaft und ihrem ewigen Universum zuwenden, dann drängt sich die Frage auf, wie das Universum aussah, bevor es vor ungefähr fünfzehn Milliarden Jahren seine jetzige Gestalt erhielt. Es gibt mehrere Theorien. Das Universum könnte von Ewigkeit her als eine unendlich dünne Streuung von Materie und Energie existiert haben, die sehr langsam zu einem kleinen dichten Objekt verschmolz, dem »kosmischen Ei«, das durch Explosion unser heutiges Universum bildete, ein Universum, das immer weiter sich ausdehnen wird, bis es wieder zu einer unendlich dünnen Streuung von Materie und Energie wird.

Oder aber es gibt einen ständigen Wechsel von Explosion und Kontraktion, eine unendliche Reihe von kosmischen Eiern, von denen jedes explodiert, um ein Universum zu bilden. Unser eigenes gegenwärtiges Universum ist nur ein Glied in einer endlosen Reihe. Die Wissenschaft hat jedoch noch keinen Weg gefunden, um zu einer Zeit vorzudringen, die älter ist als das kosmische Ei, das zu unserem Universum explodierte. Die Bibel

und die Wissenschaft stimmen darin überein, daß sie nichts darüber aussagen können, was vor dem Anfang geschah.
Es gibt aber einen Unterschied: Die Bibel wird nie in der Lage sein, uns etwas darüber zu sagen; sie hat ihre endgültige Form gefunden, und diese enthält keine Aussage. Die Wissenschaft hingegen ist noch in der Entwicklung begriffen, und es mag durchaus sein, daß sie in einer späteren Zeit Fragen beantworten kann, auf die sie im Augenblick noch keine Antwort weiß.

7 Unter Himmel versteht dieser Bibelvers das Himmelsgewölbe mit den in ihm befindlichen Himmelskörpern Sonne, Mond, Planeten und Sterne. Die Bibel sieht dieses Gewölbe, wie die Babylonier es sahen (und die Ägypter, die Griechen und alle frühen Völker offenbar ohne Ausnahme), nämlich als eine massive, halbkugelförmige Kuppel, die die Erde überwölbt. Daher wird in der Offenbarung des Johannes, dem letzten Buch der Bibel, das Ende des Himmels so beschrieben: »Und der Himmel verschwand wie eine Schriftrolle, die zusammengerollt wird« (Offb 6,14). Das ist das Zitat eines Verses aus dem Alten Testament (Jes 34,4). Danach ist die Himmelskuppel, im Verhältnis zu ihrer Ausdehnung, nicht stärker als ein Bogen Pergament.
Nach wissenschaftlicher Auffassung ist der Himmel jedoch nicht ein einfaches Gewölbe, sondern eine unermeßliche raumzeitliche Ausdehnung, in der unsere Teleskope Entfernungen von zehn Milliarden Lichtjahren festgestellt haben. (Ein Lichtjahr hat eine Länge von 9,46 Billionen Kilometer.)

8 »Himmel und Erde« haben in der Bibel eine bestimmte geometrische Form. Die Erde ist ein flaches, wahrscheinlich kreisförmiges Gebilde von hinreichender Ausdehnung, um die den biblischen Autoren bekannten Länder und Völker aufzunehmen. Der Himmel ist ein halbkugelförmiges Gewölbe, das sich über die Erde spannt. Die Menschen – so dieses Bild – leben auf dem Boden einer Welt, die sich im Innern einer hohlen Halbkugel befindet.
So ist es im Buch Jesaja beschrieben: »Er thront über dem Kreis der Erde ... er spannt den Himmel aus wie einen Schleier und breitet ihn aus wie ein Zelt, in dem man wohnt« (Jes 40,22).
Das Gewölbe des Himmels muß natürlich abgestützt werden,

um es vor dem Zusammenfallen zu bewahren, jedenfalls, wenn wir nach irdischen Strukturen urteilen. Die Stütze könnte ein übernatürliches Wesen sein (wie in der griechischen Sage Atlas) oder auch etwas mehr Mechanisches. In der Bibel lesen wir den Satz: »Die Säulen des Himmels zittern« (Hiob 26,11).
Das alles ist völlig unvereinbar mit dem wissenschaftlichen Bild von der Erde als einem kugelförmigen Himmelskörper, der im Leeren schwebt, sich um seine Achse dreht und um die Sonne kreist, der an der Bewegung der Sonne um das Zentrum der Galaxis teilnimmt und der von einem weithin leeren und möglicherweise unbegrenzten Universum umgeben ist.

2. Vers: Und die Erde war wüst und leer (9), und es war (11) finster (10) auf der Tiefe (12); und der Geist Gottes (13) schwebte auf dem Wasser.

9 Hier stellt sich gleich eine Frage: Schuf Gott die Erde »wüst und leer«? (Die beiden Begriffe unterstreichen sich gegenseitig, denn die Erde ist nicht nur wüst, das heißt »ungeordnet«, sondern auch leer, das ist »gestaltlos«.)
Oder war die Erde von Beginn »wüst und leer«, und begann der Prozeß der Schöpfung von da aus?
Alles hängt davon ab, wie der erste Vers der Bibel interpretiert wird. Man kann annehmen, daß der erste Vers eine einfache, erklärende Feststellung ist. »Am Anfang schuf Gott Himmel und Erde« – und da war alles »wüst und leer«, als solches geschaffen aus dem Nichts.
Oder wir können annehmen, daß der erste Vers eine nur einführende Funktion hat, daß er gleichsam eine Kapitelüberschrift ist – Die Erschaffung von Himmel und Erde. Erst dann folgt die eigentliche Beschreibung des Vorgangs.
Moderne Gelehrte scheinen die zweite Interpretation für die wahrscheinlichere zu halten. Die 1964 erschienene englische Anchor Bible beginnt das Buch Genesis so: »When God set about to create heaven and earth – the world being then a formless waste ...« (Als Gott sich anschickte, Himmel und Erde zu erschaffen – die Welt war damals eine formlose Wüste ...)
Das würde bedeuten, daß das Rohmaterial der Welt bereits vorhanden war und daß Gottes Rolle bei der Schöpfung darin bestand, dieses Rohmaterial zu seiner endgültigen Form zu ge-

stalten, etwa wie ein Töpfer den Ton zu einem Gefäß bildet. Tatsächlich wird diese Metapher in der Bibel gebraucht: »Aber nun, Herr, du bist doch unser Vater! Wir sind Ton, du bist unser Töpfer, und wir alle sind deiner Hände Werk« (Jes 64,7). Das war auch die griechische Auffassung; denn in ihrer Mythologie war »Chaos«, das heißt Unordnung, am Anfang der Dinge. Aller Stoff, aus dem die Welt gebildet wurde, war zufällig vermischt, und die Schöpfung bestand darin, Ordnung, »Kosmos«, daraus zu schaffen.

Das weicht nicht sehr weit von manchen Aspekten der wissenschaftlichen Theorie von der Schöpfung ab. Wenn wir uns auf das Sonnensystem beschränken, so ist dieses nach heutiger Meinung der Wissenschaft aus einer riesigen Staub- und Gaswolke entstanden. Und diese Staub- und Gaswolke ist schließlich nichts anderes als Materie in völliger Unordnung, das heißt Chaos.

Als die Wolke in eine langsame Wirbelbewegung geraten war, zog ihr eigenes Gravitationsfeld sie zusammen und verursachte einen immer schneller werdenden Wirbel, entsprechend dem Gesetz von der Erhaltung des Drehimpulses. Der größte Teil der Materie verdichtete sich zu dem zentralen Kern, der Sonne, aber die Turbulenz produzierte sekundäre, viel kleinere Konzentrationen, die Planeten, darunter auch die Erde. Tertiäre, noch kleinere Konzentrationen bildeten die Satelliten.

Hier zeigt sich deutlich, wie Kosmos aus Chaos, Ordnung aus Unordnung entsteht.

Das Sonnensystem ist aber nicht das ganze Universum. Unsere Sonne, mit den sie begleitenden Planeten, ist nur ein Sternsystem unter mehreren hundert Milliarden, die in ihrer Gesamtheit eine abgeflachte, wirbelnde Scheibe von Sternen bilden, die wir Galaxis nennen.

Die Wissenschaft ist der Ansicht, daß die gesamte Galaxis (und jedes einzelne von etwa hundert Milliarden anderer Sternsysteme) aus einer wirbelnden Staub- und Gaswolke entstanden ist, hundertmilliardenfach massiver als die eine, aus der unser Sonnensystem gebildet wurde. Auch hier scheint es wieder so zu sein, daß Ordnung aus Unordnung entstanden ist, daß eine Masse wirbelnden Staubes und Gases, »wüst und leer«, sich zu Milliarden über Milliarden einzelner Sterne auflöste (manche oder sogar die meisten von ihnen vermutlich mit Planetensystemen, wofür wir allerdings noch keinen direkten Beweis haben). In einer Hinsicht gibt es jedoch einen großen Unterschied zwischen der biblischen Aussage und der wissenschaftlichen Theorie: Nach Aussage der Bibel ist anzunehmen, daß die Erde und das übrige Universum zur gleichen Zeit erschaffen wurden.

Nach Auffassung der Wissenschaft sind die Erde und das gesamte Sonnensystem »Nachzügler« im Weltall. Als das Sonnensystem sich aus seiner Staubwolke bildete, hatte die Galaxis in etwa ihrer heutigen Gestalt schon mehr als zehn Milliarden Jahre existiert.

Die Sonne ist in der Tat ein »Stern der zweiten Generation«. Sie bildete sich aus einer Staub- und Gaswolke, die in sich die Trümmer früherer Sterne enthielt, die nach Ablauf ihrer Lebenszeit explodiert waren und ihre Materie in den Weltraum verstreut hatten.

Wenn wir diese Diskrepanz außer acht lassen, dann sind zwei Punkte in der Progression »vom Chaos zum Kosmos« zu erkennen, in denen der biblische Schöpfungsbericht und die wissenschaftliche Theorie übereinstimmen.

Erstens wird die ewige Existenz der rohen Materie vorausgesetzt, aus der das Universum gebildet ist. Das Problem, woher diese stammt, wird weder von der Bibel noch von der Wissenschaft beantwortet.

Zweitens gibt es ein wichtiges wissenschaftliches Prinzip, das zweite thermodynamische Gesetz, nach dem – verallgemeinernd gesagt – eine ständige Progression von Ordnung zu Unordnung stattfindet. Die Entstehung des Sonnensystems und der galaktischen Systeme scheint direkt konträr zum zweiten thermodynamischen Gesetz zu verlaufen.

Bedeutet das, daß die Gesetze der Wissenschaft nicht ausreichen, um die Erschaffung des Universums zu erklären, und daß die Existenz Gottes ein Postulat ist, weil er allein ein Naturgesetz wie das zweite thermodynamische Gesetz außer Kraft setzen könnte? Ich werde auf diesen Punkt zurückkommen.

10 Der Vers geht weiter zu einem Aspekt des anfänglichen Chaos, der Finsternis, die ja ein Symbol des Chaos ist.

Das wird durch die Natur veranschaulicht. Eine geordnete Natur, in der alles seinen Platz hat, ist klar bei Licht zu erkennen.

Wenn die Dunkelheit anbricht, vor allem an einem fremden Ort, haben wir nicht mehr das Gefühl, von Ordnung umgeben zu sein. Wir wissen nicht mehr, wo sich die Dinge befinden, wir stolpern und tappen herum wie in einem Chaos.
Auch das entspricht in gewisser Weise der Auffassung der Wissenschaft; denn die ursprüngliche Staub- und Gaswolke, aus der das Sonnensystem und die anderen galaktischen Systeme insgesamt sich bildeten, war dunkel.

11 Das englische Wort »was« (deutsch »war«) ist in der King James Bible kursiv gesetzt. Das hat hier nicht die sonst übliche betonende Bedeutung.
Bei dem Bemühen, den hebräischen Text der Bibel in eine moderne Sprache zu übersetzen, läßt es sich manchmal nicht vermeiden, zusätzliche Wörter einzuschieben, um den Text verständlich zu machen. Das gilt auch für diesen Satz, in dem die Kursivsetzung anzeigen soll, daß das Wort nicht im Original enthalten ist.
Spätere Übersetzungen der Bibel zeigen nicht mehr diesen übertriebenen Respekt vor dem Original und lassen die kursive Bezeichnung eingeschobener Wörter fallen. Auch ich habe die Kursivsetzung der King James Bible nicht übernommen.

12 Ein anderes Symbol für Chaos ist die »Tiefe«, das heißt, das Meer. Im Vergleich zu der trockenen Erdoberfläche, auf der menschliche Wesen leben, ist das Meer eine ungeordnete Anhäufung von Materie, ständig in Bewegung, hin- und herrollend und bei einem Sturm mit einer Macht wütend, die sich jeder menschlichen Kontrolle entzieht.
Das Bild des Universums in seinem Anfangszustand ist also das eines Chaos, das dem Meer vergleichbar ist – eine Anschauung, die die Verfasser der Bibel aus der babylonischen Überlieferung übernommen haben.
Das erste Kapitel der Genesis stammt aus dem P-Dokument und ist in seiner heutigen Form erst nach der Babylonischen Gefangenschaft entstanden. Es scheint von den Priesterführern der Juden (P-Dokument bedeutet Priesterkodex) in Anlehnung an die babylonischen Schöpfungsmythen verfaßt worden zu sein, die ihrerseits wiederum eine Modifizierung früherer

sumerischer Mythen waren.
In dem babylonischen Mythos werden die Mächte des Chaos durch Tiamat repräsentiert, deren Wildheit, Zügellosigkeit und Stärke dem Meer gleicht. Die Götter, die die Macht der Ordnung verkörpern, erzittern vor ihr, bis schließlich Marduk, der oberste Gott des babylonischen Pantheon, es wagt, ihr entgegenzutreten. Marduk überwindet und tötet Tiamat in einem gewaltigen kosmischen Ringen. Dann bildet Marduk aus der in zwei Teile gespaltenen Tiamat den Himmel und die Erde.
»Tiefe« ist die Übersetzung des hebräischen Wortes *tehom*, das möglicherweise mit dem babylonischen »Tiamat« verwandt ist. Gott wird in der Genesis jedoch nicht im persönlichen Zweikampf mit der »Tiefe« dargestellt. Die Verfasser des P-Dokuments hatten ein vergeistigteres Gottesbild. In ihrer Sicht war Gott der Herrscher des Alls. Sein Wort und sein Wille genügten. Es gab nichts, auch nicht das Chaos, das den Gehorsam verweigern konnte.
Allerdings gibt es an anderer Stelle der Bibel Verse, die auf eine ältere Überlieferung eines Zweikampfes zwischen dem Gott der Ordnung und dem Drachen des Chaos hinweisen, aus dem die Erschaffung des Universums hervorgeht. So lesen wir zum Beispiel: »Du hast das Meer gespalten durch deine Kraft, zerschmettert die Köpfe der Drachen im Meer. Du hast dem Leviatan die Köpfe zerschlagen« (Ps 74, 13-14).
»Wach auf, wach auf, zieh Macht an, du Arm des Herrn! Wach auf, wie vor alters zu Anbeginn der Welt! Warst du es nicht, der Rahab zerhauen und den Drachen durchbohrt hat?« (Jes 51,9)
Es ist natürlich möglich, daß sich diese Stellen auf Ägypten und die Scheidung des Roten Meeres beziehen; aber auch dann läßt die Wahl der Worte einen physischen Kampf mit einem Drachen anklingen, und das ist eine unzweifelhafte Erinnerung an die babylonische Sage von Marduk und Tiamat.
Wenn wir dem Drachen des Chaos in der wissenschaftlichen Anschauung vom Ursprung des Weltalls nachspüren, können wir eine Analogie in dem wüsten Strudel von wirbelndem Staub und Gas finden, aus dem sich die Galaxis und das Sonnensystem gebildet haben. Diese Staub- und Gaswirbel sind eine vielleicht noch bessere Darstellung des Chaos, als es das Meer ist.

13 Das Wort »Geist« ist die Übersetzung des hebräischen Wortes *ruakh*, das »Atem« bedeutet. Es scheint eine große Spanne zwischen dem prosaischen »Atem« und dem geheimnisvollen und transzendenten »Geist« zu liegen. Aber das lateinische *spiritus* hat noch die doppelte Bedeutung des physischen »Atems« und des transzendenten »Geistes«. Der Ausdruck »Geist Gottes« bedeutet also zugleich auch Atem Gottes. Gott wird in der Sicht der Verfasser des P-Dokuments mit dem Immateriellsten gleichgesetzt, das sie kennen – der unsichtbaren und unfühlbaren Luft. (Nach wissenschaftlicher Auffassung ist die Luft ebenso materiell wie Wasser, Erde oder Metall.) Der Atem Gottes – und der Wind – bliesen über das Wasser, und das ist alles, was hier von dem kosmischen Kampf zwischen den Prinzipien Ordnung und Chaos geblieben ist.

3. Vers: Und Gott sprach (14): Es werde Licht! (15)
Und es ward Licht (16).

14 Gott spricht zum erstenmal. Aus dem anfänglichen Chaos beginnt er Ordnung zu schaffen.

15 Wenn die Bibel heute geschrieben würde, würde man Gottes ersten Ausspruch in Anführungszeichen setzen. Das geschieht auch häufig in revidierten Fassungen. Zu der Zeit, als die englische King James Bible (und die deutsche Lutherbibel) herausgegeben wurden, waren Anführungszeichen noch nicht üblich. Sie sind daher auch in den späteren Ausgaben dieser Bibelübersetzungen weggelassen worden.
Es ist übrigens ein Unterschied, ob ich Anführungszeichen einfüge oder ob ich die Kursivschreibung von Zusatzwörtern vernachlässige: Anführungszeichen würden irgendwie die sprachliche Qualität des Buches ändern, das eine der höchsten sprachlichen Leistungen der Weltliteratur darstellt.
Gottes Befehl stellt eine bedeutsame Abweichung vom babylonischen Schöpfungsmythos dar. Nach dem babylonischen Mythos liegt Tiamat eingehüllt in Finsternis, und von den Göttern, die sich ihr nähern, um sie zu überwinden, geht Licht aus. Licht ist ein Attribut der Götter. Für die Verfasser des P-Dokuments jedoch besteht keine Koexistenz eines Aspekts der Ordnung mit Gott – auch nicht des Lichtes, des wesentlichen Symbols

der Ordnung (wie die Finsternis das Symbol des Chaos ist). Auch das Licht muß geschaffen werden, oder es kann nicht existieren. Und Gott erschafft es.

16 Es gibt zwei Aspekte der wissenschaftlichen Kosmologie, die mit dem Befehl »Es werde Licht« in Zusammenhang stehen könnten.

Betrachten wir zunächst die formlose, chaotische Staub- und Gasmasse bei der Bildung des Sonnensystems. Wenn die Masse sich verdichtet, wird ihre Bewegungsenergie in Hitze umgewandelt. Das Zentrum, der dichteste Kern der Kondensation, wird immer heißer. Die Temperatur steigt in die Tausende, schließlich in die Millionen von Hitzegraden.

Bei dieser Hitzeentwicklung im Kern geraten die Atome, aus denen die Materie besteht, in immer schnellere Bewegung und stoßen in zufälligen Kollisionen mit immer größer werdender Kraft aufeinander. Die äußeren Hüllen der Elektronen schmelzen ab und werden abgestoßen. Die bloßen Kerne der Atomzentren prallen aufeinander, ohne durch die intervenierenden Elektronen aufgehalten zu werden, und verschmelzen zu komplexernen Kernen. Diese »Kernfusion« erzeugt Energie, die zum Teil in elektromagnetische Strahlung umgesetzt wird. Diese Strahlung strömt aus den zentralen Regionen der Wolke aus, die sich nun zur Sonne kondensiert hat. Die von der Sonne in alle Richtungen ausströmende Strahlung können wir, zum Teil, als Licht beobachten.

Kurz zusammengefaßt: Als die Wolke sich zur Sonne verdichtete, trat ein Augenblick ein, in dem die Sonne sich zu einem zentralen nuklearen Feuer entzündete und zu scheinen begann. Dieser Vorgang vollzog sich mit einer solchen Geschwindigkeit, als ob ein Befehl gegeben worden wäre: »Es werde Licht!«

Es gibt ein anderes, früheres und noch dramatischeres Ereignis, das der Plötzlichkeit eines Befehls zu folgen schien.

Das Sonnensystem bildete sich vor ungefähr fünf Milliarden Jahren, und die Galaxis, von der es ein Teil ist, noch Milliarden von Jahren früher. Die Galaxis wiederum ist nur ein gewaltiger Sternhaufen unter vielen anderen. Es dürfte im Weltall an die hundert Milliarden galaktischer Systeme geben, von denen jedes Milliarden (in einigen Fällen auch Billionen) von Sternen enthält.

In den zwanziger Jahren unseres Jahrhunderts entdeckte man, daß diese Galaxien aus Sternhaufen bestehen, die sich in einer Fluchtbewegung voneinander entfernen. Das entsprach der 1916 aufgestellten Einsteinschen allgemeinen Relativitätstheorie, nach der das Universum ständig expandiert.

Das bedeutet, daß in der Zukunft das Universum größer sein wird, als es heute ist, und daß die in ihm befindliche Materie sich auf einen größeren Raum verteilen wird. Es bedeutet ebenso, daß in der Vergangenheit das Universum kleiner war, als es heute ist, und daß die in ihm befindliche Materie sich auf einen kleineren Raum verteilte.

Man könnte sich also vorstellen, daß es in der Urzeit eine Periode gegeben hat, in der alle Materie im Weltall in einen einzigen Körper zusammengeballt war. Diese Theorie wurde erstmals 1927 von dem belgischen Astronomen (und katholischen Theologen) Georges Lemaître aufgestellt. Er nannte diesen Körper, der am Anfang existierte, »das kosmische Ei«, und er behauptete, daß seine Explosion zur Bildung des Weltalls führte, wie wir es heute kennen, und daß die Fluchtbewegungen der galaktischen Sternhaufen auf diese urzeitliche Explosion zurückzuführen sind.

Seit Lemaître haben sich die Astronomen mit der Frage beschäftigt, wie das kosmische Ei beschaffen war und in welchen Phasen die Explosion vor sich ging.

Stellen wir uns die Entstehung des Universums einmal in der Retrospektive vor: Alle Spiralnebel vereinigen sich zu einer Galaxis; die Materie wird zu einer einzigen Staub- und Gaswolke. Das Zentrum der Wolke erhitzt sich.

So wie nach der Kontraktionstheorie die Sonne im Verlauf der Zeit sich erhitzte, muß umgekehrt das kosmische Ei zu Beginn von einer unvorstellbaren Hitze gewesen sein. Die aus der Kontraktion resultierende Sonnenhitze ist verschwindend gering im Vergleich zur Hitze des kosmischen Eis, das die Materie zur Bildung einer Milliarde Billionen Sternen in sich enthielt.

Das zu Beginn existierende unvorstellbar heiße kosmische Ei zerbirst in einer ungeheuren Explosion (dem »Urknall«). Seine Fragmente sind anfänglich zu heiß, als daß Materie, wie wir sie kennen, existieren könnte. Die durch die Explosion sich bildenden Produkte sind Energie. In Bruchteilen einer Sekunde

fiel die Temperatur steil ab. Das Universum kühlte so stark ab, daß sich gewisse elementare Partikel von Materie bilden konnten. Heute jedoch ist das Universum so kühl, daß diese Materieteilchen nicht existieren könnten.
In einer vollen Sekunde nach dem Urknall ist die Temperatur des Universums auf zehn Milliarden Grad abgesunken; das entspricht der Hitze, die im Zentrum der größten Sterne herrscht. Die subatomaren Teilchen, die wir kennen, bildeten sich. Später entwickelten sich die Atome.
Es dauerte jedoch etwa eine Million Jahre nach dem Urknall, bis die Temperatur des Universums auf fünftausend Grad (die Hitze der Sonnenoberfläche) abgesunken war und die Materie ihre beherrschende Stellung im Universum einnehmen konnte. Bis dahin war die Energie der entscheidende Faktor.
(Heute, fünfzehn Milliarden Jahre später, ist die Temperatur des Weltalls auf ein Mittel von drei Grad über dem absoluten Nullpunkt abgesunken.)
Die Vorstellung hat etwas Dramatisches, daß der Befehl »Es werde Licht« sich im Urknall und der anfänglichen Prädominanz der Energie manifestierte. Licht ist ja eine Form von Energie.
Tatsächlich könnten wir die drei ersten Verse der Genesis, um sie der wissenschaftlichen Theorie von der Entstehung der Welt anzupassen, etwa so paraphrasieren:
Am Anfang, vor fünfzehn Milliarden Jahren, bestand das Universum aus einem strukturlosen kosmischen Ei, das mit einem gewaltigen Ausstoß von Energie explodierte.
Hier ergeben sich jedoch einige neue Gesichtspunkte. Das kosmische Ei dürfte, soweit wir wissen, strukturlos gewesen sein, aber es stellte offenbar eine sehr geordnete Anhäufung von Materie dar. Seine Explosion führte jedoch zu einer gewaltigen Verschiebung in Richtung zur Unordnung, und der Umfang von Unordnung im Universum hat sich seitdem vergrößert. (Wissenschaftler haben den Begriff »Entropie« geprägt, der unter anderem das Ausmaß von Unordnung in einem System kennzeichnet.)
Innerhalb der gewaltigen Verschiebung zur Unordnung hin, die durch den Urknall und die Expansion des Weltalls entstanden ist, gibt es möglicherweise lokale Verschiebungen in Richtung Ordnung, durch die die Galaxien und in ihnen individuelle

Sterne sich bilden können, darunter auch unsere Sonne. Die Erde kann sich zusammen mit der Sonne bilden, und auf der Erde kann eine Entwicklung zum Komplexen und zur Ordnung eintreten, aus der Leben entsteht und sich entwickelt.

Dennoch, im Ganzen gesehen, bewegt sich das Universum mit der Zeit von Ordnung zu Unordnung, von niedriger Entropie zu hoher Entropie. Es ist möglich, daß in der Endzeit des Universums eine Situation höchster Entropie, also eines vollständigen Chaos, bestehen wird. Kurz gesagt: Das Universum bewegt sich vom Kosmos zum Chaos, von Ordnung zu Unordnung, in entgegengesetzter Richtung zu der, die die verschiedenen mythologischen Berichte von der Schöpfung – einschließlich des biblischen Berichts – annehmen.

Die Existenz des kosmischen Eis selbst ist jedoch auch eine Art von Anomalie. Wenn die allgemeine Bewegung des Universums sich von Ordnung zu Unordnung vollzieht, wie entstand dann die Ordnung, die vermutlich im kosmischen Ei existierte? Woher kam sie?

Es ist eine verführerische Vermutung, daß wir hier auf den biblischen Bericht als Antwort zurückgreifen könnten. Der Geist Gottes schwebte auf dem Wasser (dem Chaos), er sammelte die Materie des Universums zu einem bis aufs Äußerste komprimierten kosmischen Ei (dem Kosmos) und ließ es dann zur Energie explodieren (»Es werde Licht«), zur Materie abkühlen und sich zu einem Universum entwickeln, wie wir es kennen, das nach den Naturgesetzen (ebenfalls von Gott geplant) seinen Lauf nimmt, bis es wieder Chaos wird.

Es gibt jedoch keinen wissenschaftlichen Beweis dafür.

Es gibt auch keinen Beweis für irgendeine andere Art der Erschaffung des kosmischen Eis.

Wenn wir die fernen Galaxien erforschen, dann erforschen wir in Wirklichkeit die ferne Vergangenheit; denn das Licht dieser Galaxien brauchte Milliarden von Jahren, um uns zu erreichen. Aber auch der entfernteste Gegenstand, den wir entdecken können, existierte erst nach dem Urknall, und es scheint keinen Weg zu geben, um zu einer Zeit vor dem Urknall vorzudringen.

Und doch mag es einen Weg geben, der uns durch die absolut erscheinende Barriere unseres Wissens hindurchführen kann. Es könnte zum Beispiel sein, daß das Universum nicht auf immer expandiert. Es expandiert entgegen dem Zug seines eigenen Gravitationsfeldes, das ständig die Expansionsrate abschwächt. Es könnte schließlich der Fall eintreten, daß die Expansion sich bis zu einem völligen Stillstand verlangsamt und das Universum in einer allmählichen Pendelbewegung in einen neuen Kontraktionsprozeß eintritt. Wenn das so ist, wird das Universum, das jetzt durch Expansion dem Chaos zustrebt, durch die Umkehrung zur Kontraktion sich zu einem neuen kosmischen Ei entwickeln. Natürlich könnte sich dieser Prozeß immer von neuem vollziehen. Wir hätten somit ein »oszillierendes Universum«. In diesem Fall gäbe es keinen echten Anfang und kein echtes Ende, das Universum existierte ewig. Es stellt sich nicht die Frage, woher die unendliche Zahl kosmischer Eier kommt oder welchen Ursprung die Ordnung hat.

Aber damit das Universum seine Expansion beenden kann, muß sein Gravitationsfeld stark genug sein, um dieses Ende herbeizuführen. Die Stärke des Gravitationsfeldes des Universums hängt von der durchschnittlichen Dichte der in ihr befindlichen Materie ab, und nach dem heutigen Stand der Forschung beträgt diese Dichte nur etwa ein Hundertstel dessen, was nötig wäre, um der Expansion Einhalt zu gebieten.

Der Beweis für diesen Effekt ist jedoch noch nicht schlüssig, und ich habe die vage Vermutung, daß die »fehlende Masse«, die erforderlich ist, um die richtige Dichte zu erreichen, noch gefunden und daß der Beweis für das Oszillieren des Universums erbracht werden kann. Das ist jedoch, wie gesagt, nur eine vage Idee, und im Augenblick stellt die Existenz des kosmischen Eis ein Problem dar, für das die Wissenschaft noch keine befriedigende Antwort weiß.

4. Vers: Und Gott sah, daß das Licht gut war. Da schied (17) Gott das Licht von der Finsternis

17 Licht und Finsternis erscheinen hier als entgegengesetzte und vielleicht gleichwertige Phänomene, die geteilt (das heißt getrennt) werden können, jedes in seinen eigenen Herrschaftsbereich.

Das ist ein natürlicher Gesichtspunkt für den Menschen der Frühzeit, der den Wechsel von Tag und Nacht beobachtete. Er mußte den Eindruck haben, daß das Licht während des Tages

herrschte und die Finsternis während der Nacht und daß die Zeit gleichmäßig zwischen ihnen aufgeteilt war.
Dieser Wechsel und diese Aufteilung mögen zu dem Gedanken geführt haben, daß das Universum ein Kampfplatz zwischen dem Prinzip des Lichts und dem Prinzip der Finsternis ist und daß beide vielleicht von Anbeginn existierten und gleich mächtig waren.
Das Licht erschien als die symbolische Darstellung eines Gottes, der das Chaos zum Kosmos verwandelt, während die Finsternis ein Anti-Gott ist, der den Kosmos in ein Chaos zurückverwandeln will. (Man spürt hier einen Anklang an das »oszillierende Universum«, das aus einem kosmischen Ei entsteht und sich wieder zu einem kosmischen Ei zurückverwandelt, in einem sich ständig wiederholenden Prozeß. Mit einiger Phantasie könnten wir uns vorstellen, daß die Scheidung des Lichts von der Finsternis durch Gott die Schaffung einer Periode der Expansion des Universums und einer Periode der Kontraktion kennzeichnet.)
Die alten Iranier haben die Vorstellung von dem Kampf zwischen Licht und Finsternis sehr detailliert überliefert. Für sie wurde das Prinzip des Lichtes und des Guten durch Ahura Masda verkörpert, das Prinzip der Finsternis und des Bösen durch Ahriman. Beide hatten eine ewige und unzerstörbare Existenz, und ihr Schlachtfeld war das Universum. Der Kampf zwischen ihnen (und zwischen gewaltigen Heeren untergeordneter Wesen – Engel und Dämonen – auf beiden Seiten, an dem auch die Menschen durch ihre Entscheidung für das Gute oder das Böse teilhatten) dauert auf ewige Zeiten an; der endgültige Sieg, so sagen die Mythologen, wird dem Guten zufallen.
Als die Juden mehrere Jahrhunderte lang unter persischer Herrschaft lebten, fand dieser »Dualismus« Eingang in ihr Denksystem, und Satan, das Äquivalent von Ahriman, erscheint als der Anti-Gott, der die Schöpfung aufzuheben versucht.
Im P-Dokument jedoch, das während der Babylonischen Gefangenschaft, also kurz vor der persischen Ära, niedergeschrieben wurde, erscheint Satan nicht. Obwohl Gott ausdrücklich als Schöpfer des Lichts bezeichnet wird, erschafft er nicht die Finsternis; denn die Finsternis existierte am Anfang – zusammen mit dem Chaos und als ein Teil von ihm.

Indessen kann Gott die Finsternis durch sein Wort begrenzen; er ist also ebenso Herr über sie wie über das Licht. Ein Dualismus (die gleichwertige Existenz von Gut und Böse) wird ausdrücklich verneint.

Nach wissenschaftlicher Auffassung hat die Finsternis natürlich nicht die gleiche Art von Existenz wie das Licht. Finsternis ist nur Nichtvorhandensein von Licht.

Im gegenwärtigen Stadium des Universums, in dem eine Milliarde Billionen Sterne scheinen, gibt es überall Licht (mit wenigen Ausnahmen, zu denen ich noch kommen werde); aber es gibt keine Finsternis. Sicherlich, wenn man sich an einem Punkt im Weltraum zwischen den Galaxien befände, wo selbst die nächsten Galaxien so weit entfernt wären, daß die Intensität ihres Lichtes durch die Entfernung auf eine für das menschliche Auge nicht mehr feststellbare Stärke reduziert wäre, würde man sich im Dunkeln befinden. Das würde jedoch eine subjektive Feststellung sein; denn empfindlichere Instrumente als das Auge könnten das Licht entdecken. Man befände sich also nicht in der Finsternis, sondern lediglich in einem exzessiv schwachen Licht.

Licht kann auch abwesend sein, weil es physisch durch eine undurchlässige Schranke blockiert wird. Auf der Erde sind wir eine höhere Lichtstärke gewohnt, als sie im Universum generell vorhanden ist. Das ist auf die Nähe eines bestimmten Sterns, der Sonne, zurückzuführen. Die Lichtstärke ist während des Tages, also wenn der Teil der Erdoberfläche, auf dem wir uns befinden, der Sonne zugewandt ist, so viel größer als zu der Zeit, wenn wir uns durch die Erddrehung auf der sonnenabgewandten Seite befinden (das heißt, wenn die Masse der opaken Erde selbst das Licht blockiert), daß wir die Nacht als Verkörperung der Finsternis empfinden. Bei klarem Himmel ist jedoch das Licht der Sterne und gegebenenfalls das des Mondes zu erkennen, so daß es nicht wirklich finster ist. Es scheint nur so im Vergleich mit dem Tageslicht.

Eine bewölkte Nacht ist dunkler, und wir erreichen die Stufe einer virtuellen Lichtlosigkeit, wenn wir in eine tiefe Höhle hinabsteigen.

Das Äquivalent einer tiefen Höhle würde im offenen Weltraum das Zentrum einer Staub- und Gaswolke sein, in der und in deren Nähe sich kein Stern befindet. Solche Wolken existieren tatsächlich. Man bezeichnet sie als Dunkelwolken. Wir können sie sehen, wenn sie die hinter ihnen befindlichen Sterne verdekken und als eine Zone der Dunkelheit gegen einen Hintergrund heller Sterne erscheinen. Würde man sich in der Mitte einer solchen Wolke befinden, gäbe es kein Licht, nur Finsternis.

Und wenn wir uns schließlich vorstellen, daß das Weltall für immer weiter expandieren wird, dann wird eine Zeit kommen, in der alle Sterne ihr Leben als glühende Objekte beendet haben, wenn mit dem endgültigen Sieg des Chaos überall Finsternis herrscht.

Aber alle diese Argumente für die Existenz von Finsternis in besonderen Fällen sind durch eine enge Definition von Licht bedingt. In Wirklichkeit ist Licht ein Wellenphänomen, das Produkt eines rasch oszillierenden elektromagnetischen Feldes. Die Oszillation kann zu jeder Zeit stattfinden, und Wellen können in jeder Wellenlänge erzeugt werden.

Unser Auge ist empfindlich für bestimmte Wellenlängen, die unser Gehirn als Licht interpretiert. Diese Wellenlängen bilden nur einen kleinen Teil des Gesamtspektrums. Es gibt sowohl längere als auch kürzere Wellen, die unsere Augen nicht wahrnehmen können und die uns daher nicht als Licht erscheinen.

Alle Materie strahlt diese Wellenlängen in einem weiten Frequenzbereich aus. Das Schwingungsmaximum ist jeweils durch die Temperatur bestimmt. Wenn Materie nicht heiß genug ist, um so kurze Wellenlängen zu erzeugen, daß sie als Licht wahrgenommen werden, wird sie längere Wellen infraroten Lichts, noch längere Mikrowellen oder noch weit längere Radiowellen erzeugen. Für diese Wellen fehlt uns die natürliche Sensitivität, aber wir können sie mit geeigneten Instrumenten feststellen.

Alle Materie, die sich nicht im absoluten Nullpunkt befindet (und dieser Zustand ist niemals erreichbar), erzeugt solche Strahlung. Wir könnten daher in der tiefsten Höhle infrarote oder Radiowellen-Strahlung feststellen (denn sie würde von den Wänden der Höhle oder von der Luft selbst ausgestrahlt). Und das gilt ebenso für die dickste und dunkelste Wolke, da die Teilchen der Materie in der Wolke selbst Strahlung erzeugen.

Wenn wir das Licht als nur eine, und zwar die am besten wahrnehmbare, Repräsentation elektromagnetischer Strahlung betrachten, dann gibt es im weiteren Sinne nirgendwo im Universum Finsternis, dann gibt es keinen Ort und keine Zeit, auch

nicht im letztendlichen Chaos, wo es ein vollständiges Fehlen elektromagnetischer Strahlung geben könnte.
Es scheint also, daß wissenschaftliche Erkenntnisse dem Dualismus von Licht und Finsternis widersprechen, daß sie sich (zumindest metaphorisch) eher im Einklang mit dem biblischen Begriff von Gott (»Licht«) als absolutem Gebieter befinden.

5. Vers: und nannte das Licht Tag und die Finsternis Nacht (18). Da ward aus Abend und Morgen (19) der erste Tag (20).

18 Gott gibt den beiden Phänomenen Licht und Finsternis besondere Namen, Tag und Nacht (*yom* und *lilah* im Hebräischen).
Es entspricht der Vorstellung der meisten Menschen, daß Worte eine natürliche Existenz, eine objektive Bedeutung haben. Menschen, die nie eine andere Sprache als die eigene gehört haben, sind immer erstaunt, wenn sie jemandem begegnen, der sie nicht versteht. Wie ist es möglich, daß jemand nicht begreift, daß etwas, was X ist, X heißt? Noch überraschender ist es, einer anderen Sprache zu begegnen, in der jeder Gegenstand, jede Tätigkeit, Eigenschaft und so weiter mit offenbar bedeutungslosen und unsinnigen Lauten bezeichnet wird und daß sie trotzdem anderen, die diese Sprache sprechen, eine Bedeutung vermitteln.
Die Verfasser der Bibel lebten in einer Zeit, in der es viele Sprachen gab, und sie waren sich dieser Tatsache bewußt. Wie die meisten Menschen nahmen sie natürlich an, daß ihre eigene Sprache, das Hebräische, eine besondere, die ursprüngliche Sprache war. Wenn wir die Bibel als wörtlich wahr akzeptieren, dann spricht Gott in der Sprache, in der die Bibel ursprünglich geschrieben wurde. Hebräisch wird Gottes Sprache.
Man könnte aus diesem Vers entnehmen, daß Gott einzelne Wörter und damit die hebräische Sprache ebenso erschuf, wie er das Licht erschuf. Und er erschuf die Sprache noch vor der Erschaffung des Lichts; denn der Befehl zur Erschaffung des Lichts ist in hebräische Sprache gefaßt.
Daraus folgt – und das wurde von den Verfassern der Bibel (und von vielen Menschen späterer Zeiten, die die Bibel wörtlich nahmen) unterstellt –, daß Hebräisch die ausschließliche

Sprache der Menschen bis weit in die geschichtliche Zeit hinein war.
In Wirklichkeit haben sich die Sprachen in sehr komplexer Weise entwickelt, und wenn es so etwas wie eine Ursprache gegeben haben sollte, ist dies in der Erinnerung der Menschheit nicht haftengeblieben. Sprachwissenschaftler können Rückschlüsse auf die Vergangenheit nur aus Beziehungen zwischen heute noch zugänglichen Sprachen ziehen, und diese können zeitlich nur so weit zurückverfolgt werden, wie entzifferte Schriften vorliegen. Das führt uns höchstens fünftausend Jahre zurück, und zu dieser Zeit waren Sprachen bereits zahlreich, komplex und sehr differenziert vorhanden.
Im übrigen weist die hebräische Sprache in linguistischer Hinsicht nichts Einzigartiges auf, weder nach Alter noch nach Qualität.

19 Die Bezeichnung des Zeitraums von vierundzwanzig Stunden als »Tag« kann zu Mißverständnissen führen; denn der helle Teil dieses Abschnittes wird zur Unterscheidung von der »Nacht« ebenfalls als »Tag« bezeichnet.
Wegen dieser Möglichkeit einer Verwechslung beschreibt der Vers die Erschaffung des Lichts und die Trennung von Licht und Finsternis nicht nur als Ereignis des ersten Tages, sondern erwähnt ausdrücklich »Abend und Morgen«, um deutlich zu machen, daß der volle Zeitraum von vierundzwanzig Stunden gemeint ist.
Für uns heutige Menschen beginnt und endet der Tag (der Zeitraum von vierundzwanzig Stunden) um Mitternacht – ein künstliches Schema, das nur durch die weite Verbreitung exakt anzeigender Uhren praktikabel ist.
Vor der Verbreitung künstlicher Zeitanzeiger war es natürlicher (und auch unvermeidlich), den Tag entweder mit dem Sonnenaufgang oder Sonnenuntergang beginnen zu lassen, Zeitpunkten also, die ohne Hilfe der Uhr markiert werden konnten.
Uns mag es natürlich erscheinen, daß der Sonnenaufgang den Beginn des Tages anzeigt. Er ist sicherlich der Beginn des Arbeitstages. In den Teilen der Bibel, die ihre heutige Form vor der Babylonischen Gefangenschaft erhielten, gibt es gelegentliche Hinweise, daß der Sonnenaufgang den Tag einleitet.

So zum Beispiel: »Und das Fleisch ihres Lob- und Dankopfers soll an demselben Tage gegessen werden, an dem es geopfert wird, und soll nichts übriggelassen werden bis zum Morgen« (3. Mose 7,15). Der »Morgen« ist hier offenbar nicht derselbe Tag; mit ihm beginnt ein neuer Tag.
Nach dem babylonischen System jedoch begann der Tag mit dem Sonnenuntergang, also mit dem Abend, und mit dem Morgen begann der zweite Teil desselben Tages. Die Verfasser des P-Dokuments waren von dieser babylonischen Sitte beeinflußt und übernahmen sie, so daß sie den vollen Tag von vierundzwanzig Stunden als »Abend und Morgen« beschrieben, und nicht umgekehrt.
Diese Sitte, den Tag mit dem Sonnenuntergang beginnen zu lassen, setzte sich bis in die neutestamentliche Zeit fort und fand so Eingang in die Festtagstradition der Kirche. Der »Heilige Abend« ist keineswegs der Abend vor dem Weihnachtstag, sondern er bezeichnet den Beginn des Weihnachtstages, auch wenn er nach unserem heutigen Kalender nicht mehr zum selben Tag zählt.
Die Juden begehen ihre Festtage auch heute noch mit dem Sonnenuntergang des »Vortages«.

20 Die Schöpfungsakte, die im ersten Kapitel der Genesis aufgezählt werden, sind in verschiedene »Tage« eingeteilt.
Bis zum neunzehnten Jahrhundert gab es damit keine Probleme. Es wurde allgemein angenommen, daß die angeführten Tage buchstäblich Tage – das heißt Zeiträume von jeweils vierundzwanzig Stunden – waren und daß die Erschaffung von Himmel und Erde in nur wenigen Tagen vollendet war. Die Kürze der Zeit spielte keine Rolle, denn wer wollte bezweifeln, daß Gott sein Werk in wenigen Tagen, Stunden oder in einem Augenblick ausführen konnte.
Im neunzehnten Jahrhundert jedoch wurde es mehr und mehr klar, daß die Erde Millionen von Jahren alt war. In einem ersten Rückzug von der wörtlichen Interpretation der Bibel begann man sich zögernd die Frage zu stellen, ob der Begriff »Tag« sich wirklich auf eine bestimmte Zeitspanne bezog.
Einige Bibelwissenschaftler stellten zur Diskussion, ob in diesem Kapitel der Begriff Tag nicht einen unbestimmten Zeitraum bezeichnen sollte, etwa, daß das Erscheinen des Lichtes

und seine Trennung von der Finsternis die »erste Phase« des Prozesses Schöpfung bedeute und daß diese Phase eine Million oder eine Billion von Jahren gedauert haben könnte, so wie Gott es wollte. Was bedeutet Zeit für Gott?
Und doch scheint die Bibel hier eine präzise Aussage zu machen. Als ob das P-Dokument der Gefahr einer Fehlinterpretation des Begriffes Tag hätte vorbeugen wollen, nennt es ausdrücklich »Abend und Morgen«, scheint also zu betonen, daß der Zeitraum von vierundzwanzig Stunden gemeint sei und nicht mehr. Der in diesem Vers bezeichnete Tag wird von jüdischen und christlichen Fundamentalisten noch heute als der Vierundzwanzigstundentag interpretiert.

6. Vers: Und Gott sprach: Es werde eine Feste (21) zwischen den Wassern, die da scheide zwischen den Wassern (22).

21 Die Reihenfolge, in welcher Gott in den weiteren Versen dieses Kapitels die Erschaffung des Weltalls vollendet, entspricht genau der Anordnung in den babylonischen Schöpfungsmythen nach der Vernichtung Tiamats, die etwa mit der Schaffung des Lichtes und der Scheidung des Lichtes von der Finsternis im P-Dokument gleichzusetzen ist.
Als erstes kommt die Erschaffung der »Feste zwischen den Wassern«, des Firmaments.
Das Firmament ist der halbkugelförmige Bogen des Himmels (er erscheint im Scheitel abgeflacht und eher halbelliptisch, aber das ist eine optische Täuschung). Man betrachtete es als eine massive, feste Überdeckung der flachen Erde.
Das Wort »Firmament« (lateinisch *firmamentum*) ist eine Übersetzung des griechischen *stereoma*, das Stütze oder Halt bedeutet und das seinerseits eine Übersetzung des hebräischen Wortes *rakia* ist, welches eine dünne Metallplatte bezeichnet.
Für die Wissenschaft jedoch gibt es kein Firmament, keinen Himmel als materielles Gewölbe. Was unseren Augen als solches erscheint, ist nur Raum, ins Unendliche ausgedehnt.
Raum ist, um das klarzustellen, »endlich«. Mit unseren Teleskopen und anderen Instrumenten, die immer weiter in den Raum vordringen, können wir heute Gegenstände erkennen, die zwölf Milliarden Lichtjahre entfernt sind. Da das Licht, das

wir von diesen fernen Objekten empfangen, vor zwölf Milliarden Jahren ausgestrahlt wurde, sehen wir sie so, wie sie relativ bald nach dem Urknall waren.
Wir könnten Gegenstände sehen, die noch weiter entfernt sind, aber wir sehen keine. Offenbar erreichen wir, wenn wir noch weiter in die Vergangenheit vordringen, ein Stadium, in dem das Universum noch nicht bis zu dem Punkt abgekühlt war, in dem genügend Materie sich in der Form von Galaxien abgesetzt hatte und in dem genügend Energie in Materie umgesetzt worden war, um den Raum transparent erscheinen zu lassen. Jenseits der letzten Objekte, die wir erkennen können, sehen wir nur noch den Nebel der frühesten Urzeit nach dem Urknall, und der repräsentiert in gewissem Sinne das Ende (ebenso wie den Anfang) des Universums.
Diese nebelartige Schicht, die wir nicht durchdringen können, die in jeder Richtung vorhanden ist und die eine Sphäre um uns bildet in einer Entfernung von mehr als zwölf Milliarden Lichtjahren, hat keine Ähnlichkeit mit dem, was die Verfasser des Priesterkodex meinten, als sie vom Firmament sprachen. Man muß schon eine sehr metaphorische Vorstellungskraft haben, um eine Entsprechung zu sehen.
Das biblische Firmament war nach der Vorstellung der Juden der Frühzeit nicht sehr hoch über die Erdoberfläche gewölbt. Es mußte die Berge natürlich überspannen, aber es war nicht sehr viel höher als diese.
In den griechischen Mythen muß der Riese Atlas als eine Art lebender Pfeiler den Himmel tragen, und einmal hatte Herakles es fertiggebracht – auf der Spitze eines Berges stehend –, kurze Zeit die Last zu übernehmen. Das ist ein typisches Bild von der Auffassung des antiken Menschen über den Himmel, seine Entfernung und seine Festigkeit.
In der alten Legende von Jakobs Traum konnte der Himmel mit einer Leiter erreicht werden: »Und ihm träumte, und siehe, eine Leiter stand auf Erden, die rührte mit der Spitze an den Himmel, und siehe, die Engel Gottes stiegen daran auf und nieder« (1. Mose 28,12).

22 Regen ist unentbehrlich für die Landwirtschaft, er war es ebenso für die Menschen der Vorzeit, wie er es heute für uns ist. Eine allgemeine unmittelbare Erfahrung mit dem Regen gab

es jedoch nicht immer. Die Bauern der Vorzeit, die erstmals die Landwirtschaft in größerem Umfang betrieben, lebten in den ebenen Tälern der großen Ströme im Nahen und Mittleren Osten – des Nils in Ägypten, des Tigris und Euphrat im Irak und des Indus in Pakistan.
In diesen Gebieten regnete es im allgemeinen nicht häufig (entlang des unteren Nils fast nie). Die Flüsse selbst lieferten das für Menschen, Tiere und Feldfrüchte notwendige Wasser. Es mußte viel Mühe auf den Bau von Bewässerungsanlagen verwendet werden, um eine gute Ernte sicherzustellen.
Der Fluß wurde zwar durch Regen gespeist, aber die Regenfälle waren häufig auf die Bergregionen, in denen die Quellen der Flüsse lagen, beschränkt; die Bauern in der Nähe der Flußmündung hatten damit keine direkte Erfahrung.
Wenn Menschen aus diesen trockenen Ackerbaukulturen Regen erlebten, dann bestaunten sie das vom Himmel fallende Wasser als ein Geschenk aus den Gefilden der Götter; denn es bewässerte ihre Pflanzungen ohne die gewohnte harte Arbeit der Bewässerung.
In diesen frühen Zeiten nahmen die Menschen also als selbstverständlich an, daß es zwei Wasserquellen gab: die Flüsse und den Regen, die voneinander durch das Firmament getrennt waren.

7. Vers: Da machte (23) Gott die Feste und schied das Wasser unter der Feste von dem Wasser über der Feste (24). Und es geschah so.

23 Als Gott sprach: »Es werde Licht«, da war augenblicklich das Licht da. Licht ist jedoch ein immaterielles Objekt, und die Menschen konnten sich nicht vorstellen, daß man es macht. Das Firmament aber ist ein materielles Objekt, zumindest nach der Anschauung der Menschen des Altertums. Daher führt das P-Dokument nach dem Ausspruch Gottes, »Es werde eine Feste«, fort: »Da machte Gott die Feste.«
Man könnte das als eine bestätigende Formulierung der Aussage »Es werde eine Feste« ansehen, als zusätzlichen Hinweis, daß Gott das Firmament allein durch das Aussprechen der notwendigen Worte erschuf. Andererseits vermittelte das »Da machte« sicherlich den Eindruck, daß Gott eine dünne Metall-

schale aushämmerte, sie über die Erde montierte und befestigte. Das wäre eine naive Vorstellung von der Schöpfung, aber nach dem babylonischen Schöpfungsmythos scheinen die Götter das Weltall mit menschlichen Methoden erbaut zu haben, und etwas von dieser Vorstellung mag in die Ausdrucksweise des P-Dokuments eingeflossen sein. Dieser Anklang an babylonische Anschauungen könnte auch erklären, warum es notwendig war, daß Gott Tage für die Durchführung seines Werkes brauchte. Wenn die Schöpfung allein ein Willensakt war – dann könnte sie in einem Augenblick vollendet gewesen sein. Wenn aber eine mühsame Metallbearbeitung notwendig war, dann ist es ein angemessenes Zeichen für Gottes Übermenschlichkeit, daß er den ganzen Himmel in nur einem Tag fertigstellen konnte.

24 Hier haben wir den direkten Hinweis, daß es nicht nur Wasser unter der Feste gab (das Wasser, dem wir auf der Erdoberfläche begegnen), sondern auch Wasser über der Feste (das Wasser, das als Regen fällt).
Niemandem scheint sich die Frage gestellt zu haben, ob der Wasservorrat über der Feste nicht eines Tages zu Ende gehen könnte. Und auch nicht, ob die Wassermenge unter der Feste nicht so stark anwachsen könnte, daß sie allen verfügbaren Raum füllen würde.
Wir wissen heute natürlich, daß es kein Wasser über der Feste gibt, da eine Feste im biblischen Sinn nicht existiert. Alles Wasser, daß auf Erden existiert, existiert auf der Erde und nirgends sonst. Die Sonne erwärmt den Ozean, erzeugt dabei Wasserdampf, der sich zu kleinen Wasserteilchen verflüssigt. Diese sammeln sich zu Wolken, die vom Wind getrieben werden und unter geeigneten Bedingungen sich zu Wassertropfen verdichten und als Regen fallen, der dann, wenn er auf das Land fällt, wieder in den Ozean zurückkehrt.
Dieser Zyklus ist äußerst kompliziert und im einzelnen schwer vorhersehbar (wie jeder Meteorologe aus Erfahrung weiß); aber es handelt sich um einen vollständig geschlossenen Zyklus, und der Regen ist ebenso »unter der Feste«, wie es Seen und Flüsse sind.

8. Vers: Und Gott nannte die Feste Himmel (25).
Da ward aus Abend und Morgen der zweite Tag.

25 Hier zeigt sich deutlich, daß der erste Vers der Genesis lediglich eine kurze Inhaltsangabe des folgenden Kapitels ist. Der erste Vers lautet: »Am Anfang schuf Gott Himmel und Erde«; aber die Erschaffung des Himmels wird konkret als Werk des zweiten Tages beschrieben.
In diesem Vers wird »Himmel« als der eigentliche Name für das Firmament genannt. An späteren Stellen der Bibel wird diese Bezeichnung gelegentlich für den Wohnsitz Gottes irgendwo oberhalb des Firmaments verwendet. Zum Beispiel: »Der Herr ist in seinem heiligen Tempel, des Herrn Thron ist im Himmel« (Ps 11,4).
Diese Vorstellung taucht nur in den am spätesten niedergeschriebenen Teilen des Alten Testaments auf. In den früheren denkt man eher an den Berg Sinai oder die Bundeslade als Wohnung Gottes. In neutestamentlicher Zeit jedoch ist die Vorstellung von einem Himmel über dem Firmament als Wohnung Gottes allgemein verbreitet, so daß das Gebet des Herrn beginnt: »Unser Vater im Himmel« (Mt 6,9).
Heute, wo es allgemein akzeptiert ist, daß ein Firmament im biblischen Sinne nicht existiert, wird der Ausdruck Himmel allein im Sinne von Wohnung Gottes gebraucht, obwohl auch das in der wissenschaftlichen Beschreibung des Universums keinen Platz hat.

9. Vers: Und Gott sprach: Es sammle sich das Wasser unter dem Himmel an besonderem Orte, daß man das Trockene (26) sehe. Und es geschah so.

26 Die Reihenfolge der einzelnen Stufen der Schöpfung, wie sie im ersten Kapitel der Genesis beschrieben werden, ist aus der Sicht der Verfasser des P-Dokuments zwingend logisch. Die Schöpfung schreitet sozusagen von außen nach innen voran, in immer engeren Kreisen um die Menschheit, die als Höhepunkt der Schöpfung gesehen wird.
So beginnt die Umwandlung von Chaos zu Kosmos durch Teilen und Trennen der Dinge und damit durch Beendigung der zufälligen Vermischung, die das Kennzeichen des Chaos ist, am ersten Tag mit der Erschaffung des Lichtes und seiner Trennung von der Finsternis. Zunächst befaßt die Schöpfung sich also mit Immateriellem.

Am zweiten Tag wird der materielle Teil des Universums in Angriff genommen, und zwar zunächst der aus menschlicher Sicht entfernteste: der Himmel oberhalb der Erde. Der Himmel trennt einen Teil des Wassers vom Rest des Weltalls.
Erst am dritten Tag wendet sich Gott der Erde selbst zu, und wieder ist sein erster Akt einer des Trennens. Die Erde besteht aus Wasser und Land, chaotisch miteinander vermischt – eine Art flüssigen Schlamms, wie man annehmen könnte. Auf das Wort Gottes hin wird alles Wasser auf eine Seite geschoben, das Land wird zusammengeballt, ausgetrocknet, und es erhebt sich über den Meeresspiegel.
Hier gibt es eine interessante gegenläufige Ähnlichkeit mit der Bildung der Erde, wie die Wissenschaft sie sieht.
Vor etwa 4,6 Milliarden Jahren entstand die Erde durch die Zusammenballung immer größerer fester Objekte aus der ursprünglichen Staub- und Gaswolke, die das Sonnensystem bildete. Ebenso wie die Sonne sich immer stärker erhitzte, als sie die ihr zuströmende Energie aus der bildenden Materie absorbierte, erhitzte sich auch die Erde.
Da die Erde aber weit weniger Materie in sich versammelte, wurde sie nie so heiß wie die Sonne. Sie war jedoch heiß genug, um am Anfang weder Atmosphäre noch Meere zu haben. Die leichten Moleküle, die die Atmosphäre oder das Meer hätten bilden können, bewegten sich infolge der hohen Temperatur der Erde so schnell, daß sie von dem verhältnismäßig schwachen Gravitationsfeld der Erde nicht gehalten werden konnten. Aber einige der leichten Moleküle vereinigten sich in mehr oder weniger loser Verbindung mit anderen Molekülen, die die feste Substanz der entstehenden Erde bildeten.
Nachdem die Erde sich gebildet hatte, begann die chaotische Mixtur von Substanzen, aus der sie zu Anfang bestand, sich in einem Prozeß von mehreren Millionen Jahren zu setzen. Die dichtesten Massen sanken zum Erdmittelpunkt ab, der jetzt einen Metallkern bildet, hauptsächlich aus Eisen und Nickel in einem Verhältnis von 10 zu 1. Er ist wegen der hohen Temperaturen überwiegend flüssig.
Das leichtere Gestein stieg nach oben und bildete die Hülle und die Kruste. Nach und nach zwangen natürliche geologische Prozesse die leichtesten Moleküle aus ihrer losen Verbindung mit dem Gestein. Wasser sammelte sich, und da es eine gerin-

gere Dichte hatte als das Gestein, stieg es allmählich und begann die tieferen Senken der unebenen Erdoberfläche zu füllen. Die noch leichteren Moleküle gasförmiger Substanzen sprudelten durch Gestein und Wasser nach oben und bildeten eine Atmosphäre.
Über die genauen Details der Bildung des Meeres haben sich die Wissenschaftler bis heute nicht einigen können, aber es scheint, daß der Prozeß dem biblischen Bericht in umgekehrter Folge entspricht.
Die Bibel läßt das feste Land aus einer anfänglich flüssigen Masse entstehen, während nach wissenschaftlicher Auffassung das Meer sich aus einer ursprünglich trockenen Masse bildete.

10. Vers: Und Gott nannte das Trockene Erde, und die Sammlung der Wasser nannte er Meer. Und Gott sah, daß es gut war.
11. Vers: Und Gott sprach: Es lasse die Erde aufgehen Gras (27) und Kraut, das Samen bringe, und fruchtbare Bäume auf Erden, die ein jeder nach seiner Art (28) Früchte tragen, in denen ihr Same ist. Und es geschah so.

27 Sobald das trockene Land erschien, erschuf Gott pflanzliches Leben auf ihm. Das mag uns ein wenig verfrüht erscheinen, da andere Arten von Leben erst später im Zeitplan der Schöpfung auftauchen.
Im Altertum jedoch wurden Pflanzen nicht in demselben Sinne als lebende Wesen betrachtet wie Tiere.
Tatsächlich stellten erst um 1830 wissenschaftliche Beobachtungen endgültig klar, daß pflanzliches und tierisches Gewebe in gleicher Weise aus Zellen aufgebaut ist, daß beide Zelltypen die gleichen allgemeinen Typen von Molekülen und chemischen Reaktionen aufweisen und daß beide gleich lebendig sind.
Für die Verfasser des P-Dokuments hingegen war die Pflanzenwelt das, was sie für die Philosophie dieser Zeit war: ein Nahrungsmittel, das zu erzeugen die natürliche Funktion des Erdbodens war.
Nach der wissenschaftlichen Erkenntnis über den Anfangszustand der Erde bestand das erste Leben, das vor 425 Millionen

Jahren auf dem trockenen Lande erschien, tatsächlich aus verschiedenen einfachen Pflanzen. Erst etwa zwanzig Millionen Jahre später begann tierisches Leben zu erscheinen.
Das ist nicht überraschend. Die Pflanzen, die auf dem trockenen Lande wachsen, sind grün aufgrund ihres Gehalts von Chlorophyll, das einen als Photosynthese bekannten Prozeß durchführen kann. Durch Nutzung der Energie des sichtbaren Lichts kann die Photosynthese das Wassermolekül in Wasserstoff und Sauerstoff aufspalten. Der Sauerstoff wird an die Luft abgegeben, während der Wasserstoff sich mit dem Kohlendioxyd der Luft verbindet und Kohlehydrate, Zucker und Fett bildet. Durch Verbindung mit aus dem Boden absorbierten Mineralien werden Proteine, Nukleinsäuren und Pflanzengewebe allgemein gebildet.
Tiere können die Energie des sichtbaren Lichts nicht zu diesem Zweck nutzen. Sie können nur die Energie nutzen, die durch Oxydation der Moleküle von Pflanzen (oder von Tieren, die Pflanzen gefressen haben) gewonnen wird. Wenn Pflanzen nicht zuvor die Energie der Sonne aufgefangen haben, um energiehaltige Substanzen zu erzeugen, können Tiere, die auf diese energiehaltigen Substanzen angewiesen sind, nicht leben.
Daher muß die Reihenfolge lauten: zuerst pflanzliches, dann unvermeidlich auch tierisches Leben. Nur wenn sie gemeinsam existieren, können die beiden Arten von Leben das Gleichgewicht in der Natur behaupten. Pflanzen verbrauchen Kohlendioxyd und Wasser, um Sauerstoff und komplexe Moleküle zu bilden, während Tiere komplexe Moleküle und Sauerstoff verbrauchen, um Kohlendioxyd zu bilden. Der Zyklus wird in Gang gehalten durch die Energie des Sonnenlichts.

28 Die ausdrückliche Betonung, daß Kraut Samen bringe und fruchtbare Bäume Früchte tragen, »ein jeder nach seiner Art«, scheint zu bedeuten, daß zum Beispiel der Apfelbaum weitere Apfelbäume erzeugen wird und nichts anderes; daß Karotten nichts anderes hervorbringen werden als wiederum Karotten, und so fort.
Dieser Vers scheint, wie auch die nächsten, auszusagen, daß das Leben schon von Beginn an in getrennte Arten unterteilt war und daß in keinem Falle eine Art sich in eine andere verwandeln kann.

Darin ist die Wissenschaft grundsätzlich anderer Meinung. Die Zeugnisse der Fossilien ebenso wie genetische, biochemische und physiologische Beweise stimmen alle darin überein, daß Leben sich langsam, über Milliarden Jahre hinweg, entwickelt hat, daß eine Art sich in zwei oder mehr Arten differenziert hat, daß einige Arten ganz ausgestorben sind, daß also ein Prozeß stattgefunden hat und stattfindet, den wir biologische Evolution nennen.
Obwohl keine wissenschaftliche Schlußfolgerung völlig sicher ist oder sein kann, ist das Beweismaterial zugunsten der Evolutionstheorie doch so stark, daß kein angesehener Biologe die Tatsache selbst bezweifelt, soviel Unsicherheit auch in den Details stecken mag.

12. Vers: Und die Erde ließ aufgehen Gras und Kraut, das Samen bringt, ein jedes nach seiner Art, und Bäume, die da Früchte tragen, in denen ihr Same ist, ein jeder nach seiner Art. Und Gott sah, daß es gut war.
13. Vers: Da ward aus Abend und Morgen der dritte Tag.
14. Vers: Und Gott sprach: Es werden Lichter (29) an der Feste des Himmels, die da scheiden Tag und Nacht (30) und geben Zeichen, Zeiten, Tage und Jahre (31)

29 Als das trockene Land geschaffen war, traf Gott die endgültige Anordnung für den Himmelsraum, die zur Vorbereitung der Erschaffung tierischen Lebens notwendig war. Die »Lichter«, die er erschuf, waren die verschiedenen glühenden Objekte am Himmel: die Sonne, der Mond, die Planeten und Sterne.
Das Licht wurde bereits am ersten Tage erschaffen, aber die lichtbringenden Himmelskörper wurden erst am vierten Tage erschaffen. Das ist nicht unbedingt ein Widerspruch. Man kann sich ohne Schwierigkeiten vorstellen, daß nach biblischer Betrachtungsweise weder die Sonne noch irgendein anderer Himmelskörper für die Erzeugung von Licht wesentlich war. Man kann das Licht als eine immaterielle Substanz betrachten und die Sonne lediglich als ihren Träger.
Während der ersten drei Tage der biblischen Schöpfung, so

könnten wir uns vorstellen, war der Himmel von einem diffusen Licht erfüllt, das die Erde weiträumig bestrahlte. Die Erschaffung der »Lichter an der Feste des Himmels« würde dann die Sammlung dieses Lichts in einen begrenzten Raum darstellen.
Das hat in der Tat eine interessante Entsprechung in der wissenschaftlichen Auffassung von der Entstehung des Weltalls. Wenn wir den Befehl »Es werde Licht« als die Darstellung des Urknalls betrachten, dann existierte Licht (oder allgemeiner gesagt: Energie) für eine lange Zeit danach diffus im ganzen Universum. (Das Universum war in der Urzeit natürlich viel kleiner, als es heute ist.)
Es dauerte eine geraume Zeit (wenn Zeit nach menschlichen Begriffen gerechnet wird), bis konzentrierte Energie sich abkühlte und Materie sich in Galaxien und Sterne sammelte. So gesehen, wurden »die Lichter an der Feste des Himmels« erst nach dem Licht selbst erschaffen.

30 In dem kontinuierlichen Prozeß der Umwandlung von Chaos zu Kosmos setzt Gott den Prozeß von Trennung und Teilung fort. Durch Sammlung des ursprünglichen diffusen Lichts auf verschiedene Träger und seine Konzentration vor allem in der Sonne brachte er eine wirkungsvollere Trennung zwischen Licht und Finsternis, von Tag und Nacht, zustande, als das bei einer Trennung am ersten Tag möglich gewesen wäre.

31 Die »Lichter an der Feste des Himmels« haben mehrere Aufgaben. Die erste, die genannt wird, ist, daß sie »Zeichen, Zeiten, Tage und Jahre« geben.
Schon in den frühen vorgeschichtlichen Zeiten dienten die Bewegungen der Himmelskörper dazu, die Zeit zu bestimmen. Die Bewegungen der Sonne kennzeichneten den Wechsel von Tag und Nacht. Die Bewegungen des Mondes grenzten die Monate und Jahre ab. Die besonderen Konstellationen am Himmel zu einer bestimmten Nachtzeit markierten die Jahreszeiten.
All das ist von großer Bedeutung für Bauern, Hirten und Jäger, da das Keimen und Absterben von Pflanzen, das Paaren und Gebären von Haustieren und die Wanderungen von Wildtieren allesamt jahreszeitlich bedingte Phänomene sind. Aber wenn

wir die Bedeutung von Jahreszeiten, Tagen und Jahren erkennen, was ist gemeint mit »Zeichen«?
Das Wort »Zeichen« mag keine den anderen drei Bezeichnungen entsprechende Bedeutung haben. Daß es mit den anderen auf eine Stufe gestellt wird, kann auf einem Übersetzungsfehler beruhen. In der von den katholischen Bischöfen herausgegebenen deutschen Einheitsübersetzung heißt es: »Sie sollen Zeichen sein und zur Bestimmung von Festzeiten, von Tagen und Jahren dienen.« Damit wird dem Wort »Zeichen« die Bedeutung eines Kalenders gegeben. Und doch ...
Das Wort »Zeichen« wird in der Bibel sehr häufig verwendet, um eine wunderbare Tat Gottes anzuzeigen, die den Menschen den Weg weisen soll. Als Mose zu Pharao gesendet wird, um ihm zu gebieten, die israelitischen Sklaven freizulassen, gibt Gott ihm die Macht, zwei verschiedene Wunder zu tun, die die Israeliten überzeugen sollen, seine Führerschaft anzuerkennen. Gott sagt: »Wenn sie dir nun nicht glauben und nicht auf dich hören werden bei dem einen Zeichen, so werden sie dir doch glauben bei dem andern Zeichen« (2. Mose 4,8).
Später, wenn Gott dem Mose die Fähigkeit verheißt, weitere Wunder zu wirken, spricht er: »Und diesen Stab nimm in deine Hand, mit dem du die Zeichen tun sollst« (2. Mose 4,17).
Mit Anspielung auf die Plagen, die Ägypten heimsuchen werden als Beweis für Gottes Mißfallen und als Mahnung an Pharao, den Befehlen des Mose zu gehorchen: »... ich will ... viele Zeichen und Wunder tun im Ägyptenland« (2. Mose 7,3).
Es ist klar, daß ein »Zeichen« hier eine Tat Gottes ist, die den Menschen eine Kunde bringen soll, die sie leiten und die sie bestrafen soll. Die Himmelskörper würden dann also nicht nur dem Zweck dienen, den Menschen einen Kalender zu geben, sondern ihnen auch eine Methode anzubieten, den Willen Gottes zu erkennen.
Die verschiedenen Völker, die das Tigris-Euphrat-Tal bewohnten (wir wollen sie hier mit dem Sammelbegriff Babylonier bezeichnen), waren die ersten, die die Bewegungen der Planeten vor dem Hintergrund der Sterne genauer errechneten. Sie erzielten auf diesem Gebiet auch die größten Fortschritte bis zur Zeit der jüdischen Gefangenschaft im sechsten Jahrhundert v. Chr.
Die Positionsverschiebungen der Sonne, des Mondes und der

fünf damals bekannten Planeten (Merkur, Venus, Mars, Jupiter und Saturn) waren kompliziert, und die Babylonier nahmen an, daß diese Kompliziertheit einen Zweck hatte. Da sie ferner annahmen, daß alle Dinge im Universum für den Gebrauch der Menschheit bestimmt waren (was auch die Bibel annimmt), mußte diese komplizierte Struktur eine Bedeutung für den Menschen haben.

Die Babylonier verehrten die Planeten als Götter (was auch von anderen Völkern übernommen wurde und bei uns noch heute darin zum Ausdruck kommt, daß wir den Planeten die Namen römischer und griechischer Götter geben). Es ist daher nicht verwunderlich, daß sie in den komplizierten Bewegungen der Planeten verborgene Botschaften der Götter vermuteten, mit denen diese die Menschheit führten.

Die Bewegungen der Planeten waren eine Art Kryptogramm, das die Pläne der Götter enthüllte und zur Entschlüsselung der Zukunft diente. Das Universum zeigte sich weniger willkürlich, und die Menschheit konnte sich sicherer fühlen, wenn die Menschen lernten, den kosmischen Code zu entziffern.

Die Babylonier versuchten, den Code nach den Figuren und Gestalten zu interpretieren, die ihre Phantasie in den verschiedenen Konstellationen zu erkennen glaubte, nach der symbolischen Bedeutung, die sie den einzelnen Planeten zuschrieben, und nach anderen Schlüsseln, die ihnen vernünftig erschienen. Kurz gesagt: Die Babylonier waren die ersten, die ein kompliziertes System der Sterndeutung erfanden, das wir heute Astrologie nennen. Es wurde von den Griechen und Römern übernommen und von diesen an das mittelalterliche und moderne Europa weitergegeben.

Die Juden in Babylonischer Gefangenschaft lehnten die babylonische Religion geringschätzig ab. Sie übernahmen zwar das Grundschema des babylonischen Schöpfungsmythos, modifizierten diesen aber, indem sie alles daraus entfernten, was ihnen anstößig erschien. So wurde die Vielfalt der babylonischen Götter zugunsten eines transzendenten Gottes abgeschafft. Jeder Hinweis auf einen Rivalen Gottes oder auf Mächte des Chaos wurde gestrichen.

Die Juden mißbilligten die Vergöttlichung der Himmelskörper. In ihrem Schöpfungsbericht stellten sie ausdrücklich fest, daß die Himmelskörper von Gott erschaffen und deshalb seinem

Willen absolut unterworfen waren.
Da die babylonische Astrologie sich eng an den babylonischen Polytheismus anlehnte, wurde auch sie von den Juden verworfen. Sie waren überzeugt, daß Gott das Menschengeschlecht leitete, aber sie zogen es vor zu glauben, daß er dies eher durch Träume oder durch direkte Botschaft tat und nicht durch einen geheimnisvollen Code am Himmel, den jeder lesen – oder auch nicht lesen – konnte.
Immerhin ging das Wort »Zeichen« in diesen Vers ein, und die Vermutung, daß es einen Bezug zur Astrologie haben könnte, daß diese irgendwie inbegriffen und durch die Tradition geheiligt war, so daß sie nicht entfernt werden konnte, ist verführerisch.
Die Wissenschaft sieht in der Astrologie einen nutzlosen Aberglauben. Ob sich ein Planet hier oder dort am Himmel befindet, kann nach ihrer Meinung unmöglich den Charakter und die Persönlichkeit von Individuen beeinflussen, die unter dieser oder jener Konstellation geboren sind; sicher kann sie die Menschen nicht bei ihren alltäglichen Verrichtungen leiten.

15. Vers: und seien Lichter an der Feste des Himmels, daß sie scheinen auf die Erde (32). Und es geschah so.

32 Der lichtspendende Zweck der »Lichter« wird erst nach ihrem kalenderbildenden erwähnt. Uns würde der lichtspendende Effekt primär erscheinen; aber das würde nicht in die integrale Logik des P-Dokuments passen.
Das diffuse Licht der drei ersten Tage würde vollauf genügt haben, die Menschheit mit Licht zu versorgen. Mit diesem beständigen und unveränderlichen diffusen Licht hätte man jedoch keine Zeitmessungen vornehmen können. Die Sonne, der Mond, die Planeten und Sterne machen durch die Veränderung ihrer Positionen im Verhältnis zueinander den Kalender möglich. Die Tatsache, daß sie auch Licht geben, ist demgegenüber sekundärer Natur.

16. Vers: Und Gott machte zwei große Lichter (33): ein großes Licht (34), das den Tag regiere (35), und ein kleines Licht, das die Nacht regiere (36), dazu auch die Sterne (37).

33 Die zwei großen Lichter sind natürlich die Sonne und der Mond. Sie sind deutlich größer als irgendwelche Planeten oder Sterne. Sie sind die einzigen glühenden Objekte am Himmel, die sich nicht nur als bloße Lichtpunkte zeigen – abgesehen von gelegentlich erscheinenden Kometen, die aber in der Bibel nicht erwähnt werden.
Obwohl Gott übrigens am ersten Tag dem Tag und der Nacht und am zweiten Tag der Erde und dem Meer Namen gibt, benennt er nicht die Sonne und den Mond, die in den Versen nur als »Lichter« bezeichnet werden. Natürlich gibt es keine Möglichkeit der Mißdeutung dessen, was das P-Dokument hier meint; aber die gab es auch in den beiden früheren Fällen nicht.

34 Die Sonne ist das größere Licht, aber nicht in der Erscheinungsgröße. Sonne und Mond erscheinen fast exakt gleich groß, wie man deutlich erkennen kann, wenn der Mond vor der Sonne vorbeizieht und dabei eine totale Sonnenfinsternis bewirkt.
Dieses Phänomen ist reiner Zufall. Der Mond und die Sonne sind natürlich ganz unterschiedlich groß. Der Mond hat einen Durchmesser von 3470 Kilometer, während der Durchmesser der Sonne 1 392 700 Kilometer beträgt; aber die Sonne ist genau so viel weiter von uns entfernt, daß der Größenunterschied ausgeglichen wird. Das beruht auf keinem Naturgesetz – es ist reiner Zufall.
Was die Intensität des abgegebenen Lichtes betrifft, ist die Sonne fraglos das »größere Licht«. Sie gibt 465 000 mal mehr Licht als der Mond, wenn dieser seine größte Leuchtkraft hat. Der Grund ist nicht schwer zu finden. Die Sonne ist ein extrem heißer Körper, der eigenes Licht ausstrahlt. Der Mond scheint nur dadurch, daß er einen kleinen Bruchteil dieses Lichtes auffangen und reflektieren kann.

35 Die Sonne regiert nach der Beschreibung der Bibel den Tag. Tag und Nacht sind am ersten Tag der Schöpfung geschaffen und benannt worden. Die Bibel geht also davon aus, daß das ursprüngliche diffuse Licht den Himmel nur periodisch beleuchtete, so daß es Tag und Nacht auch ohne die Sonne gab.

Sobald das diffuse Licht jedoch in der Sonne konzentriert war, nahm es mit dem jeweiligen Stand der Sonne am Himmel zu oder ab und verlosch völlig, wenn die Sonne vom Himmel verschwunden war. In diesem Sinne regierte die Sonne den Tag.
Nach wissenschaftlicher Auffassung jedoch gibt es nichts, was analog zu einem diffusen Licht am Himmel nur zeitweise scheint. Und mehr noch: Die Sonne regiert nicht nur den Tag (als ob der Tag eine Existenz unabhängig von der Sonne hätte), sie *ist* der Tag. Was wir Tag nennen, resultiert daraus, daß wir uns in der Nähe einer so leuchtenden Lichtquelle befinden, wie es die Sonne ist. Wenn die Sonne nicht existierte, gäbe es auch keinen Tag.

36 Das kleine Licht, der Mond, regiert die Nacht insofern, als er das hervorragendste Phänomen am Nachthimmel darstellt – wenn er überhaupt dort ist. Der Mond folgt jedoch seinem vorgeschriebenen Weg im Himmelsraum, der unabhängig vom Weg der Sonne ist. Das bedeutet, daß er sowohl zugleich mit der Sonne am Himmel stehen kann, wie auch in Abwesenheit der Sonne.
Indessen läßt die Leuchtkraft der Sonne den Mond verblassen, so daß der Mond am Tageshimmel nicht in Erscheinung tritt. Und abgesehen von einer oder zwei Nächten im Verlauf von neunundzwanzig oder dreißig Tagen, wenn der Mond der Sonne sehr nahe ist (in seltenen Fällen so nahe, daß er vor ihr vorbeizieht), ist der Mond am Nachthimmel zu irgendeiner Zeit sichtbar, wenn auch nur fur einen kurzen Zeitraum nach Sonnenuntergang oder kurz vor der Morgendämmerung. Und wenn er am Nachthimmel steht, ist er der am deutlichsten sichtbare Himmelskörper.
Ein zusätzliches Unterscheidungsmerkmal des Mondes ist, daß er ungleich der Sonne nicht immer und nicht unabänderlich als Lichtkreis erscheint, sondern eine Reihe von »Phasen« durchläuft. Von Nacht zu Nacht ändert er seine Gestalt, beginnend als eine schmale Sichel unmittelbar nach Sonnenuntergang, allmählich zunehmend in dem Maße, in dem er sich von der Sonne fortbewegt – bis er zum Vollmond wird, einem vollkommenen Lichtkreis hoch am Himmel um Mitternacht; dann wieder abnehmend, bis er zu einer schmalen Sichel kurz

vor der Morgendämmerung wird. Er bewegt sich dann hinter der Sonne von West nach Ost und beginnt seinen Zyklus von neuem. Im allgemeinen verhält es sich so: Je mehr der Mond zunimmt und je heller er wird, desto größer ist der Teil der Nacht, in der er am Himmel sichtbar ist, bis er bei Vollmond die ganze Nacht am Himmel steht.

Aus allen diesen Gründen ist es berechtigt, den Mond eher mit der Nacht als mit dem Tag in Verbindung zu bringen, auch wenn er sich gleich lange am Tageshimmel aufhält wie am Nachthimmel.

Die Mondphasen waren in der Frühzeit von grundlegender Bedeutung für den Kalender, der einen neuen Monat mit jedem Neumond beginnen ließ (der ersten Erscheinung der Sichel nach Sonnenuntergang). Die Babylonier rechneten so, und die Juden und Griechen übernahmen es.

37 Die Sterne werden nur beiläufig erwähnt, fast wie eine nachträgliche Hinzufügung. Es war notwendig, sie zu erwähnen, um sie deutlich als eine Schöpfung Gottes und nicht als göttlich aus eigenem Recht zu kennzeichnen. Da sie aber einen direkten Anteil weder bei der Spendung von Licht noch als Grundlage eines Kalenders hatten, wurden sie mit ein paar Worten abgetan. Die sternähnlichen Planeten – Merkur, Venus, Mars, Jupiter und Saturn – werden nicht besonders genannt.

Das P-Dokument stellt eindeutig fest, daß die Erde älter ist als alle anderen Himmelskörper. Die Erde wurde dem Chaos entrissen und das trockene Land (mit seiner pflanzlichen Bewachsung) erschaffen. Das geschah am dritten Tag. Die Himmelskörper wurden dann in einem Zuge am vierten Tag erschaffen.

Die Wissenschaft kommt zu völlig anderen Ergebnissen. Die Bildung des Sonnensystems aus der ursprünglichen Wolke vollzog sich so, daß alle seine Körper im wesentlichen zur gleichen Zeit entstanden. Die Sonne, der Mond, die Erde und alle Planeten, Satelliten, Asteroide und Kometen sind im wesentlichen gleichaltrig. Jeder einzelne ist rund 4,6 Milliarden Jahre alt. Die Erde ist nicht älter als die Sonne oder der Mond. Was die Sterne betrifft, so sind diese von unterschiedlichem Alter, manche älter, sogar beträchtlich älter als die Sonne und die Erde. Manche Sterne sind ungefähr so alt wie das Universum. Sie haben sich verhältnismäßig bald nach dem Urknall gebildet, sind daher vielleicht dreimal so alt wie die Sonne und die Erde.

17. Vers: Und Gott setzte sie an die Feste des Himmels, daß sie schienen auf die Erde
18. Vers: und den Tag und die Nacht regierten und schieden Licht und Finsternis. Und Gott sah, daß es gut war.
19. Vers: Da ward aus Abend und Morgen der vierte Tag.
20. Vers: Und Gott sprach: Es wimmle das Wasser (38) von lebendigem Getier (39), und Vögel sollen fliegen auf Erden (40) unter der Feste des Himmels.

38 Nachdem nun alle nicht lebenden Objekte des Himmels und der Erde vorhanden sind, ist es an der Zeit, das zu erschaffen, was den Höhepunkt der Schöpfung darstellt: das Leben.
Auch dieser Schöpfungsakt vollzieht sich in einem stufenförmigen Prozeß bis zu seinem Höhepunkt. Da dieser die Menschheit sein soll, die auf dem Lande lebt, bildet Gott zunächst die lebenden Wesen, die nicht das Land bewohnen, sondern die charakteristisch sind für das Meer und die Luft. Zuerst wird das Meer erwähnt. Hier wird das »lebendige Getier« erschaffen, das sich bewegt – im Gegensatz zu den wurzelnden Pflanzen, die ihren Ort nicht wechseln. Sie wurden bereits am dritten Tag erschaffen.

39 Das Getier des Meeres wird ausdrücklich als lebendig bezeichnet, als etwas, was nicht im Zusammenhang mit der am dritten Tag erschaffenen Vegetation steht. Hier haben wir einen deutlichen Beweis dafür, daß in der Sicht des P-Dokuments die Pflanze nicht wirklich lebendig ist, daß auch Landpflanzen vor den Tieren jeglicher Art existierten, daß also die Schöpfung des Lebens erst am fünften Tag begann.
Nach den Ergebnissen wissenschaftlicher Forschung existierte tierisches Leben im Meer, bevor es auf dem Land existierte. Das steht im Einklang mit der Bibel; aber im Gegensatz zur

Systematik des P-Dokuments existierten auch Pflanzen (die ebenfalls lebendig sind) im Meer, bevor sie auf dem Lande existierten.

Tatsächlich enthielt das Meer ungefähr drei Milliarden Jahre lang Leben, während das Land noch unfruchtbar war.

Die primitivsten Formen des Lebens waren winzige Zellen in der Größe von Bakterien, die nach heutigen Kriterien weder echte Pflanzen noch echte Tiere waren. Einige dieser Zellen (die »blaugrünen Algen«) enthielten Chlorophyll, das sie zur Photosynthese befähigte – sie waren in dieser Beziehung pflanzenähnlich.

Noch heute wimmelt der Ozean von mikroskopisch kleinen Lebewesen, von denen die größeren und komplexeren Formen sich ernähren. Eine Menge dieser fluktuierenden mikroskopischen Lebewesen (»Plankton«) besteht aus pflanzengrünen Zellen, die ebenso zur Photosynthese fähig sind wie die grünen Pflanzen auf der Erde.

Das Meer ist ebenso von Vegetation erfüllt wie das Land, und die Meeresvegetation liefert rund vier Fünftel der gesamten Photosynthese der Erde.

Während jedoch die Landvegetation groß genug ist, um mit bloßem Auge gesehen zu werden, und im Falle der meisten Bäume größer und höher ist als alle Tiere, ist die Meeresvegetation (abgesehen vom Seetang) unsichtbar. Infolgedessen ignoriert das P-Dokument, das die Erschaffung der Landvegetation beschreibt, die Meeresvegetation völlig.

Das frühe mikroskopische Leben schloß auch tierische Zellen ein, die keine Photosynthese durchführen konnten und von Pflanzenzellen lebten. Erst vor ungefähr sechshundert Millionen Jahren begannen vielzellige Tiere sich zu entwickeln, Tiere, die ausreichend komplexe Strukturen hatten, um erkennbare fossile Reste zu hinterlassen.

Komplexes tierisches Leben im Meer existierte bereits ungefähr zweihundert Millionen Jahre bevor Landvegetation erschien – eine Umkehrung der im P-Dokument dargestellten Ordnung.

Erst vor rund 425 Millionen Jahren entwickelten Pflanzen Strukturen und Funktionen, die es ihnen ermöglichten, auf dem trockenen Lande zu leben. Die Tiere folgten bald darauf nach.

40 Das hebräische Wort *oph* ist in der Lutherschen Übersetzung mit Vogel wiedergegeben. Tatsächlich hat *oph* aber eine allgemeinere Bedeutung, denn Vögel sind nicht die einzigen Tiere, die fliegen können. Da gibt es zum Beispiel die Fledermäuse, die Säugetiere sind, aber volle Flugfähigkeit besitzen. Aufgrund ihrer Flugfähigkeit reihen die Verfasser der Bibel sie unter die Vögel ein. Wenn die Bibel die Vögel aufzählt, die nicht gegessen werden sollen, nennt sie in einem Vers »den Uhu, die Fledermaus, die Rohrdommel« (3. Mose 11,18).
Für den modernen Menschen ist es vielleicht befremdlich, daß die Verfasser der Bibel die Fledermäuse zu den Vögeln und die Wale zu den Fischen zählen. Für uns sind Fledermäuse und Wale Säugetiere, auch wenn die ersteren fliegen können und die letzteren nie das Meer verlassen.
Aber alle Klassifikationen sind von Menschen gemacht. Wir gruppieren gewisse Tiere unter die Säugetiere wegen verschiedener physiologischer Eigenarten ein – zum Beispiel weil sie lebende Junge zur Welt bringen, weil sie Milchdrüsen und ein Zwerchfell haben, weil sie behaart sind und so weiter. Das ist besonders sinnvoll in Anbetracht der evolutionären Entwicklung des Lebens.
Es mag jedoch praktisch sein, andere Klassifizierungen vorzunehmen. Wale mögen physiologisch den Hasen ähnlicher sein als den Fischen; aber wenn man Wale fangen will, muß man dahin gehen, wo Fische sind, nicht dahin, wo Hasen sind. In praktischer Hinsicht könnte es daher besser sein, nach dem Standort zu klassifizieren: die Wale also zu den Fischen, die Fledermäuse zu den Vögeln zu zählen.
Man könnte sogar Insekten als Vögel klassifizieren – was die Bibel tatsächlich tut –, denn Insekten können auch fliegen. Bei der Aufzählung der lebenden Geschöpfe, die nicht gegessen werden sollen, sagt die Bibel: »Auch alles kleine Getier, das Flügel hat und auf vier Füßen geht, soll euch ein Greuel sein« (3. Mose 11,20). Da die beiden nächsten Verse im Falle der Heuschrecke, die mehr springt als kriecht, eine Ausnahme machen, dürfte es klar sein, daß mit dem »Getier, das Flügel hat und auf vier Füßen geht«, die Insekten gemeint sind.
Das hebräische Wort *oph* bezieht sich also auf drei sehr verschiedene Arten von fliegenden Geschöpfen: Insekten, Vögel und Fledermäuse. (Es würde eine vierte Art zu nennen sein, die

fliegenden Reptile von der Art der Flugsaurier, wenn diese nicht zur Zeit der Niederschrift der Bibel schon lange ausgestorben gewesen wären.)

Nach dem P-Dokument wurden alle fliegenden Geschöpfe zur gleichen Zeit auf einen einzigen Befehl hin erschaffen. Nach wissenschaftlicher Meinung traten sie getrennt und in sehr großen Abständen in Erscheinung.

Die ältesten der fliegenden Geschöpfe sind die Insekten. Primitive Insekten gehörten zu den ersten Tieren, die die Landflächen der Erde vor ungefähr vierhundert Millionen Jahren bewohnten. Diese ersten Insekten waren wahrscheinlich ohne Flügel; erst vor dreihundert Millionen Jahren dürften sich fliegende Insekten entwickelt haben.

Mehr als einhundert Millionen Jahre lang gehörte der Luftraum allein den Insekten. Dann, vor etwa einhundertsiebzig Millionen Jahren, erschienen die ersten Flugsaurier und Vögel.

Vor etwa siebzig Millionen Jahren starben die Flugsaurier aus; aber Insekten und Vögel überlebten und vermehrten sich weiter.

Die Fledermäuse waren die letzten fliegenden Geschöpfe; sie entwickelten sich erst vor etwa fünfzig Millionen Jahren.

21. Vers: Und Gott schuf große Walfische (41) und alles Getier, das da lebt und webt, davon das Wasser wimmelt, ein jedes nach seiner Art (42), und alle gefiederten Vögel, einen jeden nach seiner Art. Und Gott sah, daß es gut war.

41 Das als Walfisch bezeichnete Tier heißt im Hebräischen *tannin*, das bedeutet »ein großer Meeresfisch«.

An anderer Stelle der Bibel wird das Wort *tannin* für andere Lebewesen gebraucht, die keine Walfische sind. So spricht Gott zu Mose: »... Nimm deinen Stab und wirf ihn hin vor dem Pharao, daß er zur Schlange werde!« (2. Mose 7,9) Es wird auch in einer Anrufung Gottes gebraucht: »Du hast... zerschmettert die Köpfe der Drachen im Meer« (Ps 74,13).

Das *tannin*, auf das sich dieser Teil der Schöpfungsgeschichte bezieht, könnte ein Rückgriff auf das Seeungeheuer des Chaos im babylonischen Schöpfungsmythos sein. Die besondere Erwähnung großer Walfische dürfte daher zum Ausdruck brin-

gen, daß die babylonischen Seeungeheuer keineswegs Anti-Götter sind, die gegen Gott auch nur mit einer geringen Gewinnchance kämpfen könnten: Auch das größte Ungeheuer ist wie alles andere ein Geschöpf Gottes und ihm völlig untertan.
Natürlich ist ein Wal genau das, was wir uns unter einem Seeungeheuer vorstellen würden. Der Blauwal der Antarktis kann dreißig Meter lang sein und bis zu einhundertfünfzig Tonnen wiegen. Er ist nicht nur das größte lebende Tier, sondern wahrscheinlich auch das größte Tier, das je auf Erden gelebt hat.
Nicht ganz so groß ist der Pottwal, der eine Länge bis zu einundzwanzig Metern erreichen kann. Er ist jedoch wegen seiner Wildheit der schrecklichste unter den Walen, und er ist Fleischfresser im Gegensatz zu den Blauwalen, die sich von kleinen Meerestieren ernähren.
Andere Beispiele großer und monströser Meeresgeschöpfe sind verschiedene Arten von Riesenhaien, Riesentintenfischen, Riesenquallen, Riesenkrokodilen, Riesenmuscheln und so fort. Als Beispiele ausgestorbener Arten könnte man die Plesiosaurier nennen – riesige Seereptile mit einer (hauptsächlich aus dem Hals bestehenden) Länge von nahezu fünfzehn Metern.
Die Bibel enthält auch Hinweise auf den »Leviatan«, der in manchen Zitaten sich auf wirkliche Tiere wie Krokodile und Schlangen beziehen könnte, in anderen aber auch auf das Meeresungeheuer des Chaos. So zum Beispiel: »Du hast dem Leviatan die Köpfe zerschlagen...« (Ps 74,14).
In späteren, von rabbinischen Dichtern erfundenen Legenden wurde der Leviatan zu einem unglaublich riesigen Monstrum, wahrscheinlich in Anlehnung an die mehr poetische Beschreibung im einundvierzigsten Kapitel des Buches Hiob, das sich wahrscheinlich prosaisch auf das Krokodil bezieht.
Nach diesem Vers zu urteilen, scheinen alle Meeresgeschöpfe gleichzeitig erschaffen worden zu sein. Das widerspricht allerdings der wissenschaftlichen Meinung.
Die ersten mikroskopisch kleinen Lebewesen traten, wie ich schon erwähnte, vor ungefähr dreieinhalb Milliarden Jahren in Erscheinung. Größere wirbellose Arten schwärmten vor etwa sechshundert Millionen Jahren im Meer, während die frühesten uns bekannten Fische ungefähr vor fünfhundert Millionen Jahren auftraten.

Vor etwa zweihundert Millionen Jahren entwickelten sich die Plesiosaurier. Sie starben vor etwa siebzig Millionen Jahren aus. Die Cetaceen, zu denen die Wale, Delphine und Tümmler gehören, sind Säugetiere und hatten zweifellos landbewohnende Vorfahren, obwohl wir keine Beweise für ihre Evolution haben und ihre Vorfahren nicht identifizieren können. Sie erschienen im Meer vor ungefähr siebzig Millionen Jahren.

42 Die Tiere wurden nach der biblischen Schöpfungsgeschichte wie die Pflanzen in getrennten Arten erschaffen (»ein jedes nach seiner Art«). Auch das entspricht nicht der Meinung der Wissenschaft, nach der alle Arten von Tieren sich aus früheren, etwas anderen Arten entwickelt haben, in einem Entwicklungsprozeß, der vom Zufall bestimmt scheint.

22. Vers: Und Gott segnete (43) sie und sprach: Seid fruchtbar und mehret euch (44) und erfüllet das Wasser im Meer, und die Vögel sollen sich mehren auf Erden (45).

43 »Segnen« heißt, Glück, Gedeihen, Wohlergehen verleihen. Strenggenommen kann nur Gott segnen; denn nur er kann über das Schicksal gebieten. Menschen können jedoch Segen von Gott erflehen, und Gott kann ihr Flehen erhören oder nicht erhören – wie es ihm gefällt.

44 Die erste Schöpfungstat, die Gott mit einem Segen verbindet, ist der Befehl, daß die Tiere im Meer und in der Luft fruchtbar sein und sich mehren sollen.
Das hat seinen besonderen Sinn; denn Lebewesen können sich nur vermehren, wenn genügend Nahrung und eine sichere Umwelt vorhanden sind. Genügend Nahrung und eine sichere Umwelt bedeuten Glück, wie jeder bezeugen kann, der darauf hat einmal verzichten müssen.
Nach dem P-Dokument jedoch wird der Segen bei Beginn des Lebens gegeben. Es ist möglich, daß Gott nur eine begrenzte Zahl oder sogar nur ein Paar von Lebewesen jeder Art erschaffen hat. Zwar heißt es im vorhergehenden Vers: »... davon das Wasser wimmelt«, aber das kann bedeuten, daß viele verschiedene Arten von Lebewesen im Meer erschaffen wurden; es

muß sich nicht unbedingt auf die Anzahl der Lebewesen jeder Art beziehen. Wir könnten daher argumentieren, daß eine weithin leere Welt existierte, so daß der Befehl, fruchtbar zu sein und sich zu mehren und das Wasser des Meeres zu erfüllen, durchaus seinen Sinn hat.
Was aber unter bestimmten Bedingungen ein Segen ist, kann unter anderen ein Fluch sein. Nach einer Periode der Trockenheit kann ein anhaltender kräftiger Regen der beste Segen sein. Wenn aber die Flüsse über die Ufer treten, dann ist ein Tag anhaltenden kräftigen Regens nicht ein Segen, sondern ein Fluch. In der gleichen Weise kann eine übermäßige Vermehrung von Tieren während kurzer Perioden ungewöhnlich günstiger Lebensbedingungen zu einem übermäßigen Verbrauch von Nahrung führen, der bei Verschlechterung der Lebensbedingungen zu Hungersnot, Krankheit und zu einer Verringerung der Anzahl der Tiere bis weit unter den Bestand vor der kurzen Periode besonders günstiger Lebensbedingungen führt. Dies als Beispiel dafür, wie der Befehl, fruchtbar zu sein und sich zu mehren, zu einem Fluch werden kann.
Demographen, die sich mit Fragen der Bevölkerungsdynamik befassen, haben schon seit langer Zeit erkannt, daß Fruchtbarkeit und Vermehrung ein immer zweifelhafterer Segen geworden ist – soweit die Menschheit davon betroffen ist.
1798 hat der englische Sozialforscher Thomas Robert Malthus als erster auf die schrecklichen Folgen der Übervölkerung aufmerksam gemacht. Er vertrat die Ansicht, daß die natürliche Vermehrung der Menschen zu einem Anwachsen der Bevölkerung führe, das über den Nahrungsmittelspielraum hinauswachse. Krieg, Hungersnot und Krankheiten seien die Abwehrmittel der Natur, um der Tendenz zur übermäßigen Vermehrung der Menschheit entgegenzuwirken. Den einzigen Ausweg aus dem trostlosen und nie endenden Teufelskreis sah er darin, durch sexuelle Enthaltsamkeit weniger Kinder zu zeugen. (Eine aussichtslose Hoffnung, wenn dies der einzige Ausweg wäre.)
Malthus' hoffnungslose Zukunftsperspektive schien unangebracht zu sein; denn schon als er sein Buch schrieb, begann die Industrielle Revolution, die der Menschheit die Möglichkeit gab, unbelebte Energiequellen (Kohle, Öl, Naturgas, Wasserkraft, Wind und so weiter) zu erschließen und dadurch den

Nahrungsmittelertrag der Erde erheblich zu vergrößern. Zusätzlich machte die Wissenschaft das Leben sicherer durch ihren erfolgreichen Kampf gegen Krankheit, falsche Ernährung und andere Gefahren.
Das war jedoch nur ein Aufschub und keineswegs eine Beseitigung der Gefahr. Die Bevölkerung der Erde ist heute viermal so groß wie zu Malthus' Zeiten, und im Durchschnitt leben die Menschen besser. Der Energieverbrauch, der all das möglich gemacht hat, ist um mehrere Hundert Prozent gestiegen. Langsam treten Schwierigkeiten bei der Beschaffung der erforderlichen Energie auf, und die starke Übervölkerung führt zu einer untragbaren Belastung des ökologischen Gleichgewichts.
Unter diesen Umständen bedeutet jedes weitere Anwachsen der Bevölkerung eine enorme Gefahr. Der Befehl »Seid fruchtbar und mehret euch« hat sich unter den veränderten Bedingungen vom Segen zum Fluch gewandelt.

45 Der Befehl, sich zu mehren, gilt den tierischen Lebewesen, der Pflanzenwelt wurde er, als sie am dritten Tag erschaffen wurde, nicht gegeben. Das könnte seinen Grund darin haben, daß jede Pflanze ihren Samen aus sich selbst zu erzeugen scheint. Tiere mußten paarweise vorhanden sein und sich geschlechtlich betätigen, um Junge hervorzubringen. Der Segen war also für die Tiere notwendig, um ihnen den erforderlichen Trieb und die Lebenskraft zur Paarung zu geben.
Aber auch Pflanzen haben männliche und weibliche Geschlechtszellen. Wenn die Pflanzen sich auch nicht selbst fortbewegen, können doch die Pollenkörner, die die männlichen Keimzellen tragen, durch den Wind oder durch die Tätigkeit der Insekten oder Vögel auf die Narbe des Fruchtknotens getragen werden und diese befruchten.
Manche Pflanzen haben sowohl Narben wie pollenerzeugende Staubbeutel in jeder Blüte. Pollen aus den Staubbeuteln können die Narben derselben Blüte befruchten (Selbstbefruchtung); bei anderen Pflanzen kann die Befruchtung nur erfolgen, wenn Pollen der einen Pflanze auf die Narbe einer anderen Pflanze derselben Art gebracht werden (Kreuzbefruchtung).
Bei manchen Pflanzenarten erzeugen einige Pflanzen nur männliche und andere nur weibliche Geschlechtszellen. In diesem Fall haben wir also männliche und weibliche Pflanzen. Die

Tatsache wurde um 1600 von dem italienischen Botaniker Prospero Alpini entdeckt, und es kam zu starken Protesten aus Kreisen, die aufgrund ihrer Bibel-Interpretation davon überzeugt waren, daß Pflanzen in dieser Hinsicht fundamental verschieden von den Tieren sind.

23. Vers: Da ward aus Abend und Morgen der fünfte Tag.
24. Vers: Und Gott sprach: Die Erde bringe hervor lebendiges Getier, ein jedes nach seiner Art (46): Vieh (47), Gewürm (48) und Tiere des Feldes (49), ein jedes nach seiner Art. Und es geschah so.

46 Als die Tiere des Meeres und der Luft erschaffen sind, wendet Gott sich dem letzten und (vom menschlichen Standpunkt aus gesehen) wichtigsten Bereich der Erde zu: dem Land. Auch hier werden die Tiere alle zu gleicher Zeit in ihren verschiedenen Arten erschaffen, wenn wir dem biblischen Bericht folgen. Und auch hier besteht die Wissenschaft auf einem langen und allmählichen Evolutionsprozeß.

47 Bei den frühen Hirtenvölkern war das Vieh die wichtigste Form von Besitz. Der Wohlstand bemaß sich nach der Größe der Herden von Tieren wie Rinder, Schafe, Ziegen, Schweine, Kamele, Pferde, Esel und Maultiere.
Unter Vieh versteht dieser Vers also domestizierte oder domestizierbare Säugetiere – zum Unterschied von den wilden Tieren.
Man könnte aus diesem Vers entnehmen, daß manche Säugetiere von Anfang an zahm waren. Das aber stimmt nicht. Alle Tiere waren zu Beginn wild, und die Zähmung war ein mühsamer Prozeß, der verhältnismäßig spät in der Geschichte der Menschheit vonstatten ging.

48 Das »Gewürm« bezieht sich hier auf alle nicht flugfähigen Nichtsäugetiere. Darunter versteht man hauptsächlich Reptilien (ein Terminus, der aus dem Lateinischen kommt und »kriechend« bedeutet), also zum Beispiel Schlangen und Eidechsen. Auch Landamphibien wie Kröten und wirbellose Landtiere fallen unter diesen Begriff – Schnecken, Spinnen, Würmer und so fort.

49 Als »Tiere des Feldes« versteht dieser Vers allgemein die wilden Säugetiere.
Tatsächlich erschienen die Säugetiere auf der Erde nicht zur selben Zeit wie andere landbewohnende Organismen. Tiere siedelten sich auf dem trockenen Lande vor etwa vierhundert Millionen Jahren an; die ersten waren wirbellose Tiere und Amphibien.
Erst vor ungefähr einhundertachtzig Millionen Jahren erschienen die ersten Säugetiere. Es waren kleine und primitive Arten, die eher dem Opossum ähnelten als anderen heute lebenden Säugetieren.
Die Säugetiere konnten sich erst endgültig durchsetzen, als die Riesenreptile ausstarben. Mit den heutigen Arten vergleichbare Säugetiere gibt es erst seit etwa fünfunddreißig Millionen Jahren.

25. Vers: Und Gott machte die Tiere des Feldes, ein jedes nach seiner Art, und das Vieh nach seiner Art und alles Gewürm des Erdbodens nach seiner Art. Und Gott sah, daß es gut war.

26. Vers: Und Gott sprach: Lasset uns (50) Menschen (51) machen, ein Bild, das uns gleich sei (52), die da herrschen über die Fische im Meer und über die Vögel unter dem Himmel und über das Vieh und über alle Tiere des Feldes und über alles Gewürm, das auf Erden kriecht (53).

50 Gott ist nun bereit für den letzten Akt, der zugleich Höhepunkt seiner Schöpfung ist. Noch ist der sechste Tag, der Tag, an dem die Tiere des Landes geschaffen wurden, aber es steht noch die Erschaffung eines landbewohnenden Geschöpfes aus, das in der Sicht der Verfasser der Bibel kein Tier ist, sondern ein unendlich höheres Wesen.
Die Bedeutung dieses letzten Aktes ist so groß, daß Gott, der bis jetzt seine Entscheidungen unverzüglich getroffen und als Befehle verkündet hat, nunmehr (wenn auch kurz) sich berät, als ob er in dieser einen Sache Beistand benötige.
Die Redewendung »Lasset uns« klingt so, als ob Gott sich an jemanden wendet, als ob mehr als nur ein Wesen damit befaßt

sei. In dem babylonischen Schöpfungsmythos, an den sich das P-Dokument anlehnt, war tatsächlich mehr als ein Wesen beteiligt; es gab zahlreiche Götter. Und in der Tat ist das Wort »Gott« im P-Dokument die Übersetzung des hebräischen *Elohim*, einer Pluralform, die eigentlich mit »Götter« übersetzt werden müßte. Da eine polytheistische Interpretation des Schöpfungsberichtes im P-Dokument für diejenigen, die die Bibel als Heilige Schrift ansehen, undenkbar ist, suchte man dieses Dilemma durch immer neue Erklärungen zu lösen. Die Redewendungen »Lasset uns« und »das uns gleich sei« hat man als Entsprechung zum königlichen Wir oder der in Leitartikeln üblichen Pluralform zu erklären versucht, also als Ausdruck der Majestät oder als bewußte Unterdrückung der Individualität. Aber dieser Gebrauch der ersten Person Plural ist verhältnismäßig neuen Ursprungs und war in biblischer Zeit unbekannt.

Man könnte argumentieren, daß der Plural als Ausdruck der großen Vielfalt von Eigenschaften einer mächtigen und unendlichen Gottheit dienen soll, für die die Singularform unangemessen ist. Das käme aber schon wieder einer Anerkennung des Polytheismus zu nahe.

Eine andere Möglichkeit wäre, anzunehmen, daß Gott sich hier an die Engel wendet. Es könnte sein, daß Gott in den Zeiten vor dem ersten Vers der Bibel ein Reich des Himmels mit einem Hofstaat von Engeln erschaffen hat und daß die im P-Dokument beschriebene Schöpfung unter Mitwirkung oder zumindest unter freudiger Anteilnahme der Engel vollbracht wurde, die bewundernde Zuschauer seines Werkes waren. In diesem Falle sollte das abschließende »Lasset uns« wohl die Aufmerksamkeit der Engel auf die besondere Virtuosität des letzten Aktes der Schöpfung lenken und sicherstellen, daß keiner von ihnen diesen entscheidenden Augenblick verpaßte.

Indessen ist die Vorstellung einer Vielzahl von Engeln als himmlischem Hofstaat eine ziemlich späte Entwicklung der jüdischen Geistesgeschichte. Sie entstand während der Zeit, als der jüdische Staat einen Teil des Perserreiches bildete und von dessen dualistischer Philosophie beeinflußt wurde. Zur Zeit, als das P-Dokument seine endgültige Form erhielt, hatte sich der persische Einfluß noch nicht ausgewirkt.

Für Christen, die Gott als Dreiheit der göttlichen Personen –

Vater, Sohn und Heiliger Geist – in der Einheit göttlichen Wesens betrachten, könnte das »Lasset uns« als Beratung unter den drei Personen der göttlichen Trinität aufgefaßt werden. Das ist ein bestechender Gedanke, der den Vers eindeutig erklären würde; aber es gibt nirgendwo im Alten Testament einen Hinweis, daß die Juden den Begriff der Trinität akzeptierten.

Die sinnvollste und einfachste Erklärung dürfte sich aus der Tatsache ergeben, daß jede primitive Religion von Natur aus polytheistisch war. Für primitive Völker war es immer eine Selbstverständlichkeit, daß jedes Naturphänomen eine besondere Gottheit erfordert.

Soweit wir wissen, hat den Gedanken, ein einziger Gott könnte die zur Kontrolle und zur Führung aller Kräfte der Erde notwendige Macht ausüben, als erster der ägyptische Pharao Amenhotep IV. (1364–47) vertreten, der den Namen Echnaton annahm. Sein Versuch einer religiösen Reformation scheiterte aber schon bald nach seinem Tode.

Die Stämme Israels waren in ihrer frühen Zeit wahrscheinlich ebenfalls Polytheisten, und die Monotheisten unter ihnen (bis zur Babylonischen Gefangenschaft immer in der Minderheit) kämpften jahrhundertelang ohne großen Erfolg für die Durchsetzung ihrer Anschauung. Die Bibel bringt dafür viele Beispiele.

Zu der Zeit jedoch, als die Bibel in ihrer heutigen Form niedergeschrieben wurde, waren ihre Verfasser überzeugte Monotheisten. Die Geschichte Israels wurde aus monotheistischer Sicht erzählt.

Auch die Sagen aus der vorgeschichtlichen Zeit wurden revidiert, um ihren monotheistischen Charakter herauszustellen – das war eine nicht immer leichte Aufgabe. Manche Sagen und Legenden waren in ihrer polytheistischen Form den Menschen vertraut, und manche Redewendungen waren zu bekannt, um sie ändern zu können.

So sprachen die Israeliten, wie alle in ihrer Umgebung lebenden Völker, einschließlich der Ägypter und der Völker des Tigris-Euphrat-Tals, eher von »den Göttern« als von »Gott«, das heißt, in hebräischer Sprache sagten sie eher *Elohim* als *El. Elohim* wurde ein so vertrauter Begriff, daß er als Bezeichnung der Gottheit nicht ersetzt werden konnte. Wenn daher die Priester-

verfasser der Bibel auch eine strikt monotheistische Interpretation ihrer Version des babylonischen Schöpfungsmythos durchsetzen konnten, so bleiben sie doch an die Pluralform *Elohim* für die eine Gottheit gebunden.
Das würde auch den Ausdruck »Lasset uns« erklären. Der Terminus *Elohim* war sakrosankt geworden. Man konnte ihn nicht ändern, obwohl er aus einer früheren und unannehmbaren polytheistischen Geisteswelt stammte.

51 Das Wort »Mensch« ist eine Übersetzung des hebräischen Wortes *adam. Adam* ist in Wirklichkeit kein Name, obwohl er als solcher gebräuchlich wurde.
Die Bildung menschlicher Wesen wird hier als der letzte Akt der Schöpfung beschrieben. Das ist von der wissenschaftlichen Auffassung nicht sehr weit entfernt.
Die ersten Primaten, die große Gruppe von Säugetieren, zu der auch die Gattung Mensch gehört, entwickelten sich vor ungefähr siebzig Millionen Jahren, nicht lange nach dem Aussterben der Dinosaurier. Erst vor vierzig Millionen Jahren entwickelte sich ein schwanzloser Primat eines Typs, den wir als Affen erkennen würden.
Vor etwa zwanzig Millionen Jahren entstand die erste Spezies, die menschlichen Wesen etwas ähnlicher war als heutigen Affen – das waren die ersten »Hominiden«.
Erst vor vielleicht zwei Millionen Jahren entwickelte sich die erste Spezies, die heutigen Menschen soweit glich, daß man sie der Gattung »Homo« zurechnen konnte. Das war der *Homo habilis*, dessen Gehirn, obwohl kleiner als das des heutigen Menschen, bereits größer war als das eines jeden damals oder heute lebenden Affen.
Vor ungefähr einhundertfünfzigtausend Jahren erschienen die ersten Vertreter der Gattung *Homo sapiens*. Diese ältesten Formen unserer Gattung sind gemeinhin als Neandertaler bekannt. Die Knochenstruktur des Neandertaler-Skeletts weicht – zwar nur geringfügig, aber doch erkennbar – von der des heutigen Menschen ab.
Schließlich erschien vor fünfzigtausend Jahren der »moderne Mensch«, eine Gattung, die dem heutigen Menschen in jeder Einzelheit gleicht.
Der moderne Mensch hat also $^{1}/_{1400}$ der Zeit existiert, die die

Primaten allgemein existieren; 1/70000 der Zeit, in der es Leben auf der Erde gibt; weniger als 1/90000 der Zeit, die die Erde besteht, und etwa 1/300000 der Zeit, die das Universum existiert.

52 Die Redewendung »ein Bild, das uns gleich sei« wird heute gewöhnlich so interpretiert, daß Gott der Menschheit die Gabe der Vernunft und des sittlichen Urteils, den Besitz einer unsterblichen Seele oder die Fähigkeit, die Existenz Gottes zu begreifen und ihn anzubeten, verleihen wollte. Das alles sind Merkmale, die den Gott zugeschriebenen Eigenschaften ähnlich sind und von denen keine irgendeiner anderen Form von Leben eigen ist.

In allen frühen Formen von Religion jedoch werden Gottheiten sehr oft in menschlicher Gestalt dargestellt, manchmal auch in der Gestalt von Tieren oder in einer Mischform von Tier und Mensch.

Die besten Beispiele für die Darstellung von Gottheiten, die wir im westlichen Kulturkreis kennen, sind die von den Griechen geschaffenen Götterstatuen. Sie sind nicht nur von menschlicher Gestalt, sondern stellen Idealtypen körperlicher Vollkommenheit dar.

Sicherlich ist anzunehmen, daß die Israeliten der Frühzeit wie alle ihnen benachbarten Völker sich die göttlichen Wesen in Menschengestalt vorstellten, manchmal wohl auch mit tierischen Attributen. (Engel stellen wir auch heute noch als geflügelte menschliche Wesen dar.)

Auch unsere Vorstellung von Gott trägt sicherlich menschliche Züge – in der Art etwa, wie Michelangelo Gott in der Sixtinischen Kapelle dargestellt hat – ein strenger Patriarch mit langem weißem Bart.

Es könnte also durchaus sein, daß die Verfasser des P-Dokuments diese Redewendung buchstäblich meinten. Sie sahen Gott als menschliche Erscheinung, obwohl von übernatürlicher Schönheit und strahlendem Glanz. Der Mensch, nach Gottes Bild geschaffen, ist so vor allen anderen Lebewesen ausgezeichnet.

Die Naturwissenschaft läßt allerdings keinen Unterschied von wesentlicher Bedeutung zwischen menschlichen Wesen und anderen Lebensformen gelten. Der menschliche Körper besteht

aus Zellen wie jedes andere Lebewesen, einschließlich der Bakterien. Die Schlüsselmoleküle für den Aufbau des menschlichen Körpers sind die Nukleinsäuren und Proteine, die ausnahmslos auch den Aufbau aller anderen Lebewesen bis hinab zu den subzellaren Viren bestimmen.
Physiologisch ist der Mensch anderen Säugetieren ebenso ähnlich, wie diese sich untereinander ähneln. Unsere Spezies gehört eindeutig zur Ordnung der Primaten. Darüber hinaus ist die Ähnlichkeit zwischen dem Menschen einerseits und dem Schimpansen und Gorilla andererseits bis ins kleinste Detail physiologischer und biochemischer Art so groß, daß es rätselhaft erscheint, warum solch geringe Differenzen ausreichen, um drei verschiedene Arten hervorzubringen.
Der Evolutionsprozeß erklärt die Entstehung des *Homo sapiens* ebenso wie die Bildung aller anderen Lebewesen. Es gibt keine besonderen Vorgänge, die zusätzlich zum Evolutionsprozeß die Bildung menschlichen Lebens beeinflussen.
Der einzige erwähnenswerte Unterschied zwischen uns und vergleichbaren Primaten besteht darin, daß wir ein verhältnismäßig sehr großes Gehirn und ein außerordentlich bewegliches Paar Hände haben. Diese besonderen Eigenschaften sind die fundamentale Voraussetzung für unsere Wissenschaft, Kunst, Philosophie, Philantropie – von unseren Verbrechen und Torheiten ganz zu schweigen.

53 Die Menschen beherrschen in der gegenwärtigen Zeit eindeutig die Erde und die meisten der auf ihr existierenden Lebewesen. Nach dem biblischen Bericht ist das von Anfang an durch göttliche Anweisung bestimmt. Die Menschen wurden erschaffen, um zu herrschen, und alle anderen Lebewesen und die Erde selbst sind erschaffen, um ihnen zu dienen.
Nach Meinung der Wissenschaft jedoch war das nicht von Anfang an der Fall. Die Erde existierte bereits 4,2 Milliarden Jahre, bevor das erste Lebewesen, das auch nur annähernd dem Menschen glich, sich entwickelt hatte.
Durch Millionen von Jahren nach ihrem ersten Auftauchen waren die Hominiden nur Tiere wie alle anderen Tiere auch, wahrscheinlich nicht erfolgreicher, ihre Umwelt zu beherrschen, als es die Schimpansen heute sind.
Erst vor etwa fünfhunderttausend Jahren, zu einer Zeit, als der

Homo sapiens noch nicht existierte, lernten die Hominiden, sich des Feuers zu bedienen. Erst damit hatten sie etwas erreicht, was kein anderes Tier jemals erreicht hat.
Als der *Homo sapiens* die Szene betrat, wurde die Qualität der Werkzeuge (Äxte, Speere, Pfeile und Bogen) so verbessert, daß die Menschen, wenn sie sich zusammenschlossen, auch die größten Tiere zur Strecke bringen konnten. Das behaarte Mammut wurde vermutlich vor zehn- bis zwanzigtausend Jahren von primitiven sibirischen Jägern gehetzt und ausgerottet. Seit dieser Zeit haben die Menschen zweifellos die Herrschaft über alle größeren Lebewesen gewonnen. Wir haben sogar in den letzten anderthalb Jahrhunderten Fortschritte im Kampf gegen kleine Lebewesen wie Insekten, parasitische Würmer und mikroskopisch kleine Krankheitserreger gemacht. Hier ist unsere Herrschaft jedoch keineswegs absolut; das Ergebnis ist noch durchaus zweifelhaft.
Überdies fragen wir uns heute, ob es weise ist, Herrschaft in zu wörtlichem Sinne anzustreben und die Auslegung dieses Bibelverses zu eng zu begreifen. Die Menschen haben schon sehr viele Arten von Pflanzen und Tieren ausgerottet, und die Vernichtung hat heute ein Ausmaß erreicht, das es nie vorher gegeben hat. Solche gewaltsamen Eingriffe könnten sehr wohl das ökologische Gleichgewicht des Lebens insgesamt zerstören.
Außerdem haben die Menschen das Angesicht der Erde in vielfältiger Weise verändert, indem sie Wälder abholzten, Getreidefelder anlegten, Dämme und Städte bauten, Land, Wasser und Luft durch die Produkte ihres Schaffens und deren Abfälle verschmutzten. Das alles geschah, ohne daß man sich Gedanken darüber machte, wie diese Veränderungen das Wohlergehen allen Lebens – und des menschlichen insbesondere – beeinträchtigt; wir könnten durchaus die Grundlagen für unsere eigene Vernichtung schaffen.
Es ist ziemlich offensichtlich geworden, daß die Menschen besser daran täten, ihren Herrschaftsauftrag so zu begreifen, daß sie weniger absolute Herrschaft anstrebten. Die Menschen sollten sich als Pfleger und Sachwalter der Erde betrachten und nicht als ihre Herren.

27. Vers: Und Gott schuf den Menschen zu seinem Bilde, zum Bilde Gottes schuf er ihn; und schuf sie als Mann und Weib (54).

54 Diesem Vers könnten wir entnehmen, daß beide Geschlechter gleichzeitig erschaffen wurden, und das entspricht zweifellos auch der Meinung der Wissenschaft.
Die Wissenschaft behauptet, daß die Menschen sich als zweigeschlechtliche tierische Lebewesen entwickelten. Das muß so sein, weil alle ihre Vorgänger bis zurück zum primitiven wurmähnlichen Organismus zweigeschlechtliche Lebewesen waren.

28. Vers: Und Gott segnete sie und sprach zu ihnen: Seid fruchtbar und mehret euch und füllet die Erde und machet sie euch untertan und herrschet über die Fische im Meer und über die Vögel unter dem Himmel und über das Vieh und über alles Getier, das auf Erden kriecht.

29. Vers: Und Gott sprach: Sehet da, ich habe euch gegeben alle Pflanzen, die Samen bringen, auf der ganzen Erde, und alle Bäume mit Früchten, die Samen bringen, zu eurer Speise (55).

55 Dieser Vers erweckt den Anschein, als sei der Menschheit eine rein vegetarische Ernährung verordnet worden.
Das entspricht sicherlich nicht der wissenschaftlichen Interpretation des Beginns menschlichen Lebens. Die Primaten entwikkelten sich aus insektenfressenden Tieren, und viele Primaten ernähren sich sowohl von Insekten wie von Pflanzen. Während der Gorilla nur Pflanzenfresser ist, ernährt sich der Schimpanse auch von Fleisch, wenn er die Möglichkeit dazu hat.
Die Menschen ernähren sich in stärkerem Maße von Fleisch als andere Primaten, und für die Hominiden gilt das ebenfalls, soweit wir das zurückverfolgen können.
Zweifellos gibt es Menschen, die aus Abneigung gegen tierische Nahrung oder aus emotionellen oder religiösen Gründen Vegetarier sind; aber ich vermute, daß die meisten Menschen, wenn sie ihrem Geschmackssinn folgten und wenn Fleisch billig zu beschaffen wäre, sich überwiegend von Fleisch ernähren würden und daß dies schon immer so gewesen ist, seit die Spezies Mensch existiert.

30. Vers: Aber allen Tieren auf Erden und allen Vögeln unter dem Himmel und allem Gewürm, das auf Erden lebt, habe ich alles grüne Kraut zur Nahrung gegeben (56). Und es geschah so.

56 Offenbar wurde nach dem P-Dokument alles tierische Leben auf vegetarische Ernährung festgelegt. Aber das ist wohl noch weniger wahrscheinlich, als es das für die Menschen speziell ist. Wie wir aus der Entwicklungslehre wissen, müssen manche Tiere immer schon andere Tiere gefressen haben.
Solange man davon ausgeht, daß Pflanzen nicht in dem gleichen Sinne wie Tiere Lebewesen sind, ist es eine natürliche Vorstellung, daß der eigentliche und einzige Zweck pflanzlichen Daseins darin besteht, Nahrung für Tiere zu sein. Unter dieser Voraussetzung wäre es eine Art Perversion, daß Tiere andere Tiere, Lebewesen andere Lebewesen fressen.
Wenn man aber anerkennt, daß Pflanzen und Tiere in gleicher Weise lebendig sind, daß also tierische Lebewesen andere Lebewesen fressen, dann wird es ziemlich unwichtig, ob das Lebewesen, das gefressen wird, eine Pflanze oder ein Tier ist.
Tatsächlich ist es essentiell, daß Tiere gefressen werden, damit die Bestandteile ihres Gewebes durch »Recycling« dem allgemeinen Substanzfonds zugeführt werden können, von dem Wachstum und Vermehrung aller lebenden Dinge abhängen. Wenn Tiere niemals gefressen würden, dann würden schließlich Tierkadaver den Erneuerungsprozeß der Lebenssubstanz blockieren.
Natürlich verwesen tote Tiere, aber Verwesung bedeutet nur, daß sie von Mikroorganismen gefressen werden (von denen die Verfasser der Bibel nichts wußten). Kurz gesagt: Eine rein pflanzliche Ernährung für alle Tiere ist einfach eine Unmöglichkeit.

31. Vers: Und Gott sah an alles, was er gemacht hatte, und siehe, es war sehr gut. Da ward aus Abend und Morgen der sechste Tag (57).

57 Die Schöpfung, wie sie im P-Dokument beschrieben ist, nahm sechs Tage in Anspruch. Warum sechs?
Manchmal hört man die Vermutung, weil sechs eine »vollkom-

mene Zahl« ist, das heißt, sie ist die Summe aller Zahlen (»Faktoren«), durch die sie ohne Rest teilbar ist – die Zahl selbst ausgeschlossen. Die Faktoren von 6, die kleiner sind als sie selbst, sind 1, 2 und 3, und ihre Summe ist 6.
Es gibt nicht viele dieser Zahlen. Die nächsthöhere ist 28, deren Faktoren 1, 2, 4, 7 und 14 sich zu 28 summieren. Die beiden nächsten vollkommenen Zahlen sind 496 und 8128. Damit sind alle vollkommenen Zahlen genannt, die in der Antike bekannt waren.
Der Begriff »Vollkommene Zahl« ist griechischen Ursprungs und hat zweifellos keinen Einfluß auf die Verfasser des P-Dokuments gehabt; es gibt andere Gründe für die sechstägige Dauer der Schöpfung. Ich werde darauf zurückkommen.

Kapitel 2 (58)

1. Vers: So wurden vollendet Himmel und Erde mit ihrem ganzen Heer (59).

58 In seiner ursprünglichen Form war das Buch Genesis, wie ich schon ausgeführt habe, ein fortlaufender Bericht. Die Einteilung in Kapitel und Verse ist künstlich, später hinzugefügt und manchmal irreführend.
Das erste Kapitel der Genesis zum Beispiel endet mit einem Vers, der den sechsten Tag vollendet. Aber die Schöpfungsgeschichte des P-Dokuments endet nicht hier, sondern geht noch dreieinhalb Verse weiter. Es wäre zweckmäßiger gewesen, das erste Kapitel um diese Verse zu erweitern.

59 Es ist nicht ganz klar, was die Redewendung »mit ihrem ganzen Heer« bedeutet. Kann sie ein Hinweis auf die Engel sein, die nach einigen Legenden von Gott erschaffen wurden, bevor er Himmel und Erde schuf? Wahrscheinlicher ist, daß sie lediglich auf die unendliche Vielfalt der vollendeten Schöpfung hinweisen will – alle die Sterne am Himmel, alle geographischen Details auf der Erde, alle verschiedenen Pflanzen und Tiere und die wechselseitigen Beziehungen aller Werke der Schöpfung.

2. Vers: Und so vollendete (60) Gott am siebenten Tage seine Werke, die er machte, und ruhte (61) am siebenten Tage von allen seinen Werken, die er gemacht hatte.

60 Über die Interpretation des Wortes »vollendete« ist viel diskutiert worden. Eng ausgelegt würde es bedeuten, daß das Werk Gottes endgültig beendet war, weil es vollkommen war (was anderes könnte man von Gott erwarten?), daß für alle Ewigkeit nichts weiter zu tun blieb.
Soweit die Geschichte der Menschheit betroffen ist, kann das nicht richtig sein, denn alles biblische Geschehen ist ein Wechselspiel zwischen Gott und der Menschheit.
Die Geschichte der Menschheit im biblischen Sinne erfordert in jedem Stadium das Eingreifen Gottes. Belohnungen und Bestrafungen, die Gott erteilt, werden detailliert beschrieben. Ja, Gott findet es in höchstem Maße schwierig (wenn wir dem biblischen Bericht folgen), eine kleine Zahl von Menschen dafür zu gewinnen, ein Mindestmaß von Verhaltensregeln einzuhalten.
Nehmen wir einmal an, daß die Geschichte der Menschheit nicht in dem Werk eingeschlossen ist, das Gott »vollendet« hat, und beschränken wir das Wort auf den außermenschlichen Hintergrund, vor dem das Drama der Menschheit sich abspielt. Selbst in diesem engeren Sinne kann das Wort »vollendete« nicht buchstäblich aufgefaßt werden. Wir wissen, daß die Umweltbedingungen auf der Erde nicht ursprünglich, vollkommen und unveränderlich sind. Es gibt Veränderungen am Erdkörper selbst: Flüsse ändern ihren Lauf, Küstenstriche werden vom Meer verschlungen, Erdrutsche ändern die Gestalt von Bergen. Die griechischen Philosophen räumten ein, daß alle Dinge auf Erden veränderlich und unvollkommen seien, aber sie waren sich darin einig, daß außerhalb der irdischen Sphäre der Himmelsmechanismus und die Himmelskörper selbst unveränderlich, unzerstörbar und vollkommen seien. Das stimmt mit der jüdisch-christlichen Auffassung überein, daß die Himmelskörper für die Menschheit geschaffen sind und deshalb ihre Eigenschaften unverändert beibehalten, bis das Drama der Menschheitsgeschichte beendet ist. Dann, so heißt es, wird das Universum verschwinden und ein neues auf anderen Grundlagen ent-

stehen. Dieses Bild wird bis ins Detail in der Offenbarung, dem letzten Buch des Neuen Testaments, beschrieben.
Nach Meinung der Wissenschaft jedoch ist alles unvermeidbar dem Wechsel unterworfen, das Werk der Schöpfung ist nie vollendet worden und wird wohl auch nie vollendet werden. Seit die Erde erschaffen wurde, hat die biologische Evolution sehr viele Arten entstehen und vergehen lassen. Vielleicht zwanzig Millionen Arten (neun Zehntel aller Arten, die je existiert haben) sind ausgestorben.
Die biologische Evolution ist auch heute noch nicht beendet. In einem entsprechenden Zeitraum werden Lebensformen in Erscheinung, Struktur und Funktion sich deutlich verändern. Das schließt auch die Gattung Mensch ein. Zudem sind viele Arten in den letzten Jahrhunderten (meist durch menschliche Einwirkung) vernichtet worden, und viele weitere scheinen kurz vor der Vernichtung zu stehen. Es ist auch nicht völlig auszuschließen, daß die Gattung Mensch eines Tages völlig ausstirbt, während andere Lebensformen weiter existieren.
Die Erde selbst ist einem Prozeß ständigen Wandels unterworfen. Es treten Änderungen ein, die wir bemerken, aber auch solche, die so langsam vor sich gehen, daß sie sich der normalen menschlichen Beobachtung über die volle Länge der geschichtlichen Zeit hinweg entziehen. Solche Änderungen sind beispielsweise mit dem Entstehen und Verschwinden von Gletschern verbunden oder mit den noch langsameren Verwerfungen der Erdkruste, die zur Bildung von Bergketten, zum Entstehen von Vulkanen und Inseln, zur Vereinigung oder Trennung von Kontinenten führen.
Die Sterne (einschließlich der Sonne) unterliegen eigenen evolutionären Veränderungen. Auch sie sind ebenso vergänglich wie die menschlichen Lebewesen. Das Leuchten der Sterne verbraucht die durch Kernumwandlung erzeugte Energie. Dieser Prozeß führt in seiner Endphase zu einer Expansion und anschließend zum Kollaps mit einer starken Verdichtung zu einem kleinen Restkörper. In manchen Fällen geht dem Kollaps eine gigantsiche Explosion voraus.
Wie lange ein Stern sich in seinem »Normalzustand« hält (dem Zustand, in dem die Sonne sich jetzt befindet – auf der sogenannten »Hauptreihe«), hängt von seiner Masse ab. Je mehr Masse ein Stern hat, desto geringer ist die Verweilzeit. Manche

sehr massiven Sterne werden sich nur etwa eine Million Jahre auf der Hauptreihe befinden. Manche kleinen, kaum rotglühenden Sterne dürften dagegen für Hunderte von Millionen Jahren in ihrer Oberfläche unverändert bleiben.
Unsere Sonne, die von mittlerer Größe ist, wird vielleicht zwölf Milliarden Jahre Verweilzeit auf der Hauptreihe haben. Da fünf Milliarden Jahre bereits verflossen sind, bleiben höchstens noch sieben Milliarden Jahre, bevor die Sonne zu expandieren beginnt und die Erde in einem Maße erwärmt, daß sie kein Leben mehr erhalten kann.
Ungezählte Billionen von Sternen müssen sich unmittelbar nach dem Urknall gebildet haben. Viele dieser Sterne von mittlerer Größe existieren noch. Viele andere haben die Verweilzeit auf der Hauptreihe beendet, haben einen Teil ihrer Substanz durch Explosion abgestoßen und existieren nun in geschrumpfter Form weiter. Manche von ihnen haben einen Durchmesser von nur wenigen Kilometern.
Aber seit dem Urknall blieben immer große Staub- und Gaswolken erhalten, aus denen sich neue Sterne bilden konnten. Zu diesen Wolken kam die Materie der explodierten Sterne hinzu. Während die Wolken, die sich nach dem Urknall bildeten, nur aus Wasserstoff und Helium, den beiden einfachsten Atomen, bestanden, fügte die Materie, die durch die explodierten Reste sterbender Sterne hinzukam, kompliziertere Atome hinzu (Kohlenstoff, Stickstoff, Sauerstoff, Schwefel, Silizium, Eisen und viele andere), die sich in dem glühenden Kern der Sterne gebildet hatten, bevor diese explodiert waren.
Sterne, die aus Staubwolken entstehen, die mit diesen komplizierten Atomen verunreinigt sind, sind »Sterne zweiter Generation«. Unsere Sonne, die vor etwa fünf Milliarden Jahren, zehn Milliarden Jahre nach dem Urknall, entstand, ist ein solcher Stern zweiter Generation. Die komplizierten Atome, die wesentliche Bestandteile unseres Körpers und aller lebenden Gewebe sind, bildeten sich aus den explodierten Massen von Sternen, die bereits tot und verschwunden waren, bevor noch die Sonne oder die Erde entstanden.
Auch nach der Bildung der Sonne hat die Entstehung von Sternen nicht aufgehört. Es muß Sterne geben, die jünger sind als die Sonne. Alle Sterne, die beträchtlich heller und größer sind als die Sonne, sind mit Sicherheit jünger als diese, denn wenn

sie zur selben Zeit entstanden wären wie die Sonne, müßten sie bei der kurzen Lebensdauer großer Sterne heute bereits explodiert und tot sein. In der Tat können wir unmißverständliche Anzeichen für die Bildung von Sternen aus Staub- und Gaswolken auch heute beobachten, etwa beim Orionnebel.
Ganze Galaxien entwickeln und ändern sich. Das Universum insgesamt befindet sich in ständiger Entwicklung und Wandlung. Was das Ende sein wird, oder ob es überhaupt ein wirkliches Ende geben wird, können wir nicht sagen. Aber eindeutig ist, daß das Werk der Schöpfung, auch wenn wir seinen Beginn mit dem Urknall annehmen, nie beendet worden ist, sondern ständig fortschreitet – auch heute noch. So jedenfalls ist unser heutiger Wissensstand.

61 Zu sagen, daß Gott »ruhte«, ist eine uns seltsam erscheinende Vermenschlichung Gottes. Das Wort interpretiert Gottes Werke und Motive nach menschlichen Normen. Es scheint doch eine vernünftige Annahme zu sein, daß Gott nicht – wie die Menschen – der Ruhe bedarf. Da er vollkommen und allmächtig ist, kann ihn nichts ermüden. Warum also beschreibt ihn das P-Dokument als ruhend?
Zum einen bemühen sich die Verfasser hier, den weit stärker vermenschlichten Bericht des babylonischen Schöpfungsmythos zu vergeistigen. In diesem Mythos feiern die zahlreichen Götter nach der Erschaffung des Weltalls ein großes Fest mit einem großen Gelage. Die Verfasser des P-Dokuments lassen den einen und einzigen Gott nur feierlich »ruhen«, was nur bedeuten kann, von weiteren Schöpfungsakten ablassen.
Aber warum sagen sie dann nicht: Er ließ von weiteren Schöpfungsakten ab? Warum sagen sie: Er »ruhte«, was doch unüberhörbar den Beiklang von Erholung nach Ermüdung hat? Eine Erklärung könnte sein, daß es unmöglich ist, die Taten und Beweggründe eines unendlichen Gottes anders als nach menschlichen Begriffen zu beschreiben. Wenn auch diese Begriffe von einer wirklichen Erklärung unendlich weit entfernt sind, bleiben sie doch der einzige Weg, sie überhaupt dem menschlichen Denken verständlich zu machen.
Oder es könnte sein, daß die Verfasser des P-Dokuments bei all ihren Bemühungen um eine Verbesserung des babylonischen Schöpfungsmythos doch auch noch nicht zu einem vollen Ver-

ständnis der Transzendenz Gottes gelangt waren. Vielleicht hatten sie doch einen leisen Verdacht, daß sogar für dieses übermenschliche Wesen das Werk, das ganze Weltall in nur sechs Tagen zu erschaffen, so etwas wie Ermüdung hervorrufen mußte.

In der Tat galt es in der Geschichte der Menschheit fast immer als selbstverständlich, daß alle Bewegung – und alle Betätigung insgesamt – ermüdend ist, daß sogar leblose Gegenstände ihre wie auch immer geartete Tätigkeit einstellten und »ruhten«, wenn dazu die Möglichkeit gegeben war.

Diese Vorstellung ist nur natürlich, denn wir beobachten ständig, daß sich bewegende Gegenstände nach einer gewissen Zeit aufhören, sich zu bewegen, daß Dinge, die in die Luft aufsteigen, zurückfallen, daß kein Lebewesen unendlich lange eine Tätigkeit ausüben kann.

Was die Ermüdung von Lebewesen (einschließlich des Menschen) verursacht, ist die Tatsache, daß lebendes Gewebe eine verhältnismäßig niedrige Entropie hat und daß es einer ständigen Veränderung in Richtung einer höheren Entropie unterliegt. Diese Veränderung muß immer wieder neutralisiert und ausgeglichen werden, um das Leben zu erhalten. Die ständige Bemühung, den niedrigen Entropiestand zu erhalten, bewirkt die Empfindung, die wir als Müdigkeit bezeichnen. Wenn Tätigkeit dazu führt, daß wir der Beharrung entgegenwirken, wächst die Ermüdung. Wenn wir ruhen, geben wir unserem Körper die Möglichkeit, der Beharrungstendenz zu folgen, und damit verschwindet die Müdigkeit. (Am Ende allerdings verlieren wir in dem Kampf gegen die Wachstumstendenz der Entropie, und das bedeutet Tod.)

Unbelebte Gegenstände auf der Erde tendieren zu einem Bewegungsstop durch die Einflüsse solcher Faktoren wie Luftwiderstand und Reibung. Diese bedingen eine Steigerung der Energie, der unbelebte Gegenstände nicht gegensteuern können; ihre Tätigkeit läßt daher nach und »stirbt« schließlich.

Wo Entropie jedoch nicht als Faktor vorhanden ist, tritt keine Ermüdung ein, und die Tätigkeit wird nicht gestoppt. Manche subatomaren Teilchen, die sich selbst überlassen bleiben (Proton, Elektron, Photon, Neutrino und andere), bewegen sich und existieren ewig, ohne zu ermüden. Gewisse Kombinationen dieser Teilchen können stabile Atome bilden, die ihrerseits

wieder stabile Atomkombinationen oder Moleküle bilden können, die, sich selbst überlassen, ewig sind.
Die Erde und die anderen Planeten werden, sich selbst überlassen, die Sonne unendlich umkreisen (in früheren Zeiten hat man sich vorgestellt, daß ein Planet, damit er nicht zum Stillstand käme, ständig von Engeln geschoben werden müsse), und die Sonne wird das galaktische Zentrum unendlich umkreisen. Alle Änderungen, die in den unbelebten Teilen des Universums im Laufe ihrer Schaffung und Entwicklung eintreten, bewegen sich, soweit wir das heute wissen, in Richtung auf eine wachsende Entropie. Solche Änderungen können nicht zu einer Ermüdung führen. Das Universum kann bei wachsender Entropie ebensowenig müde werden, wie das Wasser müde werden kann, bergab zu fließen.

3. Vers: Und Gott segnete den siebenten Tag und heiligte ihn (62), weil er an ihm ruhte von allen seinen Werken, die Gott geschaffen und gemacht hatte.

62 Der geheiligte siebente Tag ist der »Sabbat«, der Tag, der nach unserem heutigen Kalender Samstag (Sonnabend) heißt. Mit anderen Worten: Am ersten Sonntag erschuf Gott das Licht; am Montag erschuf er den Himmel; am Dienstag erschuf er das trockene Land und seine Vegetation; am Mittwoch erschuf er die Himmelskörper; am Donnerstag erschuf er das lebende Getier im Meer und in der Luft; am Freitag erschuf er die Tiere auf dem Land und die Menschen; und am Samstag schließlich ruhte er.
Obwohl das P-Dokument den Anschein erweckt, daß der Sabbat zur Zeit der Schöpfung und vor Beginn der menschlichen Geschichte durch göttliche Weisung eingesetzt wurde, scheint der Sabbat doch vor der Babylonischen Gefangenschaft – in der Zeit der Richter und der Könige Israels – wenig beachtet worden zu sein.
Erst während und nach der Babylonischen Gefangenschaft erhielt der Sabbat seine überragende Bedeutung und wurde nicht nur in die Schöpfungsgeschichte aufgenommen, sondern auch in die Zehn Gebote.
Welchen Einfluß hatten die Babylonier auf die Einführung des Sabbats?

Sabbat ist hebräischen Ursprungs und bedeutet soviel wie »abbrechen«, »aufhören«. Es scheint eine Periode zu kennzeichnen, in der man mit der Tagesarbeit aufhört.
Es ist notwendig, die Arbeit durch Ruhe und Schlaf zu unterbrechen; auf die Dauer gesehen wird ein Mensch, der sich genügend Zeit zum Ausruhen und Schlafen nimmt, mehr leisten als jemand, der versucht, seine Arbeit möglichst wenig zu unterbrechen. Mit dem gleichen Argument könnte man begründen, daß gelegentlich eine *längere* Ruhe- und Erholungspause notwendig ist – ein ganzer Ruhetag etwa –, weil diese längere Pause, auf Dauer gesehen, zu einer höheren Arbeitsleistung führt.
Aber wann soll der Ruhetag eingelegt werden? In regelmäßigen oder unregelmäßigen Zeitabständen? Wenn regelmäßig, nach wieviel Werktagen soll ein Ruhetag eingelegt werden?
Unter primitiven vorgeschichtlichen Bedingungen, als Familiengruppen die einzige gesellschaftliche Ordnung darstellten, wurden Ruhetage eingelegt, wenn der Stand der Dinge es erlaubte oder der Führer der Sippe die Erlaubnis dazu erteilte. Als die gesellschaftliche Ordnung komplexer wurde, mußte für solche Ruhetage eine verbindliche Regelung getroffen werden, damit die Arbeitsleistung der Gesellschaft nicht zurückging. Der beste Weg dazu war die Bindung an religiöse Riten.
Die Völker des Tigris-Euphrat-Gebietes hatten einen Mondkalender wahrscheinlich schon vor 2000 v. Chr. Das Erscheinen eines jeden neuen Mondes, das den Beginn eines neuen Monats kennzeichnete, bot Gelegenheit zu einer religiösen Feier, und schließlich ging man dazu über, auch andere Mondphasen zu feiern.
Es war der Vollmond, der zuerst »Sabbat« genannt wurde (*sabbatu* bei den Bewohnern von Akkad, die das Tigris-Euphrat-Tal im dritten vorchristlichen Jahrtausend beherrschten). Der Name breitete sich über die benachbarten Länder aus, und in Israel dürften vor der Babylonischen Gefangenschaft der Vollmond (Sabbat) und der Neumond als gleich wichtig angesehen worden sein.
Als daher eine Frau zu dem Wunder wirkenden Propheten Elisa gehen will, um ihn zur Erweckung ihres toten Sohnes zu bewegen, sagt ihr Mann: ».... Warum willst du zu ihm? Ist doch heute weder Neumond noch Sabbat ...« (2. Kön 4,23)

Zur Zeit der Babylonischen Gefangenschaft jedoch feiern die Babylonier auch die Zwischenphasen des Mondes: das erste Viertel, wenn der Mond einen Halbkreis auf seinem Weg vom Neu- zum Vollmond bildet, und das dritte Viertel, wenn der Mond einen Halbkreis auf seinem Weg zurück vom Voll- zum Neumond bildet.

Diese vier Phasen treten in etwa wöchentlichen Intervallen ein. Das Wort Woche ist von dem althochdeutschen Wort für Wechsel abgeleitet. Woche bedeutet also Wechsel der Mondphase.

Jede Mondphase hat eine Dauer von nicht ganz 7,4 Tagen. Hätte man also die Woche in zeitliche Übereinstimmung mit den Lunarmonaten bringen wollen, hätten sich sieben- und achttägige Wochen nach einem bestimmten Schema abwechseln müssen. Das war aber nicht so. Die Babylonier entschieden sich dafür, die Woche unveränderlich sieben Tage dauern zu lassen, obwohl damit die Verbindung zum Lunarmonat aufgegeben wurde.

Wahrscheinlich lag der Grund hierfür in der Existenz von sieben »Planeten« am Himmel, die ihre Position vor dem Hintergrund der Fixsterne regelmäßig änderten: Sonne, Mond, Merkur, Venus, Mars, Jupiter und Saturn.

Für die babylonischen Astrologen war jeder Planet einem bestimmten Tag zugeordnet (so wie andererseits jeder Planet die Domäne eines bestimmten Gottes war). Ein achter Wochentag würde ein Tag ohne den Schutz eines Planeten-Gottes gewesen sein, das war undenkbar. Damit war die Siebentagewoche vorgezeichnet. Ein Tag der Woche war einer religiosen Feier vorbehalten. An diesem Tag wurde die Arbeit ausgesetzt – entweder, um Zeit für die Feier zu geben, oder aber, weil der Tag als Unglückstag angesehen wurde.

Die Juden beachteten in der Babylonischen Gefangenschaft natürlich ebenfalls den wöchentlichen Ruhetag. Sie konnten aber die polytheistische religiöse Rechtfertigung nicht akzeptieren und mußten eine eigene Begründung dafür finden.

Die Verfasser des P-Dokuments fanden die Begründung in der Schöpfungswoche – sechs Tage göttlichen Wirkens und ein Tag göttlicher Ruhe. Das Wirken Gottes selbst wurde der babylonischen Woche angepaßt. Daher nahm die Erschaffung der Welt sechs und nicht irgendeine andere Zahl von Tagen in Anspruch. Diese Erklärung läßt also das griechische Konzept der vollkommenen Zahl außer Betracht.

Nach ihrer Rückkehr aus der Babylonischen Gefangenschaft setzten die Juden einen allverbindlichen Sabbat-Feiertag fest, und dieser fand Eingang in die christliche Lehre. Die Christen gingen jedoch nach und nach von dem siebten Tag ab und gaben dem »Tag Gottes«, dem Sonntag, den Vorrang, weil er der Wochentag war, an dem Jesus nach der Überlieferung von den Toten auferstanden war. Die Muslims machten den Freitag zu ihrem Feiertag.

Die Woche ist heute Teil des allgemeinen Kalenders, der in der ganzen Welt Gültigkeit hat.

Nach wissenschaftlichen Maßstäben ist die Woche eine rein künstliche Unterteilung, die den Kalender unnötig kompliziert. Es gibt zweiundfünfzig Wochen und einen Tag in normalen Jahren und zweiundfünfzig Wochen und zwei Tage in Schaltjahren. Dies bewirkt, daß jedes Jahr an einem anderen Wochentag im Verhältnis zum Vorjahr beginnt, und zwar in einem komplizierten Achtundzwanzig-Jahre-Rhythmus.

Wenn diese Zusatztage als zusätzliche Ruhetage ohne Festlegung auf einen bestimmten Wochentag begangen würden, könnte der Kalender exakt Jahr für Jahr sich wiederholen. Man könnte es auch leicht so einrichten, daß jeder Dreimonatszyklus sich exakt wiederholt.

Einen so praktischen und vernünftigen Kalender einzuführen scheint jedoch unmöglich zu sein, weil die meisten Menschen – Juden, Christen und Muslims gleicherweise – irgendeine Modifizierung des Wochenbegriffs ablehnen würden.

Der Zufall, daß es gerade sieben sichtbare Planeten gibt; die Tatsache, daß die Babylonier diese astrologisch mit den Tagen der Woche verknüpften; die weitere Tatsache, daß die Verfasser des P-Dokuments die babylonische Woche übernahmen, sie aber mit der Schöpfungsgeschichte verbanden – alles das macht es unvermeidlich, daß wir an einem unnötig schwerfälligen und unpraktischen Kalender festhalten, obwohl er im Grunde so leicht zu verbessern wäre.

4. Vers: So sind Himmel und Erde geworden, als sie geschaffen wurden (63). Es war zu der Zeit (64), da Gott der Herr (65) Erde und Himmel machte.

63 Dieser Satz beendet die Schöpfungsgeschichte des P-Dokuments mit einer summarischen Sentenz, die man in moderner Sprache vielleicht so ausdrücken könnte: Dies sind die Stufen, in denen Himmel und Erde erschaffen wurden.

64 Hier führt die künstliche Unterteilung der einzelnen Bücher der Bibel in Kapitel und Verse zu einer unglücklichen Konsequenz; denn hier werden das Ende eines Schöpfungsberichts und der Anfang eines anderen in einem Vers zusammengefaßt. Der zweite Bericht beginnt also mit dem Satz: »Es war zu der Zeit, da Gott der Herr Erde und Himmel machte.«
Es wäre berechtigt, zu fragen, woher wir wissen, daß es sich hier um einen zweiten Schöpfungsbericht handelt. Die traditionelle Anschauung ist schließlich, daß die ganze Bibel, Wort für Wort, auf göttlicher Inspiration beruht und daß sie keine Irrtümer und keine Widersprüche enthalten kann (ausgenommen solche, die durch falsches Abschreiben oder durch fehlerhafte Übersetzung entstanden sind).
Von diesem Standpunkt aus gesehen ist der zweite Bericht eine Ergänzung des ersten und befindet sich in Übereinstimmung mit ihm. Er ist also nicht wirklich ein zweiter Bericht, sondern lediglich eine detaillierte Version des ersten, die sich auf die Erschaffung der Menschheit konzentriert.
Der zweite Schöpfungsbericht weicht aber in so vielen Details von dem ersten ab und hat eine so deutlich primitivere Atmosphäre, daß seine Anpassung an den ersten Bericht zu einer sehr gewundenen Argumentation führen muß. Es ist viel einfacher und ehrlicher anzuerkennen, daß wir eine Schöpfungsgeschichte haben, die auf den wissenschaftlichen Erkenntnissen ihrer Zeit basiert, und eine zweite, die auf Volkssagen beruht, aus mythischer Überlieferung stammt.
Der zweite Bericht war wahrscheinlich zumindest in Teilen Israels lange vor der Babylonischen Gefangenschaft verbreitet. Er war daher zu bekannt, als daß man ihn einfach aus der Bibel hätte verbannen können. Die Herausgeber der Bibel in ihrer heutigen Form setzten daher die Schöpfungsgeschichte des P-Dokuments an den Anfang und fügten die frühere, primitivere Erzählung als zweite hinzu. Die Widersprüche aufzulösen, überließen sie einer entsprechenden Interpretation.

65 Der klarste Hinweis auf den Übergang von einer Erzählung auf eine andere ist die Bezeichnung »Gott der Herr«. In den 34 ersten Versen der Bibel war immer nur die Rede von »Gott«.
Das hebräische Wort, das hier als »Herr« übersetzt ist, besteht aus vier Buchstaben, die ins Deutsche transkribiert *JHWH* lauten. Man nennt diese Buchstabenfolge Tetragrammaton – nach dem griechischen Wort für vier Buchstaben.
Das Tetragrammaton repräsentiert den persönlichen Namen Gottes, und allein die Tatsache, daß er erstmals in diesem Vers verwendet wird, ist ein Hinweis, daß wir es hier mit einem anderen Verfasser oder einer zweiten Quelle zu tun haben. Man hat versucht, Gründe für den Wechsel der Bezeichnung zu finden, ohne eine zweite Quelle annehmen zu müssen. Man hat zum Beispiel behauptet, »Gott« repräsentiere die Gottheit in ihrem Aspekt strenger Gerechtigkeit, während »Gott der Herr« den Aspekt liebender Gnade betone; aber solche Begründungen klingen gekünstelt und sind nicht überzeugend. Sinnvoller erscheint die Annahme, daß die Anfangskapitel der Genesis aus zwei verschiedenen Quellen stammen.
Der Unterschied im Namen selbst deutet darauf hin, daß der zweite Schöpfungsbericht aus einer primitiveren Quelle stammt als der des P-Dokuments. Die Annahme, daß die transzendente Gottheit nach der Art menschlicher Wesen einen Namen trägt, legt die Vorstellung nahe, daß er auch einen Körper hat, der wie der menschliche Körper gebildet ist, daß er Gefühle hat wie der Mensch. Solche Vorstellungen vermeidet das P-Dokument.
»Herr« ist übrigens nicht der Name Gottes, nicht die Übersetzung von *JHWH*. Den genauen Sinn des Tetragrammatons kennen wir nicht. Offenbar spricht der Name aber die Idee vom Sein in allen Zeitformen an. *JHWH* bedeutet »das, was ist, war und sein wird«. Wenn diese Interpretation richtig ist, könnte man sich kaum einen besseren Namen für einen ewigen Gott vorstellen.
Je erhabener und abstrakter der Gottesbegriff der Juden wurde, um so profanierender erschien ihnen bereits das Aussprechen des heiligen Namens. Es wurde daher Sitte, den Namen Gottes durch einen Titel zu ersetzen. Wenn im biblischen Text oder in der Liturgie *JHWH* erschien, sagten die Juden statt dessen

Adonai, was »der Herr« bedeutet. *JHWH Elohim* wurde zu *Adonai Elohim*, zu »Gott der Herr«.
Die hebräische Sprache kennt in ihrer geschriebenen Form nur Konsonanten. Die Vokale werden nicht bezeichnet. Solange Hebräisch die Umgangssprache der Juden war, hatte das keine große Bedeutung. Als jedoch in der Perserzeit das Aramäische statt des Hebräischen Umgangssprache wurde, ging man dazu über, die Vokale durch diakritische Zeichen unter den Buchstaben lesbar zu machen, damit diejenigen, die das Hebräische nicht mehr beherrschten, die Worte der Schrift korrekt aussprechen konnten. Die Vokale, die für *JHWH* verwendet wurden, waren allerdings die von Adonai (a/e-o-a), da nur dieses Wort ausgesprochen werden durfte.
Damit wurde JHWH zu »Jehovah«. Da die Vokale aber falsch zugeordnet sind, ist auch das nicht der Name Gottes.
Wir können nicht mit Sicherheit sagen, wie der Name lautete, denn es gibt keine Aufzeichnung der korrekten Vokallaute in den Schriften der Juden. (Nur der Hohepriester war berechtigt, den Namen Gottes auszusprechen, und das auch nur, wenn er allein im Allerheiligsten des Tempels war, und zwar nur an Jom Kippur [Versöhnungstag] – und einen Hohepriester oder einen Tempel im biblischen Sinne gibt es seit 1900 Jahren nicht mehr.)
Man nimmt allgemein an, daß der Name Gottes *Jahweh* lautete, was auch als *Jahveh* oder *Jahwe* geschrieben wird.
Der zweite Schöpfungsbericht ist daher ein Teil des J-Dokuments, wobei J für den ersten Buchstaben des Tetragrammatons steht.
Das J-Dokument besteht aus Legenden, die im südlichen Teil des von den Stämmen Israels besiedelten Gebietes verbreitet waren, in dem Teil also, der von 933 v. Chr. bis 586 v. Chr. das Königreich Juda bildete. Das J von J-Dokument kann daher ebenso für Juda stehen.

5. Vers: Und alle die Sträucher auf dem Felde waren noch nicht auf Erden, und all das Kraut auf dem Felde war noch nicht gewachsen; denn Gott der Herr hatte noch nicht regnen lassen auf Erden (66), und kein Mensch war da, der das Land bebaute;

66 Die Sprache der Bibel ist hier nicht sehr verständlich. Der letzte Teil des vorigen Verses würde zusammen mit diesem Vers in heutiger Umgangssprache ungefähr so lauten: Als Gott der Herr Erde und Himmel machte, da gab es am Anfang keine Vegetation; denn es gab keinen Regen, und es war noch kein Mensch geschaffen, der den Boden bebaute.
Im Schöpfungsbericht des P-Dokuments, der, wie gesagt, stark von den Babyloniern beeinflußt ist, war das Wasser am Anfang in chaotischer Weise vorherrschend. Am dritten Tag mußte Gott das Wasser beiseite schieben, um das trockene Land auftauchen zu lassen. Das ist eine Aussage über den Urzustand der Welt, die die Babylonier als Bewohner des Zweistromlands ansprechen mußte, die ständig mit Überschwemmungen zu kämpfen hatten. Das trockene Land war für sie ein kostbarer Wert, der der Übermacht des Wassers mit Mühe abgerungen werden mußte.
Auch der Schöpfungsbericht des J-Dokuments greift auf das babylonische Sagengut zurück, aber weniger selektiv und über einen längeren Zeitraum hinweg, der es erlaubte, auch die Umweltbedingungen eines anderen Schauplatzes einzubeziehen. Die Judäer waren überwiegend Wüstenbewohner, für die trockenes Land, sogar exzessive Dürre, das Natürliche war, das Wasser dagegen ein so kostbares Gut, daß man es als Geschenk Gottes entgegennahm.
Das J-Dokument geht also von einer trockenen und unfruchtbaren Erde aus, die kein Leben trägt. Es findet sich auch keine Erwähnung von Licht, Himmel oder Himmelskörpern. Alles konzentriert sich auf die Erde und die Menschheit. Das ist ein engerer Schöpfungsbericht als der des P-Dokuments; aber die Vorstellung von einer Erde, die zu Anfang trocken ist, kommt der Erkenntnis der Wissenschaft näher als die Aussage des P-Dokuments, daß die Erde zu Beginn vom Wasser beherrscht war.

6. Vers: aber ein Nebel stieg auf von der Erde und
feuchtete alles Land (67).

67 Das hebräische Wort *ayd*, das in der Übersetzung Luthers als »Nebel« bezeichnet wird, ist ein seltenes Wort, das nur noch an einer anderen Stelle der Bibel vorkommt (Hiob 36,27). Die

Übersetzung ist ungewiß; es könnte ein »Strömen von Wasser« oder eine »Flut« bedeuten.
Die Vermutung liegt nahe, daß es sich auf ein Aufsteigen des Wassers aus dem ursprünglich trockenen Boden bezieht, das die Meere und andere Gewässer der Erde bildet. Während also das P-Dokument das trockene Land durch Trennung aus dem ursprünglich sumpfigen Meer entstehen läßt, geht nach dem J-Dokument das Meer aus dem ursprünglich trockenen Land hervor.
Auch hier wieder ist das J-Dokument, der primitivere der beiden Berichte, der wissenschaftlichen Auffassung von den Anfängen der Erde näher – sogar überraschend nahe. Wie ich an einer früheren Stelle erläutert habe, nimmt die Wissenschaft an, daß die Meere und die Erdatmosphäre sekundäre Phänomene sind, die sich bildeten, als die feste Materie der ursprünglich trockenen und luftlosen Erde allmählich ihre verschiedenen Schichten entwickelte.

7. Vers: Da machte Gott der Herr den Menschen aus Erde vom Acker (68) und blies ihm den Oden des Lebens (69) in seine Nase. Und so ward der Mensch ein lebendiges Wesen (70).

68 Sobald das Wasser einmal da war, konnte es mit Lehm vermischt werden, und ein Mensch konnte geformt werden in derselben Weise, wie ein Töpfer ein Gefäß formt. Tatsächlich gewinnt man aus den Worten dieses Verses unvermeidlich das Bild von einem Herrgott, der die Rolle des Töpfers spielt und physisch die Gestalt eines Menschen bildet.
Sagen vom Ursprung des Menschen vermitteln sehr häufig dieses Bild von einem göttlichen Wesen, das die Gestalt des Menschen aus Lehm modelliert. Das gilt für die ägyptische, babylonische und griechische Kultur. Nach der griechischen Sage bildete Prometheus die ersten Menschen aus Lehm.
So natürlich die Vorstellung vom Menschen als einem komplizierten Tongefäß bei primitiven Völkern war, die die Töpferscheibe als ein Wunderwerk der Technik ansahen, mit dem man die schwierigsten Formen bilden konnte, so ist doch diese Vorstellung von moderner wissenschaftlicher Erkenntnis weit entfernt. Die Atome im Lehm haben nichts mit denen im lebenden Gewebe gemein. Wenn von der Bildung des Menschen aus

Kohlenstaub und Wasser die Rede wäre, würde das der Wirklichkeit viel näher kommen.
Das hebräische Wort für Mensch in diesem Vers ist *adam*, und das hebräische Wort für Staub ist *adamah*. Das ist kein Zufall. Für primitive Völker ist das Wort nicht einfach eine Erfindung. Wie ich schon früher ausgeführt habe, erscheint ihnen die Vorstellung natürlich, daß ein Name als wesentlicher Bestandteil zu einer Sache gehört, und daß alle Eigenschaften der Sache selbst mit dem Namen verknüpft sind.
Wenn zwei Wörter einander ähnlich sind, deutet das auf eine Verbindung zwischen den beiden Sachen hin. Solche volksetymologischen Beziehungen zwischen ähnlich klingenden Wörtern sind in der Bibel häufig zu finden.
Wenn die Wörter *adam* und *adamah* also ähnlich lauteten, könnte man das als guten Beweis dafür nehmen, daß der Mensch ursprünglich aus Staub gemacht war. Es könnte aber auch sein, daß *adam* erst aus *adamah* gebildet wurde, nachdem diese Sage sich durchgesetzt hatte, daß *adam* also ein älteres Wort für Mensch ablöste – oder auch die umgekehrte Reihenfolge: daß ein älteres Wort für Staub ersetzt wurde.
Anzumerken wäre, daß im Schöpfungsbericht des P-Dokuments der Mensch als letztes aller Lebewesen und allein durch das Wort Gottes erschaffen wurde. Seine Erschaffung ist der Höhepunkt der Schöpfung. Der Mensch wird in ein Universum gesetzt, das bis ins letzte Detail für ihn vorbereitet ist.
Im J-Dokument dagegen wird der Mensch als erstes aller lebenden Dinge geschaffen. Gott formt nach Art eines Töpfers seine Gestalt und setzt ihn in eine öde Welt. Erst dann arrangiert er eine passende Umgebung für ihn. Das ist ein viel primitiveres Schöpfungskonzept.

69 Auch mit Gott als Töpfer ist das Werk, die Lehmfigur, so prachtvoll sie sein mag, ebenso tot wie der ursprüngliche Klumpen Lehm. Damit sie mehr als Lehm werde, bedarf es der göttlichen Wunderkraft Leben. Sie wird durch den Atem vermittelt, der, wie ich früher ausgeführt habe, den Geist Gottes repräsentiert. Anders gesagt: Ein lebloses, geformtes Stück Materie wurde von einem Hauch des Geistes Gottes erfüllt und kam zum Leben.
Aus den Erkenntnissen der modernen Wissenschaft geht je-

doch hervor, daß der Atem ebenso Materie ist wie der übrige Körper. Er reicht nicht aus, das immaterielle Wesen des Lebens oder Gottes zu erklären. Tatsächlich gibt es nichts Materielles, das als Substanz des Lebens gelten könnte, vielmehr bringt ein komplexer organisatorischer Vorgang das Leben. Das Leben ist ein biochemisch-biophysikalischer Prozeß und keine materielle Angelegenheit.

70 Das hebräische Wort *nephesh* wird oft mit »Seele« übersetzt. Seine Bedeutung ist schwer zu definieren. Die beste Übersetzung dürfte wohl sein: »ein lebendiges Wesen«.
Heute versteht man unter Seele im allgemeinen eine Art spirituelles Wesen, völlig immateriell, das einer Person bei der Geburt (oder bei der Empfängnis) »eingepflanzt« wird und das bei seinem Tod von ihm scheidet. Die Seele ist eine unsterbliche Komponente des Menschen, die weder geboren wird noch stirbt, sondern während der kurzen Periode der körperlichen Existenz im Körper wohnt. Das alles ist aus der griechischen Philosophie abgeleitet, und in diesem Sinne ist Seele eine Übersetzung des griechischen Wortes *psyche* und nicht des hebräischen Wortes *nephesh*.
Es gibt keinen wissenschaftlichen Beweis für die Existenz einer Seele oder eines immateriellen Wesens, das beim Tode sich vom Körper des Menschen trennt. Nach Meinung der Wissenschaft bedeutet der Tod den Zusammenbruch der komplexen Organisation des lebendigen Organismus bis zu einem Punkt, an dem der verbleibende Rest nicht mehr in der Lage ist, den Komplex chemischer und physikalischer Veränderungen, den wir Leben nennen, aufrechtzuerhalten.
In den letzten Jahren hat es Berichte über Menschen gegeben, die »klinisch tot« waren und die bei ihrer Wiederbelebung Dinge erzählten, die wie Erfahrungen eines Lebens nach dem Tode anmuteten. Das sind subjektive Berichte, die von eifrigen Befragern aus kranken Menschen herausgelockt wurden. Soweit mir bekannt ist, nimmt kein angesehener Biologe solche Berichte ernst.

8. Vers: Und Gott der Herr pflanzte einen Garten (71) in Eden gegen Osten hin (72) und setzte den Menschen hinein, den er gemacht hatte (73).

71 Nach dem J-Dokument ging Gott erst nach der Erschaffung des Menschen daran, die Erde für ihn bewohnbar zu machen; Nahrung in Form von Vegetation wurde für ihn geschaffen.
Im P-Dokument wurde die Erschaffung der Vegetation so beschrieben: »Und Gott sprach: Es lasse die Erde aufgehen Gras und Kraut...«; und das Wort Gottes genügte.
Dieser Vorgang könnte gemeint sein, wenn das J-Dokument schreibt: »Aber ein Nebel stieg auf von der Erde und feuchtete alles Land.« Indessen spricht das J-Dokument dies nicht ausdrücklich aus – obwohl man vermutlich argumentieren könnte, daß sich das von selbst verstehe. (Ein solches Argument ist gefährlich. Wenn eine Sache sich von selbst versteht, kann man das auch auf fast alle anderen ausdehnen.)
Auch wenn der hier beschriebene Garten nur ein den Bedürfnissen des Menschen angepaßtes Fleckchen Erde in einer Welt ist, auf der bei der Erschaffung des Menschen bereits Vegetation existierte, so ist es doch interessant, daß Gott diesen Garten »pflanzte«.
Man könnte hier wieder argumentieren, daß Gott den Garten mit einem Wort pflanzte, nicht anders, und daß auch das sich von selbst verstehe. Der Gebrauch des Wortes »pflanzte« ohne weitere Erläuterung läßt jedoch das Bild von Gott als einem Bauern entstehen, das das Bild des Töpfers ergänzt. Diese Vorstellung entspricht durchaus der primitiven Art des J-Dokuments.

72 Wo lag Eden, das Land, in dem sich der Garten befand?
Es hat unglaublich viele Spekulationen darüber gegeben, auch manche recht wilde. Tatsächlich jedoch muß das durchaus nichts Geheimnisvolles sein.
Zum ersten lag es »gegen Osten hin«, ostwärts also von dem Ort, wo diese Sage erzählt wird. Das heißt ostwärts vom Lande Israel.
Im Osten von Israel liegt das Tigris-Euphrat-Tal. Die erste Kultur, die sich in den tieferen Bereichen dieses Tals entwickelte, war die der Sumerer. Das Wort *eden* bedeutete in sumerischer Sprache Ebene.
Niemand weiß, woher genau die Sumerer kamen; aber wenn sie, wie es wahrscheinlich ist, ursprünglich aus den hügeligen

Gegenden im Nordosten in das Tal einfielen, dann mögen sie wohl angenommen haben, daß sie nach Eden kamen, in die Ebene also.
Zum anderen könnte es in den hügeligen Gegenden schwer gewesen sein, Nahrung zu finden, während es in der Ebene, entlang des unteren Tigris und des Euphrat, hervorragendes Akkerland gab. Mit der günstigen Bewässerung aus den Flüssen selbst gab es reiche Ernten; das Land war fruchtbar, und die Lebensbedingungen waren gut. Für die Sumerer war es, als ob sie in einen Garten in der Ebene gekommen wären – einen »Garten in Eden«.
Die Dinge mögen nicht für eine lange Zeit so wunderbar geblieben sein. Als die Bevölkerung wuchs, wurde die Nahrungsbeschaffung schwieriger. Es gab Kriege, als die sumerischen Stadtstaaten sich untereinander befehdeten. Da mag wohl eine Sehnsucht nach den Anfangszeiten entstanden sein, als das Land noch wirklich ein »Garten Eden« gewesen war. Die Phrase wurde schließlich zum Symbol für ein Goldenes Zeitalter in ferner Vergangenheit, das wohl nur noch vage mit der Region verbunden wurde, in der die Sumerer weiterhin lebten.
In der hebräischen Sprache bedeutet *eden* »Entzücken« oder »Lust«, aber die Lautgleichheit mit dem sumerischen *eden* ist nur ein Zufall. Die beiden Sprachen sind nicht verwandt. (Das Sumerische ist mit keiner Sprache verwandt.) Immerhin trug diese zufällige Lautgleichheit des hebräischen Wortes dazu bei, den Eindruck von Eden als einem mystischen Begriff ohne wirkliche geographische Bedeutung zu vermitteln. Der in der Urzeit vom Menschen bewohnte Ort wird zum »Garten der Lüste«.
Die Vermutung scheint durchaus vernünftig zu sein, daß der wirkliche Sinn des Verses ist: Gott der Herr pflanzte einen Garten ostwärts im Sumererland.

73 Nach diesem Vers scheint der erste Mensch also im Sumererland gelebt zu haben.
Die Wissenschaft ist da anderer Meinung. Die ersten Geschöpfe, die man als Hominide bezeichnen könnte, entwickelten sich mit ziemlicher Sicherheit im östlichen Afrika, im Gebiet des heutigen Kenia und Tansania. Es dürfte Hunderttausende von Jahren gedauert haben, bis Hominide in das Tigris-Euphrat-Tal

gelangten. (Wir wissen allerdings noch nicht, wo die ersten Geschöpfe der Gattung *Homo sapiens* ihren Ursprung hatten.) Beschränken wir uns hier einmal auf den »zivilisierten Menschen«.
Die früheste Zivilisation, von der wir schriftliche Zeugnisse haben, war die sumerische. Dort gab es die Schrift schon um etwa 3500 v. Chr. Alle anderen Kulturen der Frühzeit entwickelten die Schrift später als die Sumerer, auch die chinesische und ägyptische. Die Sumerer waren auch die ersten, die sich mit Mathematik und Astronomie befaßten.
Wenn wir also bei der Erschaffung des ersten Menschen durch Gott an den ersten zivilisierten Menschen denken, dann wird Sumer als sein Ursprungsland den historischen Tatsachen gerecht.

9. Vers: Und Gott der Herr ließ aufwachsen aus der Erde allerlei Bäume, verlockend anzusehen und gut zu essen (74), und den Baum des Lebens (75) mitten im Garten und den Baum der Erkenntnis des Guten und Bösen (76).

74 Offenbar sollte der Garten alles enthalten, was der Mensch wünschen und benötigen könnte, und in späteren Zeiten sah man in ihm einen idyllischen Ort der Vollkommenheit, ein »Paradies« (ein griechisches Wort persischen Urpsrungs, das »Park« oder »Garten« bedeutet).
In Sagen ist häufig die Rede von einem frühen »Goldenen Zeitalter«, in dem es keine Sorgen gab und Nahrung so reichlich vorhanden war, daß man sie ohne Mühe von den Bäumen pflücken konnte. Das ist verständlich: Jeder Mensch, der in annehmbaren Verhältnissen lebt, kann sich an sein eigenes Goldenes Zeitalter erinnern – als er jung war. Auch wenn es nicht wirklich ein Goldenes Zeitalter war, sieht man es in älteren Jahren doch so, wenn die guten Zeiten in der Erinnerung hervortreten und die schlechten verblassen.
Auch gesellschaftliche Gruppen denken gewöhnlich an ein Goldenes Zeitalter zurück. Ich habe von der sumerischen Gesellschaft gesprochen, die sich nicht so befriedigend entwickelte, als die Bevölkerung wuchs und Vernichtungskriege zwischen den Stadtstaaten geführt wurden. Dann wurde das Land

schließlich um 2500 v. Chr. von akkadischen Stämmen erobert, die ein Reich gründeten, in dem die Sumerer als unterworfenes Volk lebten. Sollten die Sumerer da nicht mit nostalgischer Sehnsucht auf eine Zeit zurückgeblickt haben, in der sie frei waren – auf ein Goldenes Zeitalter der großen Tage »in Eden« (»in der Ebene«)?

Viele Jahrhunderte lang dürften Sagen von einem Garten Eden erzählt haben, von einem Paradies in Sumer, als alles gut und wundervoll war. Und diese Sagen dürften von anderen Völkern aufgenommen und weiterentwickelt worden sein, als die Sumerer längst verschwunden, ihre Kultur und ihre Sprache vergessen waren – bis die Sagen schließlich die Israeliten erreichten, die sie in ihrer eigenen Art erzählten und über die ganze Welt verbreiteten.

75 Der Baum des Lebens, so ist zu vermuten, ist ein Baum, dessen Früchte Unsterblichkeit verleihen – eine primitive Auffassung, die in alten Sagen immer wiederkehrt.

Die Menschen finden sich nur schwer mit der Tatsache der Sterblichkeit ab. Wir sind, soweit wir wissen, die einzige Art von Lebewesen, die sich der Unausweichlichkeit des Todes bewußt ist. Nicht nur der Unentrinnbarkeit des Todes allgemein, auch der des eigenen, persönlichen Todes. (Vielleicht ist unser Glaube an eine unsterbliche Seele und an ein Leben nach dem Tode nur ein Weg, die bedrückende Tatsache eines unvermeidlichen Todes zu verdrängen.)

Doch sind in den Sagen der Menschheit die Götter fast immer unsterblich. Vielleicht gibt es da einen Trick, etwas, was die Götter wissen und das sie den sterblichen Menschen nicht mitteilen wollen. Bei vielen Völkern gibt es Sagen, in denen ein Held das Geheimnis der Unsterblichkeit sucht – obwohl er niemals Erfolg hat; denn immer noch sind wir ja sterblich.

Von den alten Sumerern stammt das Epos von Gilgamesch, dem König von Uruk (einem der sumerischen Stadtstaaten), der auf der Suche nach dem ewigen Leben ist. Es ist das älteste Epos, von dem wir wissen, und war zu seiner Zeit sehr populär.

Die Erzählung von Gilgamesch könnte die griechische Sage von Herakles beeinflußt haben, und der Baum des Lebens im Garten Eden ist vielleicht auch eine Erinnerung an die Suche des Königs Gilgamesch.

76 Der Baum der Erkenntnis des Guten und Bösen ist vermutlich ein Baum, der Früchte trägt, deren Genuß Erkenntnis verleiht. Gewöhnlich nimmt man an, daß der besondere Erkenntnistyp, über den er gebietet, die Erkenntnis moralischer Bewußtheit ist, die Fähigkeit, zwischen Gut und Böse zu unterscheiden. »Gut und Böse« bedeutet jedoch in hebräischer Idiomatik »alles« (da alles entweder gut oder böse ist; wer beides kennt, weiß alles). Die Frucht dieses Baumes verleiht also allgemein Erkenntnis.

10. Vers: Und es ging aus von Eden ein Strom, den Garten zu bewässern (77), und teilte sich von da (78) in vier Hauptarme (79).

77 Die ältesten Zivilisationen der Menschheit entstanden im Umkreis von Strömen. Sicher gilt das für die sumerische Zivilisation; es ist daher natürlich, einen Strom zur Bewässerung des Gartens zu haben.
Der Strom »ging aus von Eden«, aber das bedeutet nicht, daß er im Garten seinen Ursprung hatte und aus ihm herausfloß. Eden ist nicht der Garten selbst (das wird häufig verwechselt), sondern das Land, in dem der Garten lag.
Wenn wir annehmen, daß der Garten in den tieferen Teilen des Tigris-Euphrat-Tales lag, so handelt es sich bei dem Strom vermutlich entweder um den Tigris oder um den Euphrat. Natürlich fragen wir uns, welcher von beiden es ist.
Tigris und Euphrat fließen südostwärts aus ihrem Quellgebiet in der heutigen östlichen Türkei, und zwar in einem ziemlich parallelen Lauf. An einer Stelle, ungefähr 560 Kilometer vom Persischen Golf entfernt, kommen sie sich auf 40 Kilometer nahe; dann entfernen sie sich voneinander und kommen sich schließlich wieder näher.
Zur Zeit der Sumerer mündeten Euphrat und Tigris etwa 160 Kilometer voneinander entfernt in den Persischen Golf.
Zu jener Zeit erstreckte sich jedoch der Persische Golf ungefähr 280 Kilometer weiter nach Nordwesten als heute. Die Ströme führten Schlamm und Treibsand mit sich und bildeten allmählich ein Delta, das das obere Ende des engen Persischen Golfs auffüllte.
Tigris und Euphrat strömten weiter durch das sich bildende

Neuland – der Tigris nach Süden, der Euphrat nach Osten. Schließlich vereinigten sie sich zu einem einzigen großen Strom, dem Schatt el Arab, der heute 190 Kilometer lang ist. Der Schatt el Arab existierte bereits zu der Zeit, als die Juden in Babylonischer Gefangenschaft waren, nach deren Ende das Buch Genesis seine heutige Form erhielt.
Möglicherweise sahen die Verfasser der Bibel den Schatt el Arab als den Strom an, der von Eden (Sumer) ausging, durch den Garten und von dort aus in den Persischen Golf floß. Der Garten könnte dann stromabwärts gleich nach der Stelle gelegen haben, an der Tigris und Euphrat sich vereinigen.
Dieses Delta existierte noch nicht zur Zeit der Sumerer; aber die Verfasser der Bibel haben das wohl nicht gewußt.

78 Die Redewendung »und teilte sich von da« erweckt den Eindruck, daß der Strom sich teilte, nachdem er den Garten verlassen hatte. Wir nehmen es als selbstverständlich an, daß wir bei der Beschreibung eines Flußlaufs uns in der Richtung bewegen, in der das Wasser fließt. Das ist vernünftig, aber es ist kein kosmisches Gesetz.
Angenommen, wir schauen von unserem Aussichtspunkt im Garten am Oberlauf des Schatt el Arab stromaufwärts, dann sehen wir, daß der Strom sich teilt und zu zwei breiten Flüssen wird: dem Euphrat und dem Tigris.

79 Der Vers sagt weiter, daß der Strom sich in »vier Hauptarme« (das heißt vier Flüsse) teilt. Euphrat und Tigris sind aber nur zwei. Beide haben jedoch Nebenflüsse oder auch künstliche Kanäle; denn von der sumerischen Zeit an und während der ganzen biblischen Geschichte war das babylonische Gebiet kreuz und quer von Bewässerungskanälen durchzogen.

11. Vers: Der erste heißt Pischon (80), der fließt um das ganze Land Hewila (81), und dort findet man Gold (82);

80 Für den Pischon (oder Pison) kann keine Identität mit irgendeinem heute bekannten Fluß festgestellt werden. Er wird auch an keiner anderen Stelle der Bibel erwähnt.

81 Das Land Hewila kann, wie der Pischon, heute nicht mehr identifiziert werden. Es wird jedoch an anderer Stelle in der Bibel erwähnt, und zwar in einer Beschreibung des Gebietes, in welchem die ismaelitischen Stämme wohnten: »Und sie wohnten von Hewila an bis nach Schur...« (1. Mose 25,18).
Es kann als gesichert gelten, daß die Ismaeliten Stämme des nordarabischen Grenzlandes zwischen Judäa und Babylonien waren. Ohne uns zu genau festzulegen, können wir annehmen, daß Hewila irgendwo südwestlich des Euphrat-Stromes lag.
Der Pischon könnte daher ein Nebenfluß des Euphrat gewesen sein, der aus westlicher Richtung an einer Stelle oberhalb des Zusammenflusses von Euphrat und Tigris in den Euphrat mündete. Er war wohl schon in der Frühzeit kein bedeutender Strom, und bei der Austrocknung dieses Gebietes in geschichtlicher Zeit dürfte er verschwunden sein.
Vielleicht existierte er schon in biblischer Zeit nicht mehr; aber die Verfasser der Bibel hatten bei ihrer Niederschrift noch Zugang zu älteren sumerischen Schriften (bis zweitausend Jahre zurückreichend), in denen er wohl erwähnt wurde.

82 Der Hinweis auf Gold hat zu falschen Schlüssen geführt. In früheren Zeiten, in denen Indien als Inbegriff des Reichtums galt, war der Begriff Gold untrennbar mit Indien verknüpft. Folgerichtig suggerierte Hewila das Land Indien, und der Fluß Pischon den Indus.
Das ist jedoch in höchstem Maße unwahrscheinlich. Der Indus kommt in seinem Lauf nie näher als 1900 Kilometer an das Tigris-Euphrat-Tal heran. Außerdem wird Indien in der Bibel erwähnt, im Buch Esther; sein hebräischer Name ist *Hoddu* (man beachte die Ähnlichkeit mit Hindu), nicht Hewila.

12. Vers: und das Gold des Landes ist kostbar. Auch findet man da Bedolachharz (83) und den Edelstein Schoham.

83 »Bedolach« ist ein Wort hebräischen Ursprungs. Wir wissen nicht, was damit gemeint ist, aber allgemein wird angenommen, daß es sich um eine Art aromatisches Gummiharz handelt.
Die einzige andere Erwähnung des Bedolachharzes in der Bibel

finden wir in der Erzählung von der Wanderung der Juden durch die Wüste und ihrer Speisung mit dem Manna. Im Vierten Buch Mose (11,7) heißt es: »Es war aber das Manna ... anzusehen wie Bedolachharz.« Da wir die Farbe des Mannas nicht kennen, hilft uns das allerdings nicht weiter.

13. Vers: Der zweite Strom heißt Gihon (84), der fließt um das ganze Land Kusch (85).

84 Der Fluß Gihon ist, ebenso wie der Pischon, gänzlich unbekannt und wird an keiner anderen Stelle der Bibel erwähnt.

85 Der hebräische Name *Kusch* wird in der King James Bible mit »Ethiopia« übersetzt.
Es gibt in der Tat Stellen in der Bibel, wo Kusch ein Gebiet bezeichnet, das die Griechen Ethiopia nannten. Dieses Gebiet ist aber nicht identisch mit dem heutigen Äthiopien (oder Abessinien) im östlichen Zentralafrika. Das griechische Ethiopia bezeichnet das Land längs des Nil direkt südlich von Ägypten. Es wurde von den Römern Nubia genannt und ist heute der nördliche Teil des Sudan.
Wenn Kusch tatsächlich Nubien ist, dann muß es sich bei dem Fluß Gihon um den Nil handeln, der ja um dieses Land fließt oder sich durch das Land windet (eine alternierende Übersetzung des hebraischen Wortes).
Der Nilstrom kann jedoch nicht gemeint sein; denn er kommt nicht näher als 1400 Kilometer an das Tigris-Euphrat-Tal heran. Die Juden der biblischen Zeit wußten das, weil sie den Nil sehr gut kannten.
Man könnte annehmen, daß in der Frühzeit die Quellen des Tigris und des Euphrat den Völkern am Unterlauf dieser Ströme nicht genau bekannt waren und daß man die Ursprünge des Indus und des Nil überhaupt nicht kannte. Die Juden im Zeitalter der Babylonischen Gefangenschaft könnten das Quellgebiet aller vier Ströme irgendwo in Armenien und ihren gemeinsamen Ursprung als den Ort des Gartens Eden vermutet haben. Das ist jedoch eine verhältnismäßig moderne Interpretation. Nirgendwo in der alten jüdischen Literatur gibt es einen Hinweis auf diese Vorstellung.
Wenn der Gihon aber nicht der Nil ist, welcher Fluß ist er

dann? Und wo liegt er? Die Antwort mag in einer anderen Deutung des hebräischen Wortes *Kusch* zu finden sein, die sich nicht auf Ethiopia/Nubia bezieht.
Überwiegend wird das Wort *Kusch* in der Bibel als Bezeichnung eines Wüstenstammes verwendet. Es ist eine akzeptable Möglichkeit, daß es sich auf ein Land bezieht, dessen Bewohner die alten griechischen Geographen als Kossäer und moderne Historiker als Kassiten bezeichnen. Sie lebten östlich des Tigris und hatten zwischen 1600 und 1200 v. Chr. das Tigris-Euphrat-Tal erobert und beherrscht.
Der Gihon könnte daher, wenn er das Land der Kassiten durchfloß, ein Nebenfluß des Tigris gewesen sein, der aus östlicher Richtung in ihn mündete, bevor Tigris und Euphrat sich vereinigten. Wie der Pischon könnte er heute verschwunden sein.

14. Vers: Der dritte Strom heißt Tigris (86), der fließt östlich von Assyrien (87). Der vierte Strom ist der Eufrat (88).

86 Die hebräische Bezeichnung für den Tigris ist *Hiddekel*, verwandt mit dem assyrischen *i-di-ik-lat*. Im Gegensatz zum ruhigeren Euphrat ist der Hiddekel nicht schiffbar. Vielleicht gaben die Griechen ihm wegen der Gefährlichkeit und Wildheit seiner Stromschnellen den Namen Tigris (»Tiger«), unter dem er noch heute bekannt ist.

87 Die Beschreibung des Hiddekel (Tigris) als östlich von Assyrien fließend ist unrichtig; denn Assyrien beherrschte während seiner Geschichte das Land zu beiden Seiten des Stromes. Das Wort »Assyrien« ist jedoch eine Übersetzung des hebräischen *Asshur*, das nicht nur der Name für das Assyrerreich, sondern auch für seine erste Hauptstadt ist. Die Stadt Assur lag tatsächlich am westlichen Ufer des Tigris, so daß der Fluß östlich der Stadt floß.

88 Der Euphrat (hebräisch *Perat*) wird nur erwähnt. Er war den Juden zu gut bekannt, als daß eine genauere Beschreibung nötig gewesen wäre.
Wenn wir uns nun den Garten als am Oberlauf des Schatt el

Arab gelegen vorstellen und wenn wir von dort aus stromaufwärts schauen, dann sehen wir, wie der Strom sich in Euphrat und Tigris teilt, wie der Euphrat sich weiter in den Hauptstrom und (möglicherweise) den Nebenfluß Pischon teilt, während vom Tigris sich (möglicherweise) der Nebenfluß Gihon abzweigt. Von West nach Ost (oder von links nach rechts) gesehen würden wir also Pischon, Euphrat, Tigris und Gihon erkennen.

15. Vers: Und Gott der Herr nahm den Menschen und setzte ihn in den Garten Eden, daß er ihn bebaute und bewahrte (89).

89 Den Garten Eden bebauen und bewahren, das heißt ihn kultivieren, was, wie jeder Gärtner oder Obstbauer weiß, erhebliche Mühe und Sorgfalt erfordert. Man hat jedoch den Eindruck, daß der Garten Eden leichter zu pflegen war als ein heutiger Garten, daß er ein Idealgarten war, der praktisch sich selber pflegte.
Der Mensch war also ein Nahrungssammler, der die Früchte von Bäumen und anderen Pflanzen aß, die in verschwenderischer Fülle und ohne jegliche Knappheit vorhanden waren. Dieses Bild vom Beginn der menschlichen Geschichte stimmt mit den Tatsachen in etwa überein. Der *Homo sapiens* war während des größten Teils seiner Existenz Sammler pflanzlicher Nahrung, wenn er auch tierische Nahrung zu sich nahm, soweit das möglich war.

16. Vers: Und Gott der Herr gebot dem Menschen und sprach: Du darfst essen von allen Bäumen im Garten,

17. Vers: aber von dem Baum der Erkenntnis des Guten und Bösen sollst du nicht essen (90); denn an dem Tage, da du von ihm issest, mußt du des Todes sterben (91).

90 Die Festsetzung eines Verbots für eine bestimmte Handlung ist ein beliebtes folkloristisches Element, vielleicht weil sich damit die Präsenz des Bösen leicht erklären läßt. Wenn die Menschen sich gegen den Gedanken sträuben, ein allmächtiges

göttliches Wesen von unendlicher Güte könne für ein ihnen auferlegtes Übel verantwortlich sein, werden sie dazu neigen, das Böse als eine Strafe zu betrachten, die von den Menschen selbst als Folge ihrer eigenen gedankenlosen, törichten, sündhaften oder bösartigen Handlungen verursacht wird.
In der griechischen Sage erhält Pandora von den Göttern eine Büchse mit der Anweisung, sie nicht zu öffnen. Sie aber öffnet die Büchse, und alle Übel der Menschheit fliegen heraus.
Wenn die Redensart »dieses eine sollst du nicht tun« in irgendeiner Sage oder einem Märchen auftaucht, folgt unweigerlich, daß die gewarnte Person gerade das tun muß und tut. Ein Beispiel im modernen Märchen ist die Erzählung von Blaubart, der seiner Frau verbietet, während seiner Abwesenheit ein bestimmtes Zimmer zu betreten. Er zeigt ihr sogar den Schlüssel zu diesem Zimmer und gibt ihn ihr, gebietet ihr aber, den Schlüssel nicht zu gebrauchen. Kein Kind wird wahrscheinlich überrascht sein, daß Blaubarts Frau es kaum erwarten kann, bis ihr Mann außer Sicht ist, um sofort den Schlüssel auszuprobieren.
Im P-Dokument gibt Gott die ganze pflanzliche Welt der tierischen Welt als Nahrung. Er macht keine Ausnahme und gibt kein Verbot.

91 Aus dem Wortlaut des Verses könnte man schließen, daß die Früchte vom Baum der Erkenntnis ein todbringendes Gift enthalten, das den Menschen tötet, der davon ißt.
Es zeigt sich, daß dies nicht der Fall ist; aber man kann den Vers in einem weniger buchstäblichen Sinn interpretieren. Die Frucht mag den Menschen geistig töten, indem sie seine Unschuld zerstört und die Sünde auf ihn überträgt. Oder aber der Genuß der Frucht könnte ihn sterblich machen. Er wird zwar nicht in dem Augenblick sterben, in dem er davon ißt; aber er wird von diesem Augenblick an wissen, daß er eines Tages sterben wird.
Die Folgerung wäre, daß der Mensch, wenn er sich des Genusses enthält, nicht sterben wird, daß er unsterblich ist. Dafür gibt es in der Geschichte der Menschheit keine wissenschaftliche Grundlage. Es hat nie eine Zeit gegeben, in der menschliche Wesen oder überhaupt eine vielzellige Kreatur unsterblich waren.

Trotzdem ist der Traum von der Unsterblichkeit in der Geschichte der Menschheit immer lebendig gewesen, und es hat immer Sagen gegeben, in denen der Mensch Unsterblichkeit erlangt und wieder verloren hat.

So sucht Gilgamesch nach der Unsterblichkeit, und es gelingt ihm, einen Zweig eines Baumes zu gewinnen, der auf dem Grund des Meeres wächst, einen Zweig, der die Kraft hat, die Jugend wiederzugeben. (Der »Baum des Lebens«, der im Garten wächst, mag von dieser Sage herrühren.)

Aber dann fällt Gilgamesch in Schlaf, und während er schläft, wird der Zweig der Unsterblichkeit von einer Schlange gestohlen.

Warum von einer Schlange? Zum einen gleiten Schlangen leicht und unbemerkt durch das Gesträuch, so daß sie hervorragende Anschleichdiebe sind. Und zweitens häuten Schlangen sich; sie streifen die äußerste tote Hautschicht in einem Stück ab. Die neue Schicht der Schlangenhaut unter der abgestreiften Haut ist hell und glänzend.

Schlangen haben eine normale Lebensdauer; sie verjüngen sich ebensowenig wie andere Lebewesen, und sie sterben schließlich. Für den flüchtigen Beobachter jedoch, der nur geringe biologische Kenntnisse besaß, mußte es so aussehen, als ob die Schlange, die nach dem Häuten eine neue glänzende Haut bekam, sich verjüngt hatte. Die Schlange mußte also irgendeinen magischen Zauber besitzen, den die Menschen nicht besaßen – weil Gilgamesch ihn an die Schlange verloren hatte.

Der Gehorsamkeitstest, der bei Versagen den Verlust der Unsterblichkeit nach sich zieht, könnte irgend etwas Beliebiges sein. Warum wählt die Bibel gerade die Frucht vom Baum der Erkenntnis?

Daß Wissen gefährlich ist, ist eine so allgemein akzeptierte Vorstellung, daß man fast von einem Gemeinplatz sprechen könnte. Menschen sind unschuldig und tugendhaft, solange sie unwissend sind. Das Erlangen von Wissen bringt Versuchungen und Risiken mit sich, die Sünde und Zerstörung zur Folge haben. Wir kennen alle das Schema vom unverdorbenen Dorfburschen und vom gerissenen Gassenjungen.

Und wir alle trauern, verwirrt von einer sich ständig ändernden Welt, den alten und besseren Zeiten nach, die noch nicht von all diesen »neumodischen« Dingen verdorben waren.

Thomas Grey schrieb 1742 ein Gedicht über spielende Jungen am Eton College – so glücklich und ohne den Kummer und die Sorgen, die das Erwachsensein ihnen bringen würde: »Wo Unverstand ein Segen, ist's töricht, weise zu sein.«
Die Bibel sagt: »Denn wo Weisheit ist, da ist viel Grauen, und wer viel lernt, der muß viel leiden« (Pred 1,18).

18. Vers: Und Gott der Herr sprach: Es ist nicht gut, daß der Mensch allein sei (92); ich will ihm eine Gehilfin machen, die um ihn sei (93).

92 Im Schöpfungsbericht des P-Dokuments werden die Menschen in zwei Geschlechtern erschaffen (»und schuf sie als Mann und Weib«). Im Bericht des J-Dokuments wird ein einzelner Mensch erschaffen, nicht Mann und Weib. Die Tiere waren noch nicht erschaffen. Der Mensch ist das einzige Lebewesen in der Welt, außer den Pflanzen im Garten. Jedenfalls wird nichts anderes im J-Dokument erwähnt.

93 Die Sentenz »ich will ihm eine Gehilfin machen, die um ihn sei« wirkt ein wenig archaisch. Revidierte Bibelfassungen sprechen häufig von einer »Hilfe, die ihm entspricht«. In moderner Ausdrucksweise könnte man sagen: Ich will ihm einen Freund und Partner geben.

19. Vers: Und Gott der Herr machte aus Erde alle die Tiere auf dem Felde und alle die Vögel unter dem Himmel (94) und brachte sie zu dem Menschen (95), daß er sähe, wie er sie nennte (96); denn wie der Mensch jedes Tier nennen würde, so sollte es heißen (97).

94 Erst jetzt wird nach dem Schöpfungsbericht des J-Dokuments die animalische Welt insgesamt erschaffen. Auch in dieser Beziehung ist der Bericht primitiver als der des P-Dokuments, in dem zuerst die Tierwelt erschaffen wird und dann der Mensch als ihre Krönung. Sicherlich kommt das P-Dokument der Evolutionstheorie von der Geschichte der Menschheit näher.
Außerdem wird Gott hier wieder (wenn man die Worte des

Verses buchstäblich nimmt) so dargestellt, als formte er jedes Tier aus Lehm (Erde, Staub) wie ein Töpfer.
Nicht erwähnt wird im Schöpfungsbericht des J-Dokuments übrigens die Erschaffung der Meerestiere. Das J-Dokument beschränkt sich ausschließlich auf den Bereich des trockenen Landes.

95 Hier wird in der King James Bible der Mensch erstmals als »Adam« bezeichnet, als wäre das sein persönlicher Name. Im hebräischen Text heißt es von Anfang an *Adam*, denn das Wort bedeutet nichts anderes als »der Mensch«. Die Übersetzung Luthers spricht in diesem und in mehreren folgenden Versen weiterhin von dem »Menschen«.

96 In den meisten Kulturen neigt man dazu, zwischen Namen und Dingen nicht genau zu unterscheiden. Wenn man einen Namen kennt und ihn nach Belieben aussprechen kann, hat man Macht über ihn und damit auch über die Sache, die er repräsentiert. Aus diesem Grunde muß man im Gebrauch von Namen vorsichtig sein, vor allem von Namen bedeutender Menschen, die verärgert sein könnten, wenn man sich anmaßt, Macht über sie gewinnen zu wollen.
Während zum Beispiel in unserer Kultur der Familienname zum allgemeinen Gebrauch bestimmt ist, bleibt der Vorname für Freunde, Verwandte und solche Menschen reserviert, die auf die eine oder andere Weise Macht über uns ausüben. Selbst der demokratischste Mensch unter uns würde es übelnehmen, wenn er von einem Untergebenen, einem Kind oder einem flüchtigen Bekannten mit dem Vornamen angesprochen würde.
In manchen Kulturen werden private Namen geheimgehalten. Nur öffentliche, »unechte« Namen werden gebraucht, so daß niemand Macht über eine Person gewinnen kann.
Hohe Amtsvertreter dürfen in ihrer amtlichen Eigenschaft nicht mit dem Namen angesprochen werden, sondern nur mit einem Ehrentitel, zum Beispiel »Herr Präsident«, »Ehrwürden«, »Majestät«. Gott im besonderen darf niemals beim Namen genannt werden. Selbst bei der Nennung »Gott der Herr« gilt es vorsichtig zu sein. Jede gleichgültige Erwähnung Gottes oder die Nennung seines Namens unter unschicklichen Bedingungen, als Fluchwort etwa, oder, am schlimmsten von allen:

ein Meineid in seinem Namen – all das ist Blasphemie. (»Du sollst den Namen des Herrn, deines Gottes, nicht mißbrauchen.«)
Wenn daher die Tiere zum Menschen gebracht werden, um von ihm benannt zu werden, werden sie damit in die Macht des Menschen und der Menschheit allgemein gegeben. Das ist eine primitivere Version der Passage im Schöpfungsbericht des P-Dokuments, in welcher Gott allein durch die Kraft seines Wortes den Menschen Macht über alle anderen Lebewesen verleiht.

97 Dieser Passus bestärkt die Auffassung, daß es »natürliche« Namen für Dinge gibt und daß es eine Sprache (vermutlich die hebräische) gibt, die die »natürliche« Sprache ist. Das geht so weit, daß manche Menschen die abergläubische Vorstellung haben, daß eine tote Sprache, die in einer religiösen Liturgie weiterlebt (Hebräisch in der jüdischen, Latein in der römisch-katholischen Liturgie) diesem Gebrauch vorbehalten und nicht durch gewöhnlichen Gebrauch profaniert werden sollte.

20. Vers: Und der Mensch gab einem jeden Vieh und Vogel unter dem Himmel und Tier auf dem Felde seinen Namen; aber für den Menschen ward keine Gehilfin gefunden, die um ihn wäre (98).

98 Wenn wir den letzten Abschnitt des Verses so verstehen, daß unter allen Tieren des Landes und in der Luft keines als geeigneter Partner für den Menschen angesehen wurde, dann kann das nur den Sinn haben, daß keines für diesen Zweck intelligent genug war. Auch hier verrät sich die primitive Betrachtungsweise des J-Dokuments. Gott der Herr experimentiert. Erst nachdem er die Tiere getestet hat, kommt er zu dem Schluß, daß nur ein anderes menschliches Wesen die für einen Gefährten des Menschen erforderliche Intelligenz haben kann. Der Gott des P-Dokuments ist nie gezwungen zu experimentieren. In seiner Allwissenheit erschafft er das Universum so, wie es sein soll.
Wenn wir unter »Gehilfin« das »Weib« verstehen, erhalten wir hier das skurrile Bild, wie Gott der Herr alle Tiere zum Menschen bringt, um zu sehen, ob eines von ihnen als Weib für ihn geeignet ist. Man sollte meinen, daß eine solche Vorstellung

völlig absurd ist, auch für den, der gewohnt ist, die Bibel wörtlich zu nehmen.

21. Vers: Da ließ Gott der Herr einen tiefen Schlaf fallen auf den Menschen, und er schlief ein (99). Und er nahm eine seiner Rippen und schloß die Stelle mit Fleisch.

99 Diese Stelle hat eine interessante Beziehung zur Geschichte der Wissenschaft. Als Mitte des 19. Jahrhunderts die Anästhesie eingeführt wurde, gab es Widerstand dagegen, weil man in gewissen kirchlichen Kreisen die Reduzierung des Schmerzes als einen blasphemischen Versuch ansah, eine der den Menschen von Gott auferlegten Strafen aufzuheben. Ärzte führten damals diesen Vers als Beweis dafür an, daß Gott selbst sich in einem zweckdienlichen Fall der Anästhesie bedient hatte.
Das war zwar ein nicht ganz überzeugendes Argument; denn Gott wendete das Mittel der Anästhesie an, bevor der Mensch den Gehorsam verweigert hatte. Die Strafe des Schmerzes und anderer Unannehmlichkeiten wurde erst danach verhängt. Immerhin trug der Vers dazu bei, die Einführung der Anästhesie zu erleichtern.

22. Vers: Und Gott der Herr baute ein Weib aus der Rippe, die er von dem Menschen nahm, und brachte sie zu ihm (100).

100 Gott bildet den Gefährten nicht als einen gleichen Menschen, sondern als einen modifizierten, nämlich als eine Frau. Das ist gleichzusetzen mit der Erschaffung des Geschlechtes im Schöpfungsbericht des J-Dokuments. Vermutlich erhalten jetzt, obwohl das nicht ausdrücklich erwähnt wird, auch alle Tiere ihre weiblichen Partner. Schließlich würde Gott, wenn er schon bei der Erschaffung der Tiere auch die weiblichen Partner erschaffen hätte, nicht einen Augenblick gerätselt haben, wo er den passenden Gefährten für den Menschen finden könnte.
Der Schöpfungsbericht des P-Dokuments beschreibt die Erschaffung beider Geschlechter als gleichzeitigen Vorgang. Das wird ausdrücklich im Falle des Menschen festgestellt. Für die

übrige Tierwelt ist es in der allgemeinen Weisung inbegriffen: »Seid fruchtbar und mehret euch.«
Die Erzählung des J-Dokuments ist jedoch farbiger und interessanter. Die meisten Bibelleser ignorieren den abstrakten Bericht des P-Dokuments und halten sich an die Aussage, daß die Frau nach dem Manne und dazu noch aus einem Teil des Mannes geschaffen ist.
Das ist wichtig, weil es die Meinung bestärkt, daß die Frau ein subsidiäres Wesen ist, geschaffen aus einem nachträglichen Gedanken Gottes als eine Gefährtin des Mannes – daß sie nicht mehr ist als ein Anhängsel, eine Rippe, die menschliche Form erhalten hat.
Wenn im Schöpfungsbericht des P-Dokuments die Frau nach dem Manne erschaffen worden wäre, würde das bedeuten, daß sie dem Manne überlegen ist; denn im P-Dokument bewegt sich die Schöpfung von unten nach oben. Das beste und wichtigste Werk kommt als letztes. Im J-Dokument ist die Reihenfolge umgekehrt: Die besten und wichtigsten Dinge kommen zuerst; Pflanzen und Tiere werden nach dem Menschen erschaffen. Da die Frau als letztes Wesen überhaupt erschaffen wird, scheint ihr das den Stempel besonderer Inferiorität aufzudrücken.
Es gibt, um auch das zu erwähnen, geistreiche Interpretationen, nach denen im J-Dokument geschlechtliche Gleichwertigkeit verkündet wird. Aber in den vergangenen zweitausend Jahren und auch in der Zeit davor sind die Frauen ständig unter Berufung auf die Autorität der Bibel als das zweitrangige Geschlecht betrachtet worden. Man braucht nur Miltons großes Epos vom »Verlorenen Paradies« zu lesen, um dieser Art schamlosen männlichen Chauvinismus wieder zu begegnen.
Es ist in diesem Falle das P-Dokument, das der wissenschaftlichen Auffassung von der Geschichte des Lebens näher kommt. Geschlechtliche Reproduktion ist mindestens eine Milliarde Jahre alt, wenn nicht noch älter, und die Trennung von Geschlechtern in getrennte Individuen ist wahrscheinlich ebenso alt. In dieser Trennung hat weder das männliche noch das weibliche Geschlecht Priorität.
Bei manchen Arten, vor allem unter Säugetieren, ist das Männchen größer und stärker als das Weibchen und kann somit eine beherrschende Rolle spielen. Das gilt jedoch nicht für alle Tier-

arten, auch nicht für alle Arten der Säugetiere.
Physiologisch gibt es gute Gründe für das Argument, daß das Weibchen die wichtigere Funktion hat. Bei den Säugetieren wird im Körper des Weibchens der Embryo entwickelt. Während männliche und weibliche Tiere in gleicher Weise zur genetischen Ausstattung der Jungen beitragen, hat das Weibchen für die Ernährung im Anfangsstadium zu sorgen und übernimmt, wo es erforderlich ist, die postnatale Pflege.

23. Vers: Da sprach der Mensch: Das ist doch Bein von meinem Bein und Fleisch von meinem Fleisch (101); man wird sie Männin nennen, weil sie vom Manne genommen ist (102).

101 Die Bildung der Frau aus der Rippe hat eine entfernte Ähnlichkeit mit dem, was wir heute als »klonen« bezeichnen (das Auslesen der aus vegetativer Vermehrung einer Pflanze hervorgegangenen Nachkommenschaft).
Natürlich hat das, was Gott nach Aussage der Bibel tut, eine übernatürliche Qualität, die nicht mit einer menschlichen Verfahrensweise vergleichbar ist. Durch »Klonen« würde infolge des genetischen Charakters der beteiligten Zellen mit Sicherheit keine Änderung des Geschlechts erreicht.

102 »Mann« ist hier eine Übersetzung des hebräischen Wortes *ish*, das sich spezifisch auf das männliche Exemplar der Gattung bezieht, während *adam* – wie gesagt – eine mehr generelle Bezeichnung des »menschlichen Wesens« ist. *Ishshah* ist die weibliche Form von *ish*. Die von Luther gewählte Übersetzung »Männin« ist der Versuch, dieses hebräische Wortspiel wiederzugeben.
Die Tatsache, daß der Mann der Frau einen Namen gibt, ist ein weiterer Hinweis auf seine Herrschaft über sie.

24. Vers: Darum wird ein Mann seinen Vater und seine Mutter verlassen und seinem Weibe anhangen (103), und sie werden sein ein Fleisch.

103 Dieser Vers kann als Begründung für die Feststellung herangezogen werden, daß Monogamie die natürliche und ur-

sprüngliche Form menschlichen Zusammenlebens sei. Immerhin ist hier von »Weib« und nicht von »Weibern« die Rede. Es ist sehr wahrscheinlich, daß eine monogame Beziehung unter Menschen immer die Norm war; denn es wird immer die ungefähr gleiche Anzahl Menschen männlichen und weiblichen Geschlechts geboren. Wenn also manche Männer polygam sind, müssen entweder andere Männer ohne Frau leben oder manche Frauen polyandrisch sein.
Ob aber die Monogamie die »natürliche« Form des Zusammenlebens ist, muß bezweifelt werden. Manche Arten von Primaten sind polygam, und auch in der Geschichte der Menschheit hat es manche Kulturvölker gegeben, in der der Reichtum und die Macht eines Mannes danach bewertet wurden, wie viele Frauen er sich leisten konnte. Auch wo Monogamie durch Sitte und Gesetz vorgeschrieben ist, scheint es fast unmöglich zu sein, Ehebruch, Promiskuität und Prostitution völlig zu unterbinden.
Monogamie mag erstrebenswert sein, aber das bedeutet nicht, daß sie natürlich ist.

25. Vers: Und sie waren beide nackt, der Mensch und sein Weib, und schämten sich nicht (104).

104 Die Menschen sind die einzigen tierischen Wesen, die bewußt ihren Körper aus Gründen des »Schamgefühls« mit fremden Stoffen bedecken. Andere Tiere mögen sich zur Abkühlung mit Schlamm bedecken oder aus Sicherheitsgründen eine Schale mit sich tragen, aber nur der Mensch ist, soweit wir wissen, schamhaft.
Wir wissen nicht mit Sicherheit, in welchem Stadium des Evolutionsprozesses der Menschheit der Gebrauch der Kleidung üblich wurde. Vieles spricht für die Vermutung, daß Kleidung zunächst zum Schutz empfindlicher Körperteile wie der Genitalien vor Berührung mit der rauhen Umwelt getragen wurde. (Als die Menschen den aufrechten Gang annahmen, waren die Genitalzonen stärker exponiert als vorher.)
Die Kleidung wird schwerer und umhüllender geworden sein, als die Menschen in kältere Klimagebiete vordrangen.
Bekleidung aus Gründen der Scham (oder der Schamlosigkeit, wenn Kleidungsstücke zur Betonung der Sexualzonen verwen-

det werden), dürfte als Nebenprodukt aus diesem Zweckmäßigkeitsursprung entstanden sein.
Übrigens gibt es noch heute primitive Kulturen, in denen Nacktheit nicht als anstößig gilt, und das gilt auch für manche hochentwickelte Zivilisationen wie zum Beispiel die japanische. Auch in vielen westlichen Ländern gewinnt die Nudistenbewegung an Bedeutung.
Man kann sicherlich davon ausgehen, daß in der Frühgeschichte der Menschheit ein Schamgefühl nicht existierte. Diese biblische Aussage ist also wissenschaftlich durchaus begründet.
Und mit diesem Vers endet der Schöpfungsbericht des J-Dokuments.

Kapitel 3 (105)

1. Vers: Aber die Schlange (106) war listiger (107) als alle Tiere auf dem Felde, die Gott der Herr gemacht hatte (108), und sprach (109) zu dem Weibe: Ja, sollte Gott gesagt haben: ihr sollt nicht essen von allen Bäumen im Garten (110)?

105 Hier beginnt ein neues Kapitel. Das ist sinnvoll, weil jetzt die Berichte von der Schöpfung beendet sind und die Urgeschichte der Menschheit beginnt.
Es gibt keinen Hinweis darauf, wieviel Zeit seit der Erschaffung der Frau vergangen ist. Wir wissen nicht, ob Kapitel 3 einen Tag oder hundert Jahre nach Abschluß des Kapitels 2 beginnt. Für den Ablauf der Erzählung ist das ohne Bedeutung; aber das Fehlen aller Zeitbeziehungen ist dennoch störend – zumindest für Menschen späterer Zeitalter, die dem chronologischen Ablauf der Geschichte erhebliche Bedeutung beizumessen pflegen.

106 Die Schlange wird in die Erzählung eingeführt. Offenbar ist die jetzt beginnende Geschichte eine Abwandlung des im Gilgamesch-Epos berichteten Vorgangs, wie die Schlange ihre Unsterblichkeit gewann und die Menschen die ihre verloren.

107 Hier findet man in deutschen und englischen Übersetzungen unterschiedlich nuancierte Charakterisierungen der Schlange. Sie wird »listiger«, »schlauer«, »geschickter«, »heimtückischer« als andere Tiere genannt.

108 In Wirklichkeit ist die Schlange kein intelligentes Tier. Sie ist ein Reptil, und Reptile sind im allgemeinen weniger intelligent als Säugetiere. Die Schlange erscheint jedoch heimtükkisch, weil sie lautlos durch das Gestrüpp gleitet und angreifen kann, bevor man sie sieht. Und sie kann einen Verfolger leicht abschütteln, indem sie rasch in einer schmalen Öffnung verschwindet. Wenn das auch nichts mit Intelligenz zu tun hat, so ist es doch ein nützlicher Ersatz dafür.
Einen Hinweis auf die Intelligenz der Schlange finden wir auch im Neuen Testament, wenn Jesus seine Apostel ermahnt: »Siehe, ich sende euch wie Schafe mitten unter die Wölfe. Darum seid klug wie die Schlangen und ohne Falsch wie die Tauben« (Mt 10,16).

109 Die Schlange spricht. Das ist in sich schon ein Zeichen für den primitiven Charakter der Geschichte vom Garten Eden. Es gibt nur noch eine einzige andere Stelle in der Bibel, an der ein Tier spricht, und zwar in der Erzählung von der Eselin des Bileam (4. Mose 22, 28–30).
Andererseits könnte es bedeuten, daß diese Schlange mehr ist als eine gewöhnliche Schlange.

110 Die Frau war nicht der eigentliche Adressat des Verbotes Gottes; es wurde vielmehr dem Mann erteilt, noch bevor die Frau erschaffen war. Man könnte zwar argumentieren, daß sie ein Teil des Leibes Adams war; aber das wäre die gleiche Art von Argument wie in dem Spruch: »In Adams Fall wir sündigten all« – daß also Adams Sündenfall sich auf alle seine ungeborenen Nachkommen erstreckte. Dieses Argument ist keineswegs einleuchtend, und es wird auch nicht allgemein akzeptiert.
Gott könnte das Verbot Eva gegenüber wiederholt haben, doch die Bibel erwähnt nichts davon. Wahrscheinlicher ist, daß der Mann ihr davon erzählt hat. Ein solches Verbot aus zweiter Hand ist niemals so stark und überzeugend wie ein direktes

Verbot. Man könnte darin einen mildernden Umstand für die Frau sehen; aber so wurde die Sache weder von Gott gesehen noch von den religiösen Eiferern, die seit Tausenden von Jahren den Frauen bittere Vorwürfe machen, daß sie – als Nachkommen der Urfrau Eva – die Hauptverantwortlichen für den Fall des Menschen und für den Verlust der Unsterblichkeit und der Unschuld sind.

2. Vers: Da sprach das Weib zu der Schlange: Wir essen von den Früchten der Bäume im Garten;
3. Vers: aber von den Früchten des Baumes mitten im Garten hat Gott gesagt: Esset nicht davon, rühret sie auch nicht an (111), daß ihr nicht sterbet!

111 Hier erweitert und verdreht die Frau die Anweisungen Gottes des Herrn. Gott verbot nur das Essen der Früchte und sagte überhaupt nichts von ihrer Berührung.
Einige rabbinische Kommentatoren vertreten die Auffassung, daß dieses Verdrehen der Worte Gottes die Grundsünde war, die zu allen anderen führte. Nach ihrer Darstellung schob die Schlange, als sie die Version der Frau von dem Verbot hörte, die Frau gegen den Baum, und als die Frau keinen Schaden durch die Berührung erlitt, war sie bereit, der Schlange Glauben zu schenken.
Andererseits könnte man, wie gesagt, annehmen, daß die Frau nur indirekt, aus der Erzählung des Mannes, von dem Verbot wußte. Dann wäre es auch vorstellbar, daß der Mann von sich aus die Anweisungen verdrehte.

4. Vers: Da sprach die Schlange zum Weibe: Ihr werdet keineswegs des Todes sterben (112),

112 Die Schlange widerspricht Gott. Warum?
Dafür scheint es kein Motiv zu geben. Doch die Tatsache allein gibt uns Grund zu dem Verdacht, daß sie das Prinzip des Chaos vertreten könnte. Im babylonischen Schöpfungsmythos wird Tiamat, die Personifizierung des Chaos, als ein Drache beschrieben. Ein Drache ist seiner Natur nach eine riesige Schlange, manchmal mit Flügeln dargestellt (vielleicht um die Geschmeidigkeit des Gleitens anzudeuten) und mit feurigen Au-

gen (als Sinnbild ihres Giftes).
Jesaja nennt die Verkörperungen des Chaos, wenn er den Sieg Gottes über die Kräfte der Zerstörung verheißt: »Zu der Zeit wird der Herr heimsuchen mit seinem harten, großen und starken Schwert den Leviatan, die flüchtige Schlange, und den Leviatan, die gewundene Schlange, und wird den Drachen im Meer töten« (Jes 27,1).
In späteren Zeiten, als Judäa eine Provinz des Perserreiches war, übernahmen die Juden die Vorstellungen von dem ewigen Konflikt zwischen den Prinzipien des Guten und des Bösen und gaben die Idee eines seit Beginn gesicherten Sieges des Guten auf.
Satans Existenz fand Eingang in das jüdische Gedankengut. Er verkörpert den ewigen Anti-Gott, der ständig bemüht ist, das Werk der Schöpfung zu vernichten und das Chaos wiederherzustellen. Ständige Wachsamkeit war geboten, um das zu verhindern. Damals kam der Gedanke auf, daß die Schlange in Wirklichkeit die Verkörperung Satans war – eine Vorstellung, die Milton in seinem Epos »Das verlorene Paradies« mit genialer Einbildungskraft anschaulich macht.
Es gibt jedoch in der biblischen Erzählung vom Garten Eden keinerlei Hinweis darauf. Die Idee vom Satan als Widersacher Gottes scheint eine Erfindung späterer Zeiten zu sein.

5. Vers: sondern Gott weiß: an dem Tage, da ihr davon esset, werden eure Augen aufgetan, und ihr werdet sein wie Gott (113) und wissen, was gut und böse ist.

113 Hier ist wieder ein entfernter Anklang an das Gilgamesch-Epos zu spüren. Eine Gestalt in diesem Epos ist Enkidu, ein wilder Barbar, den Gilgamesch zähmen muß. Gilgamesch bedient sich zu diesem Zweck einer Dirne. Sie versucht, Enkidu mit ihrem schönen Körper und mit süßen Worten zu verführen: »Du bist schön, Enkidu; du bist wie ein Gott.« Sie erreicht ihr Ziel; und das gelingt auch der Schlange, die der Frau verheißt, sie werde sein wie Gott.

6. Vers: Und das Weib sah, daß von dem Baum gut zu essen wäre und daß er eine Lust für die Augen wäre und verlockend, weil er klug machte. Und sie nahm von der Frucht (114) und aß und gab ihrem Mann, der bei ihr war, auch davon, und er aß.

114 Die Art der Frucht wird nicht erwähnt. Nach der Tradition des Abendlandes soll sie ein Apfel gewesen sein; aber das wird in der Bibel nirgendwo bestätigt. Äpfel gab es nicht überall, und es ist ungewiß, ob sie überhaupt im alten Palästina bekannt waren. Wenn wir den Baum der Erkenntnis als Realität nehmen wollen, müssen wir ihn als etwas Einmaliges sehen, was nirgendwo sonst existiert haben könnte als im Garten Eden. Seine Frucht würde den Menschen unbekannt sein, abgesehen von dem einen Exemplar, das aus Ungehorsam gegessen wurde.
Vom prosaischen Standpunkt der modernen Wissenschaft aus ist die Erzählung eine Legende und nicht mehr. Die Art der Frucht ist daher völlig unwichtig.

7. Vers: Da wurden ihnen beiden die Augen aufgetan, und sie wurden gewahr, daß sie nackt waren, und flochten Feigenblätter zusammen und machten sich Schurze (115).

115 Der Verlust der Unschuld zog die Scham nach sich, und Mann und Frau suchten ihre Genitalien zu bedecken, indem sie sich behelfsmäßige Lendentücher (»Schurze«) machten. Dieser Vers gab den Vorwand für die kirchliche Forderung, die Genitalien bei männlichen Statuen mit geschnitzten oder gemeißelten Blättern (gewöhnlich als Feigenblätter ausgebildet) zu verhüllen. Die heidnischen Griechen hatten keinen Vorbehalt gegen die Darstellung des nackten Menschen.

8. Vers: Und sie hörten Gott den Herrn, wie er im Garten ging, als der Tag kühl geworden war. Und Adam versteckte sich mit seinem Weibe vor dem Angesicht Gottes des Herrn unter den Bäumen im Garten.

9. Vers: Und Gott der Herr rief Adam und sprach zu ihm: Wo bist du?

10. Vers: Und er sprach: Ich hörte dich im Garten und fürchtete mich; denn ich bin nackt, darum versteckte ich mich.

11. Vers: Und er sprach: Wer hat dir gesagt, daß du nackt bist? Hast du nicht gegessen von dem Baum, von dem ich dir gebot, du sollstest nicht davon essen (116)?

116 Dieser Teil der Geschichte ist wirklich primitiv. Gott geht durch den Garten; er macht einen Erholungsspaziergang, wenn ein kühles Lüftchen weht, so wie ein Mensch das tun würde. Der Mann und seine Frau verstecken sich, und Gott muß nach ihnen rufen. Gott muß fragen, ob sie ungehorsam waren – als ob er nicht allwissend wäre.
Spätere Kommentatoren versuchten diese Dinge auf vielerlei Weise zu erklären: Der Mann und seine Frau verstecken sich, weil sie sich der Kräfte Gottes nicht bewußt sind; Gott stellt seine Frage nur, weil er ein offenes Bekenntnis will, und ähnliches.
In Mythen der Frühzeit waren die göttlichen Wesen jedoch nicht immer allwissend, ja, manchmal waren sie nicht einmal besonders gescheit. Manchmal konnte ein cleverer Mensch einen Gott austricksen. Vielleicht haben die Zuhörer zu der Zeit, als die Geschichte erstmals erzählt wurde, mit Spannung darauf gewartet, ob es dem Menschen wohl gelingen werde, sich aus der Klemme herauszulavieren.

12. Vers: Da sprach Adam: Das Weib, das du mir zugesellt hast, gab mir von dem Baum, und ich aß.

13. Vers: Da sprach Gott der Herr zum Weibe: Warum hast du das getan? Das Weib sprach: Die Schlange betrog mich, so daß ich aß.

14. Vers: Da sprach Gott der Herr zu der Schlange: Weil du das getan hast, seist du verflucht (117), verstoßen aus allem Vieh und allen Tieren auf dem Felde. Auf deinem Bauche sollst du kriechen (118) und Erde fressen dein Leben lang (119).

117 Gott fragt die Schlange nicht nach einer Erklärung, sondern verdammt sie ohne Anhörung. Vielleicht läßt sich das damit erklären, daß dies die Version des J-Dokuments vom Kampf zwischen Gott und dem Chaos ist.
Im P-Dokument wurde der Kampf durch einen endgültigen Sieg Gottes entschieden, vollständig und augenblicklich, als das Licht erschaffen war und die Finsternis auf Gottes Wort hin wich.
Im J-Dokument gewinnt Gott den Kampf ebenfalls durch ein bloßes Wort – in Form eines Fluches –, aber erst, nachdem das Chaos bereits seinen Sieg errungen hatte, indem es den ursprünglichen Plan für das Leben des Mannes und seiner Frau im Garten durchkreuzte. Spätere Kommentatoren suchten diesen Anschein einer, wenn auch kleinen, Teilniederlage Gottes zu vermeiden, indem sie die Versuchung und den Fall des Menschen als Teil des ursprünglichen Planes Gottes hinstellten. Aber es gibt im Alten Testament nirgends eine eindeutige Rechtfertigung für eine solche Interpretation.

118 An keiner Stelle sagt die Bibel, daß die Schlange sich auf Beinen bewegte. Der Fluch könnte wohl bedeuten, daß die ohne Beine erschaffene Schlange nun für alle Zeit auf sie verzichten mußte und jede Chance verwirkt hatte, sie eines Tages als Belohnung für gutes Verhalten doch noch zu bekommen.
Das ist jedoch nicht die übliche Interpretation dieses Verses. Fast ausnahmslos wird angenommen, daß die Schlange sich auf Beinen fortbewegte, bis der Fluch sie zwang, auf ihrem Bauch zu kriechen.
In einer Weise ist diese Erklärung stichhaltig. Die Wissenschaft hat klar bewiesen, daß die Schlangen von vierfüßigen Reptilien abstammen. Seit mindestens fünfundsiebzig Millionen Jahren existieren Schlangen ohne Beine. Das ist natürlich nicht auf einen Fluch zurückzuführen, wie sehr diese Erklärung dem Menschen auch einleuchtend erscheinen mochte. Die langen, dünnen Schlangenkörper, ihre Fähigkeit, sich in engen Spalten zu verstecken und sich unbemerkt anzuschleichen, haben sie zur erfolgreichsten Gruppe unter den heute lebenden Reptilien auf der Erde gemacht.
Eine mögliche Quelle für die Erzählung vom Fluch finden wir wieder bei dem babylonischen Drachen des Chaos. Babylon

galt zur Zeit des Babylonischen Exils der Juden als die ruhmvollste und größte Stadt der Welt. Ihre Mauern waren gewaltig und mächtig, und das Tor der Ischtar, der Haupteingang in die Stadt, war mit Reliefs von Löwen, Stieren und Drachen verziert, die der Stadt ihre symbolische Kraft verleihen sollten.
Die Bilder vom Drachen, *sirrusch* genannt, könnten sehr wohl den Drachen des Chaos darstellen. Manche dieser Reliefs sind noch heute an den Ruinen der Mauern zu sehen. Rücken, Nakken und Schwanz des *sirrusch* sind deutlich reptilienhaft, obwohl er ein Vierfüßler ist wie Löwe und Stier. Verdeckt man die Beine des *sirrusch*, zeigt sich klar das Bild der Schlange. Der Drachen des Chaos, durch den Fluch seiner Beine beraubt, wird zur Schlange.

119 Schlangen fressen natürlich keine Erde. Sie sind Fleischfresser. Das Bild der Staub leckenden Schlange ist eine optische Täuschung, die sich aus der Haltung des Kopfes nah am Boden und den schnellenden Bewegungen der wärmeempfindlichen Zunge ergibt – ein Schnellen, das nicht dem Auflecken von Erdenstaub dient, sondern dem Aufspüren warmblütiger Beute.

15. Vers: Und ich will Feindschaft setzen zwischen dir und dem Weibe und zwischen deinem Nachkommen und ihrem Nachkommen (120); der soll dir den Kopf zertreten, und du wirst ihn in die Ferse stechen (121).

120 Viele Menschen scheinen einen Abscheu gegen Schlangen zu haben. Nach meiner persönlichen Meinung sind wir so sehr daran gewöhnt, Tiere und Vögel in den Bäumen, in der Luft und ziemlich deutlich über dem Boden zu sehen, daß wir am Boden selbst gewöhnlich nicht nach größeren Tieren als Insekten Ausschau halten. Wenn daher dort eine Schlange in unserem Gesichtsfeld aufkreuzt, werden wir uns einer plötzlichen Bewegung bewußt, die wir nicht erwarten, und wir reagieren darauf mit Erschrecken.
Wenn Schlangen in zoologischen Gärten zur Schau gestellt werden, betrachten wir sie mit Gleichmut; selbst Kinder werden von ihnen fasziniert.

121 Dieser Abschnitt des Verses scheint wörtlich genommen durchaus sinnvoll zu sein. Ein Mensch, der eine Schlange zu töten versucht, wird sicherlich nach dem Kopf zielen. Eine auf dem Boden gleitende Schlange, die einen stehenden Menschen angreifen will, wird wahrscheinlich ihre Zähne in seine Ferse schlagen. Es sieht wie ein ungleicher Kampf aus, wenn der Mensch ein lebenswichtiges Organ der Schlange trifft, während der Schlange keine gleichwertige Waffe zur Verfügung steht. Ein Sieg des Menschen ist vorgezeichnet. Ist die Schlange dagegen giftig, sehen die Chancen anders aus. Ein Biß in die Ferse kann dann durchaus tödlich sein.
Die offenbare Verheißung eines Sieges des Menschen wird manchmal als messianische Prophezeiung ausgelegt. Der Nachkomme des Weibes wird von christlichen Theologen als Jesus Christus gedeutet. Er wird den Kopf der Schlange (Satans) zertreten und damit den endgültigen Sieg über das Chaos erringen. Um das so zu sehen, muß man aber wohl ein sehr überzeugter Christ sein.

16. Vers: Und zum Weibe sprach er: Ich will dir viel Mühsal schaffen, wenn du schwanger wirst; unter Mühen sollst du Kinder gebären (122). Und dein Verlangen soll nach deinem Manne sein, aber er soll dein Herr sein (123).

122 Die Frau hat noch keine Kinder, und man fragt sich, ob sie jemals Kinder bekommen hätte, wenn der Mann und sie im Garten geblieben wären. (Jedenfalls würde dann die Geburt wohl leicht und schmerzlos gewesen sein.)
Man möchte vermuten, daß Mann und Frau weiter in ewiger Glückseligkeit im Garten gelebt hätten, wenn sie nicht die Frucht des Baumes gegessen hätten. Erst nachdem durch den Genuß der verbotenen Frucht der Tod als unvermeidliche Folge in die Welt gekommen war, stellte sich die Frage der Nachkommenschaft.
Diese Frage stellt sich jedoch nur im J-Dokument. Nach dem P-Dokument vollzog sich die Fortpflanzung von Beginn allen tierischen Lebens an, und den Menschen insbesondere ist der Auftrag gegeben, fruchtbar zu sein und sich zu mehren. Unter diesen Umständen müßte man erwarten, daß der Tod von An-

fang an Teil des Lebensprinzips war; denn eine immerwährende Zeugung weiterer unsterblicher Geschöpfe würde die Welt bald unerträglich übervölkert haben.
Die einzelligen Lebensformen, die sich durch einfache Teilung vermehren, sind – zumindest potentiell – unsterblich. Ein Virus kann sich endlos reproduzieren. Eine Bakterie, eine Alge, ein Protozoon kann sich unaufhörlich teilen und wieder teilen, und jede durch Teilung gebildete Zelle ist so »jung« wie die ursprüngliche Zelle.
Natürlich füllen die einzelligen Organismen nicht die Erde – was sicher in sehr kurzer Zeit der Fall sein würde, wenn sie buchstäblich unsterblich wären –, weil sie in großer Zahl ständig durch Mangel an Nahrung, durch Austrocknen, durch chemische Verunreinigung und (meistens) als Beute größerer Organismen zugrunde gehen.
Vielzellige Organismen andererseits bilden sich aus Dutzenden bis Billionen verschiedener Gruppen spezialisierter Zellen, darunter auch den Geschlechtszellen (Ei- und Samenzellen), die die Aufgabe haben, neue Lebewesen zu reproduzieren.
Wo Geschlechtszellen zur Fortpflanzung dienen, nützt sich der übrige Organismus mit der Zeit ab, auch wenn die Umwelt lebensfreundlich bleibt. Man könnte sagen, daß die Entwicklung des Geschlechts und des natürlichen Todes gleichzeitig erfolgen. Das zeigt eine seltsame Verwandtschaft mit manchen allegorischen Interpretationen der Erzählung von der Schlange und der Versuchung. Wer die Schlange als ein Symbol des männlichen Geschlechtsorgans sieht, dem erscheint »die verbotene Frucht« als sexuelle Erfahrung. In diesem Fall wiese Gott nur auf die unausweichliche Verknüpfung von Geschlecht und Tod hin.
»Unter Mühen sollst du Kinder gebären«, diese Folge des Sündenfalls scheint sich darin zu zeigen, daß die Geburt neuen Lebens schwieriger und für die Frau schmerzvoller verläuft, als das bei den meisten Tieren der Fall ist. Das könnte mit der raschen Entwicklung des menschlichen Gehirns und der damit verbundenen Verdreifachung seiner Größe in einer halben Million von Jahren zusammenhängen. Der Beckenausgang der Frau hat sich dieser Vergrößerung nicht voll angepaßt. Der Kopf des neugeborenen Kindes, der der umfangreichste Teil seines Körpers ist, kann nur mit Schwierigkeiten den knapp be-

messenen Ausgang passieren.
Es gibt eine recht interessante Interpretation dieses Kapitels, die den eben beschriebenen Bedingungen Rechnung trägt. Wenn die »verbotene Frucht vom Baum der Erkenntnis« eine Versinnbildlichung menschlichen Wissens ist, für das ja die Größe des Gehirns Voraussetzung ist, kann man wohl mit Recht vermuten, daß die Mühsal des Gebärens eine Folge des Genusses dieser Frucht ist.

123 Trotz des schmerzhaften Ablaufs der Geburt wird das sexuelle Verlangen die Frau zwingen, sich diesem Prozeß zu unterziehen. Die Herrschaft des Mannes über die Frau ist in den meisten Kulturen eine geschichtliche Tatsache. Sie wird dadurch begünstigt, daß im Durchschnitt die Männer größer und stärker sind als die Frauen. Eine nicht unwesentliche Rolle spielt auch die Tatsache, daß Frauen periodisch durch Menstruation, Schwangerschaft, Stillen und durch die Pflege des Neugeborenen behindert sind. Die Herrschaft des Mannes wird als Strafe für die Frau gerechtfertigt, die als erste der Versuchung nachgegeben hat.
Diese offensichtliche biblische Sanktionierung des männlichen Chauvinismus und die offensichtliche Verdammung der Frau für ihren speziellen und größeren Schuldanteil ist eine Quelle großen Elends und Unglücks der Frauen in solchen Kulturkreisen gewesen, die die Bibel als das geoffenbarte Wort Gottes akzeptierten.

17\. Vers: Und zum Manne sprach er: Weil du gehorcht hast der Stimme deines Weibes und gegessen von dem Baum, von dem ich dir gebot und sprach: Du sollst nicht davon essen –, verflucht sei der Acker um deinetwillen! Mit Mühsal sollst du dich von ihm nähren dein Leben lang (124).

124 Das hört sich ganz wie der Seufzer eines Bauern an. Die Menschheit lebte viele Jahrtausende vom Sammeln und Jagen. Das war sicherlich mit genügend Mühe verbunden; denn Nahrung zu finden war nicht leicht, und in Zeiten der Dürre und bei mörderischer Kälte dürfte es wohl manchmal unmöglich gewesen sein, genügend Nahrung heranzuschaffen.

Mit der Entwicklung des Ackerbaus wurde durch zweckmäßige Kultivierung eine erheblich größere Nahrungsmittelbevorratung sichergestellt. Es wurde möglich, eine schnell wachsende Zahl von Menschen in einem gegebenen Raum zu ernähren. Die Arbeit des Säens, Jätens, Hackens, Erntens, des Schutzes gegen raubgierige Eindringlinge war jedoch eine aufreibende Plackerei. Manchem erschöpften Bauern muß der Gedanke gekommen sein, der Acker sei verflucht. Er mußte so sorgsam gepflegt werden, damit er das ersehnte Korn hervorbrachte, und dennoch blieb oft der notwendige Ertrag aus.
Wenn noch eine schwache Erinnerung an die Zeit des Sammelns lebendig war, in der diese ganze Arbeit nicht notwendig gewesen war, dann mag das ein weiterer Faktor für die Entstehung der Legende von einem fruchtbaren Paradies gewesen sein, in dem man die Früchte nur zu pflücken und zu essen brauchte. Es ist typisch für den Menschen, daß er an eine vergangene Lebensform mit Nostalgie und Sehnsucht zurückdenkt und beim Vergleich mit den derzeitigen Lebensbedingungen alle Unannehmlichkeiten der Vergangenheit vergißt und nur ihre Vorteile in einem Schimmer der Verklärung sieht.

18. Vers: Dornen und Disteln soll er dir tragen, und du sollst das Kraut auf dem Felde essen (125).

125 Trotz der veränderten Bedingungen sind die Menschen weiter auf die pflanzliche Nahrung angewiesen. Offenbar ist es ein Teil der Strafe, daß die Menschen mit einer erschwerten Nahrungsgewinnung zurechtkommen müssen.
Es scheint sogar so zu sein, daß nach der Entwicklung des Ackerbaus das Getreide die Hauptnahrungsquelle des Menschen wurde und daß pflanzliche Stoffe einen viel größeren Anteil an der Gesamtnahrung hatten als in den Zeiten vor der Einführung des Ackerbaus.

19. Vers: Im Schweiße deines Angesichts sollst du dein Brot essen, bis du wieder zu Erde werdest, davon du genommen bist. Denn du bist Erde und sollst zu Erde werden (126).

126 Das ist das Konzept des Kreislaufs der Natur. Wir essen Pflanzen und Tiere und wandeln ihr Gewebe in unser eigenes

um. Aber dann sterben und verwesen wir, und unsere Gewebe werden in die anderer Tiere umgewandelt, die unsere Körper verzehren, oder in die niederer Lebewesen wie Würmer, Maden, Schimmelpilze, Bakterien, die von toten Geweben leben. Alle diese verschiedenen Lebensformen werden ihrerseits verwesen oder verzehrt werden, und die Atome und Moleküle eines ehemals lebendigen menschlichen Körpers können durchaus schließlich das Gewebe eines anderen menschlichen Körpers bilden und erneut Teil eines lebendigen Organismus werden.

Die Verfasser der Bibel wußten nichts von mikroskopisch kleinen Lebewesen; aber Staub ist keine schlechte Umschreibung für sie. Mikroorganismen sind schließlich so klein wie Staubkörner.

20. Vers: Und Adam nannte sein Weib Eva (127); denn sie wurde die Mutter aller, die da leben (128).

127 Man sollte meinen, daß jetzt, wo die Menschen sterben und durch eine potentiell unendliche Zahl anderer Menschen ersetzt werden können, »Mann« und »Weib« als Mittel zur Identifizierung nicht ausreichen. Die Übersetzung Martin Luthers verwendet den Namen »Adam« statt »der Mann« erstmals in den Versen 3,8–9, wenn Adam sich mit seinem Weibe versteckt und Gott der Herr ihn ruft.

Und jetzt gibt Adam seiner Frau einen Namen. Damit betont er seine Herrschaft über sie, die Gott der Herr ihm in Vers 3,16 verliehen hat.

128 »Eva« ist die Übersetzung des hebräischen Wortes *chavah*. Die wirkliche Bedeutung des Namens ist umstritten (eine Vermutung ist, daß es »Schlange« bedeutet).

Wahrscheinlich ist das Wort nicht hebräischen Ursprungs. Die alten Israeliten gebrauchten Namen, die irgend etwas bedeuteten, und wenn ihnen ein Name wichtig war, aber keine offensichtliche Bedeutung besaß, dann bedienten sie sich volksetymologischer Kunstgriffe und fanden eine Bedeutung in einem ähnlichen Lautklang. So weist *chavah* eine Lautähnlichkeit mit *chayah* auf, das hebräisch »Leben« bedeutet. Die Verfasser der Bibel suggerieren also, daß Adam sein Weib Eva nannte, weil sie der menschliche Ursprung allen zukünftigen menschlichen Lebens war.

21. Vers: Und Gott der Herr machte Adam und seinem Weibe Röcke von Fellen und zog sie ihnen an (129).

129 Hier kommt wieder ein sehr primitives Element in die Erzählung der Bibel. Es wird uns ein Bild von Gott vorgestellt, der Felle zusammennäht und, nachdem er sich als Töpfer betätigt hat, nun auch Schneider wird. Aber, was schlimmer ist, Gott muß zu diesem Zweck auch noch Tiere töten und ihnen das Fell abziehen.
Man wird natürlich diesen Schöpfungsakt ebensowenig wörtlich verstehen wie den Akt der Erschaffung Adams, doch der Vers verrät keine nur symbolische Bedeutung.
Es klingt sinnvoll, daß die Bekleidung mit Fellen die Schurze aus Feigenblättern ablöst. Wenn es auch beträchtlich schwieriger ist, Tiere zu fangen und zu häuten, als Blätter zu pflücken, so bieten Felle doch einen besseren Schutz der empfindlichen Teile des Körpers und zusätzlich eine Isolierschicht gegen die Kälte. Das wird sich als sehr zweckmäßig und notwendig erweisen, wenn die Menschen aus dem tropischen Klima des Gartens Eden vertrieben werden.

22. Vers: Und Gott der Herr sprach: Siehe, der Mensch ist geworden wie unsereiner (130) und weiß, was gut und böse ist (131). Nun aber, daß er nur nicht ausstrecke seine Hand und breche auch von dem Baum des Lebens und esse und lebe ewiglich (132)!

130 Hier ist ein weiterer Hinweis auf einen primitiven Polytheismus, den die Verfasser der Bibel nicht ausgemerzt haben.

131 Die Schlange hatte zu Eva gesagt, wenn sie und ihr Mann von den Früchten des Baumes der Erkenntnis äßen, würden sie sein wie Gott. Hier scheint Gott das selbst zu bestätigen.

132 Dieser Abschnitt ist wohl der primitivste Teil der Erzählung vom Garten Eden. Adam und Eva waren vermutlich un-

sterblich, bevor sie vom Baum der Erkenntnis aßen; aber sie waren damit noch keine Bedrohung für Gott, denn es fehlte ihnen die Weisheit. Und auch als sie Weisheit gewannen und »wie unsereiner« wurden, waren sie noch immer keine Bedrohung für Gott, denn jetzt waren sie sterblich geworden.
Wenn sie jedoch zusätzlich zur Weisheit die Unsterblichkeit wiedergewannen, indem sie vom Baum des Lebens aßen, dann würden sie vielleicht eine Bedrohung für Gott werden. Weisheit und Unsterblichkeit zusammen würden zuviel sein: Gott wird ängstlich – ein seltsames Bild.
Man könnte den Vers so interpretieren, daß Gott auch einen weisen und unsterblichen Menschen nicht fürchtete, daß er nur verhindern wollte, daß Adam durch Gewinnung der Unsterblichkeit Gottes Edikt über seine Sterblichkeit zunichte machte. In diesem Falle hätten wir das gleichermaßen seltsame Bild eines Gottes, den man überfahren kann.
Wie auch immer man den Vers interpretiert – dieser Teil der Erzählung muß auf eine frühere Zeit zurückgehen, als die Götter noch viel menschlicher waren und menschliche Fehler hatten (wie die Götter in den Epen Homers) und bevor die Priester der babylonischen Zeit das Bild eines transzendenten und allmächtigen Gottes aufzeichneten.

23. Vers: Da wies ihn Gott der Herr aus dem Garten Eden, daß er die Erde bebaute, von der er genommen war.
24. Vers: Und er trieb den Menschen hinaus und ließ lagern vor dem Garten die Cherubim (133) mit dem flammenden, blitzenden Schwert (134), zu bewachen den Weg zu dem Baum des Lebens (135).

133 Die Singularform für die Wächter des Gartens ist »Cherub«. Die hebräische Methode der Pluralbildung ist die Hinzufügung des Suffixes -im.
Die Verfasser der Bibel definieren weder die Cherubim noch beschreiben sie sie. Sie werden auch an anderer Stelle der Bibel erwähnt; doch alles, was wir über sie erfahren, ist, daß sie geflügelte und wahrscheinlich furchteinflößende Geschöpfe sind.
Möglicherweise sind die Cherubim Symbole des Sturmes und können als Sturmdämonen betrachtet werden. In der Frühzeit

wurden Stürme als furchteinflößend und gefährlich empfunden (wie vielfach auch heute noch). Man war geneigt, sie als direkte Äußerungen einer ärgerlichen oder wütenden Gottheit anzusehen. Der Sturm ist unsichtbar und hat eine übermenschliche Gewalt; beides sind gottähnliche Attribute.
Der »Geist Gottes«, von dem Genesis 1,2 spricht, ist eine Vergegenwärtigung Gottes als Wind, der die Wasser des Chaos aufwühlt. Wenn Gott ärgerlich war, durfte der Wind, der ihn repräsentiert, zu einem rasenden Sturm werden.
So wird in Psalm 18, 8–15 der Zorn Gottes als eine Erschütterung der Natur sichtbar: Erdbeben, Vulkanausbrüche und Stürme. Der elfte Vers lautet: »Und er fuhr auf dem Cherub und flog daher, er schwebte auf den Fittichen des Windes.«

134 Wenn die Cherubim Sturmdämonen sind, dann dürfte das flammende, blitzende Schwert der Blitz sein.

135 Hier wird der Eindruck vermittelt, als existiere der Garten Eden oder das »Paradies auf Erden«, wie er auch genannt wird, noch immer; aber verhüllt und verborgen hinter beständigen Sturmwolken. Wer sich ihm nähert, wird vom Blitz niedergestreckt.
In vielen Mythologien des Altertums wird von einem Land oder einer Insel an einem unbekannten und fernen Ort berichtet, wo alle Mühsal aufgehoben ist und höchstes Glück herrscht. Die Elysischen Felder der alten Griechen waren ein solcher Ort, die Insel Avalon der Sage von König Artus ebenso. Im Mittelalter nahm das Irdische Paradies die Züge eines solchen Ortes der Glückseligkeit an. Man konnte sich leicht vorstellen, daß es an irgendeinem unbekannten Platz des Erdkreises existierte – von dem die mittelalterlichen Europäer ja nur wenig wußten. Dante siedelte sie in der »Divina Commedia« auf dem Gipfel des Berges des Fegefeuers an, der an dem Punkt des Erdballs sich befand, der Jerusalem direkt gegenüberlag. (Dieser Punkt liegt in Wirklichkeit 1280 Kilometer nordöstlich der Nordspitze Neuseelands im südlichen Pazifik.)
Heute, wo die Erde gründlich erforscht ist, wissen wir, daß das Paradies sich nicht auf der Erdoberfläche befindet. Denjenigen jedoch, die ihre Vorstellung von einem solchen Paradies nicht aufgeben wollen, dürfte es nicht schwerfallen, es einfach auf ei-

nen anderen Planeten wegzuzaubern, oder in den Himmel – oder es sogar auf der Erde zu belassen und es durch die Macht der Cherubim für menschliche Augen unsichtbar zu machen.

Kapitel 4

1. Vers: Und Adam erkannte (136) sein Weib Eva, und sie ward schwanger und gebar den Kain (137) und sprach: Ich habe einen Mann gewonnen mit Hilfe des Herrn (138).

136 Das ist ein biblischer Euphemismus für geschlechtliche Beziehungen. Die Bibel ist voll von Euphemismen. Der Gebrauch des Wortes »Herr« anstelle von »Jahwe« ist in gewisser Hinsicht auch ein Euphemismus.

137 Der Name Kain (hebräisch *kayin*) bedeutet Schmied. In der Frühzeit der Zivilisation wurde der Gebrauch von Metall üblich. Die neuen Stoffe waren äußerst wertvoll sowohl für die Ornamentik als auch für die Fertigung von Werkzeugen und von Waffen für die Jagd und den Krieg. Männer, die Metall aufbereiten und zu den notwendigen Werkzeugen verarbeiten konnten, waren wichtige und hochangesehene Handwerker. Schmied zu sein und zu heißen, brachte Ehre und Ansehen.

138 Zur Erklärung des Namens suchten die Verfasser der Bibel nach einem ähnlich klingenden hebräischen Wort. Sie fanden es in *kanah*, was bekommen oder gewinnen bedeutet.

2. Vers: Danach gebar sie Abel (139), seinen Bruder. Und Abel wurde ein Schäfer (140), Kain aber wurde ein Ackermann (141).

139 Es wird keine etymologische Ableitung für den Namen Abel (hebräisch *hebel* oder *hevel*) gegeben. Das hebräische Wort bedeutet »Nichtigkeit«. Man nimmt gewöhnlich an, daß es ein Hinweis auf die kurze Lebensdauer Abels sein soll. Die tatsächliche Ableitung könnte jedoch *aplu* sein, ein akkadisches Wort für »Sohn«.

140 Da den Menschen noch immer geboten war, nur pflanzliche Nahrung zu sich zu nehmen, könnte es verwunderlich erscheinen, daß Abel ein Schafhirte war. Vermutlich sollte sich die Schafhaltung auf die Erzeugung von Wolle und ihre Verarbeitung zu Kleidungsstücken beschränken. Wenn das so ist, dann widerspricht es den geschichtlichen Tatsachen. Soweit wir wissen, verwendeten die Hirten der Frühzeit ihre Tiere zur Nahrungsversorgung – zusätzlich zu den beiden genannten Zwecken.

141 Ackerbau und Herdenhaltung entstanden gleichzeitig in der Frühzeit der Zivilisation. Da aber Pflanzen schneller reifen, als Tiere aufgezogen werden können, und da mehr Kalorien, auf den Hektar Land bezogen, aus kultiviertem Getreide gewonnen werden können als aus gezähmten Tieren, waren Akkerbaugesellschaften dichter bevölkert als Hirtengesellschaften.
Die größere Bevölkerungszahl ackerbauender Gesellschaften bot mehr Gelegenheit zur Spezialisierung und zum technologischen Fortschritt, so daß der Gebrauch von Metallen (auch in Form von Luxusgütern) stärker bei den seßhaften und bevölkerungsreichen bäuerlichen Gemeinschaften verbreitet war als bei den nomadisierenden, spärlich bevölkerten Hirtenstämmen. Es ist daher treffend, dem Ackermann den Namen Kain (»Schmied«) zu geben.

3. Vers: Es begab sich aber nach etlicher Zeit, daß Kain dem Herrn Opfer brachte von den Früchten des Feldes (142).

142 Das ist das erste Beispiel für einen Opferritus in der Bibel. Die lateinische Bezeichnung für Opfer ist *sacrificium* und bedeutet »geweiht gemacht«, das heißt, für den Gebrauch eines Gottes beiseite gelegt. Da man sich selbst etwas entzieht, um es für die Götter beiseite zu legen, hat das Wort seine jetzige Bedeutung erhalten. Ursprünglich dürfte die Motivierung für das Opfer analog der für das Überreichen eines Geschenkes an einen König gewesen sein. Es ist eine Bezeugung von Ergebenheit und Loyalität – und auch ein Weg, ihn sich günstig zu stimmen oder sogar ein Gefühl der Freundschaft und Dankbar-

keit in ihm zu wecken.
Sehr wahrscheinlich lag dem Opfer ursprünglich die Vorstellung zugrunde, daß auch die Götter Nahrung zu sich nahmen. Wenn Nahrungsmittel verbrannt wurden, trug der aufsteigende Rauch die Substanz der Nahrung empor zu der Wohnung der Götter. Und als dankbare Gegenleistung, so nahm man an, würden die Götter eine gute Ernte oder den Sieg über die Feinde verleihen.
In späterer Zeit fand man erhabenere Beweggründe für die Opfer; trotzdem gab man die Praxis schließlich auf.

4. Vers: Und auch Abel brachte von den Erstlingen seiner Herde und von ihrem Fett (143). Und der Herr sah gnädig an Abel und sein Opfer,

143 Vermutlich schlachtete Abel die erstgeborenen Lämmer (»Erstlinge«) für das Opfer. Man könnte meinen, daß Gott den Menschen zwar auferlegt hatte, sich vegetarisch zu ernähren, selbst aber das Fleisch als Nahrung nicht verschmähte.

5. Vers: aber Kain und sein Opfer sah er nicht gnädig an (144). Da ergrimmte Kain sehr und senkte finster seinen Blick.

144 Die Bibel sagt hier nicht, in welcher Weise Gott sich gnädig zeigte und warum er Abel gegenüber Kain bevorzugte. Spätere Kommentatoren behaupteten, daß Kain gottlos war, daß er seine Opfergaben widerwillig anbot, daß er mißratene Früchte auswählte – während Abel gut war, die besten Lämmer aussuchte und sie freudig opferte. Oder, wie im Neuen Testament gesagt wird, daß Abel gläubig war und Kain nicht (siehe Hebräer 11,4) und daß deshalb Abels Opfer wertvoller war.
Die Genesis sagt darüber jedoch nichts aus, und die einfachste und einleuchtendste Interpretation dürfte wohl die sein, daß ein Tieropfer mehr galt als ein Getreideopfer. Das ist verständlich; denn tierische Nahrung war kostspieliger als pflanzliche (was sie ja auch heute noch ist) und stellte daher eine wertvollere Opfergabe dar. Außerdem galten Tiere als Lebewesen, Pflanzen dagegen nicht; lebende Dinge mußten daher eine wertvollere Opfergabe sein, als leblose Dinge es sein konnten.

(In vielen primitiven Religionsformen galt das Menschenopfer als wertvollste Opfergabe.) Man könnte daraus den Eindruck gewinnen, daß Gott Abel dem Kain vorzog, weil Abel sozusagen das größere Bestechungsgeschenk bot.
Auf der anderen Seite ist die Geschichte von Kain und Abel eine alte Sage, die den Israeliten schon vertraut war, als sie noch ein nomadisches Hirtenvolk waren und in den arabischen Grenzregionen herumzogen, bevor sie im Lande Kanaan seßhaft wurden. Der Schäfer Abel war natürlich der Held der Sage, und der Ackermann Kain war der Bösewicht. Die Herdenhalter waren angesehener als die Ackerbauern, und das Opfer des Schäfers war daher wertvoller als das des Bauern.

6. Vers: Da sprach der Herr zu Kain: Warum ergrimmst du? Und warum senkst du deinen Blick?

7. Vers: Ist's nicht also? Wenn du fromm bist, so kannst du frei den Blick erheben. Bist du aber nicht fromm, so lauert die Sünde vor der Tür, und nach dir hat sie Verlangen; du aber herrsche über sie (145).

145 Dieser Vers scheint die Gottlosigkeit Kains zu bestätigen; aber es wird die Konditionalform verwendet – die Möglichkeit, daß Kain in der Zukunft etwas Unrechtes tun wird. Man könnte darin eine Andeutung sehen, daß er schon etwas Böses in der Vergangenheit getan hat und daß Gott deshalb sein Opfer nicht gnädig annahm – aber die Bibel spricht das nicht aus.
In diesem Vers taucht zum erstenmal das Wort »Sünde« auf. »Sünde« ist die Übersetzung eines hebräischen Wortes, das sowohl bedeuten kann »Abweichung von den Vertragsbedingungen« wie auch »Auflehnung«. Wenn Kain sich einer bösen Gemütsverfassung hingibt, dann erhebt sich die Versuchung zur Auflehnung gegen die Gebote Gottes, und er muß dieser Versuchung Herr werden.

8. Vers: Da sprach Kain zu seinem Bruder Abel: Laß uns aufs Feld gehen! Und es begab sich, als sie auf dem Felde waren, erhob sich Kain wider seinen Bruder Abel und schlug ihn tot (146).

146 Seit den frühesten Zeiten des Ackerbaus herrschte Krieg zwischen den seßhaften Ackerbaugesellschaften und den Nomadenstämmen in ihren Grenzbezirken.
Mit der Zeit sammelten die Ackerbaugesellschaften Vorräte an Getreide, Schmuck, Werkzeugen und Waffen an. Die Herdenhalter waren zu ständigem Umherwandern auf der Suche nach frischem Weideland für ihre Herden gezwungen; sie konnten sich keine Vorratshaltung leisten. Der Wohlstand der seßhaften Gemeinwesen war eine ständige Versuchung für die nomadisierenden Hirten.
Als Folge davon mußten die seßhaften Gemeinwesen immer wieder »Barbareneinfälle« abwehren. Der letzte und größte von ihnen, der zur Gründung des relativ kurzlebigen Mongoleireiches führte, verwüstete verschiedene Gebiete Asiens in der Zeit von 1225–1265. Osteuropa wurde 1240 und 1241 von ihnen überrannt.
Die Geschichtsschreibung ist gewöhnlich eine Domäne seßhafter Völker. Es ist daher nicht verwunderlich, daß die Nomaden als grausam, zerstörerisch und blutdürstig beschrieben werden. Und doch sind meist die Nomaden die Unterlegenen und haben die größeren Verluste.
Die seßhaften Ackerbaugesellschaften haben die moderneren Waffen und können sich hinter den Stadtmauern verschanzen. Im allgemeinen sind die Streitkräfte der zivilisierten Völker zahlenmäßig überlegen und besser ausgerüstet. Wenn sie gut geführt werden, können sie gewöhnlich die Barbaren vernichten. (Nach den Mongoleneinfällen wurde durch die Einführung des Schießpulvers die Überlegenheit der zivilisierten Völker dauerhaft gesichert, und die Nomaden wurden endgültig niedergeworfen.)
Manchmal haben Nomaden auch erfolgreich ein zivilisiertes Land überfallen und unter ihre Herrschaft gebracht. Aber das geschah nur in solchen Zeiten, in denen aus irgendeinem Grunde das zivilisierte Land dekadent geworden oder von Bürgerkriegen zerrissen war. Die Geschichte von Kain und Abel ist eines der wenigen bekannten literarischen Fragmente, die sich den Standpunkt des Nomaden zu eigen machten, der auf die Dauer vom Ackerbauer vernichtet wird.

9. Vers: Da sprach der Herr zu Kain: Wo ist dein Bruder Abel? Er sprach: Ich weiß nicht; soll ich meines Bruders Hüter sein?

10. Vers: Er aber sprach: Was hast du getan? Die Stimme des Blutes deines Bruders schreit zu mir von der Erde (147).

147 Primitive Gesellschaften messen mit Recht dem Blut eine sehr große Bedeutung bei. Es repräsentiert ein Lebensprinzip, das ebenso wichtig ist wie der Atem. Wenn die Kehle eines Tieres durchschnitten wird, so daß es offen blutet, lassen seine Kräfte durch den Blutverlust nach, und schließlich stirbt es. Das Leben verläßt den Körper mit dem Blut, als ob Blut und Leben dasselbe seien. Diese Äquivalenz von Leben und Blut wird an verschiedenen Stellen der Bibel ausdrücklich betont.
Die Bibel sagt nicht direkt, wie Kain den Abel totschlug. Bei einer Erdrosselung oder einem Schlag auf den Kopf würde das Leben entwichen sein, ohne daß Blut vergossen wurde. (Die Tatsache, daß der Tod ohne den Verlust eines einzigen Tropfens Blut eintreten kann, ist ein Argument gegen die absolute Gleichsetzung von Blut und Leben.)
Hier wird jedoch ausdrücklich gesagt, daß Blut in den Erdboden sickerte. Es ist eine logische Schlußfolgerung, daß Kain, der »Schmied«, einen Speer, einen Pfeil, ein Messer benutzte – irgendeine eindringende, schneidende Waffe, worin die überlegene Technologie des zivilisierten Menschen gegenüber dem Nomaden zum Ausdruck kommt. Das Blut, der Träger des Lebens, geht nicht verloren, sondern dringt in die Erde ein und schreit von dort zu Gott.

11. Vers: Und nun: Verflucht seist du auf der Erde, die ihr Maul hat aufgetan und deines Bruders Blut von deinen Händen empfangen.

12. Vers: Wenn du den Acker bebauen wirst, soll er dir hinfort seinen Ertrag nicht geben. Unstet und flüchtig sollst du sein auf Erden (148).

148 Dieser Vers greift offenbar ebenfalls auf eine alte Tradition zurück, die dem Nomadenleben aber eine andere Bedeutung gibt.

In der ersten Erzählung wird die Geschichte von der Feindschaft zwischen Ackerbauern und Nomaden vom Standpunkt des Nomaden aus betrachtet. Der gottlose Ackerbauer tötet ohne Grund den rechtschaffenen Hirten.
Hier haben wir jedoch eine Erklärung aus der Sicht des Ackerbauers für die Existenz und Lebensweise des Nomaden. Kain wird jetzt gezwungen, den Ackerbau aufzugeben und ein Nomade zu werden. Hier wird der Eindruck erweckt, daß die Nomaden zu ihrer Lebensweise verdammt sind, weil sie von Natur aus Verbrecher sind, ungeeignet, einer rechtschaffenen, gesetzestreuen, seßhaften Gesellschaft anzugehören.

13. Vers: Kain aber sprach zu dem Herrn: Meine Strafe ist zu schwer, als daß ich sie tragen könnte.

14. Vers: Siehe, du treibst mich heute vom Acker, und ich muß mich vor deinem Angesicht verbergen und muß unstet und flüchtig sein auf Erden. So wird mir's gehen, daß mich totschlägt, wer (149) mich findet.

149 Wer ist das, vor dem Kain sich fürchtet? Wenn wir der Geschichte von Adam und Eva folgen und uns der allgemeinen Annahme anschließen, daß sie die einzigen zur Zeit des Gartens Eden lebenden Menschen waren, dann bestand die gesamte Bevölkerung der Erde nach der Ermordung Abels aus drei Menschen: Adam, Eva und Kain. Könnte es sein, daß Adam und Eva viele Kinder hatten, die ungenannt blieben, aber jetzt die Erde bevölkerten? Oder sollte sich der Vers auf die verschiedenen Arten von Tieren beziehen, manche unter ihnen stark und räuberisch, die auf der Erde lebten?
Oder könnte es sein, daß die Schöpfungsberichte des P-Dokuments und des J-Dokuments sich auf zwei verschiedene Folgen der Werke Gottes beziehen? Vielleicht erschuf Gott die Menschen als Mann und Frau in großer Zahl am sechsten Tage der Schöpfung, und sie füllten die Erde. Zu einem späteren Zeitpunkt dann erschuf er Adam und Eva, allein im Garten – als die Ahnen einer besonderen Familie. Dann würde Kain jetzt den Tod von der Hand eines der zahlreichen »Prä-Adamiten« fürchten.
Keine dieser Spekulationen wird durch die Bibel gestützt. Viel-

leicht ist die Geschichte von Adam und Eva (»Wie der Tod in die Welt kam«, könnte man sie nennen) mit der Vertreibung aus dem Paradies beendet. Was dann folgt, würden verschiedene Legenden sein, die sich mit der Urgeschichte und der Geburt der Zivilisation befassen und die von den Verfassern der Bibel ziemlich unbeholfen miteinander verknüpft wurden.
Da gibt es eine Geschichte von der Entstehung des Verbrechens und eine zweite, die von dem Ursprung des Nomadenlebens handelt. Beide haben eine von Menschen bevölkerte Erde zur Voraussetzung. Erst ihre Verknüpfung mit der Geschichte von Adam und Eva, die Kain und Abel zu ihren Söhnen macht, schafft die Verwirrung.

15. Vers: Aber der Herr sprach zu ihm: Nein, sondern wer Kain totschlägt, das soll siebenfältig gerächt werden. Und der Herr machte ein Zeichen an Kain (150), daß ihn niemand erschlüge, der ihn fände.

150 Es scheint keinen Sinn zu ergeben, wenn Kain nach dem unprovozierten Mord an Abel nun so eifrig beschützt wird, es sei denn, wir nehmen an, daß ein Leben der Verbannung und der Heimatlosigkeit eine schwerere Strafe ist als der sofortige Tod. Andererseits befinden wir uns jetzt bei der Erzählung der Urgeschichte, und so mag dieser Vers den Sinn haben, die Gepflogenheiten mancher Nomadenstämme zu erklären, ihre Angehörigen durch charakteristische Tätowierungen zu kennzeichnen.
Gesellschaften von Ackerbauern entwickeln mit der Zeit ein mehr oder weniger kompliziertes System von Gesetzen, die schließlich schriftlich festgelegt werden, und ein kompliziertes Gerichtssystem, um diese Gesetze zu interpretieren und ihnen Geltung zu verschaffen. Die einfachere Nomadengesellschaft jedoch hat kein geschriebenes Recht und muß sich anders behelfen.
Wo Gesetze nicht sorgfältig definiert sind und ihr genauer Wortlaut nicht verfügbar ist, da gibt es weniger Sicherheit. Wo es keine genau bestimmte und angemessene Verfahrensweise für den Umgang mit Rechtsbrechern gibt, wird das Gesetz der Selbsthilfe in Gang gesetzt.

Wenn ein Mitglied eines Stammes von einem Außenstehenden ermordet wird, ist der ganze Stamm verpflichtet, den Mörder zu jagen und ihn zu töten. Wahrscheinlich ist die Gewißheit, daß Mord Vergeltung nach sich zieht, ein starkes Abschreckungsmittel gegen solche Gewaltverbrechen.
Natürlich wird das Mitglied eines großen und mächtigen Stammes Gewißheit haben wollen, daß jeder, der ihm zufällig begegnet, weiß, daß man ihm nicht ungestraft Schaden zufügen darf. Der Stammesangehörige trägt daher seine Stammestätowierung als Identifikationsmerkmal.
In einer späteren Zeit gab es den Stamm der Keniter, die keine Israeliten waren, aber in enger Gemeinschaft mit dem Stamm Juda lebten (siehe Richter 1,16). Die Keniter waren ein Nomadenstamm, dessen namengebender Stammvater Kain war.
Dieser Teil der Kainlegende könnte Fragment einer Keniter-sage sein, die von dem Ursprung ihres Tätowierungszeichens handelt. Allerdings darf man vermuten, daß die Keniter ihren Stammvater nicht als Mörder beschrieben.

16. Vers: So ging Kain hinweg von dem Angesicht des Herrn und wohnte im Lande Nod (151), jenseits von Eden, gegen Osten.

151 Es gibt kein Land mit dem Namen Nod. Das Wort ist hebräisch und bedeutet »Wanderung«. Die Phrase, Kain »wohnte im Lande Nod« könnte eine metaphorische Umschreibung der Tatsache sein, daß er ein Wanderer, ein Nomade wurde.
»Nomade« hat übrigens etymologisch nichts mit »Nod« zu tun. Nomade ist die Ableitung eines griechischen Wortes, das »nach Weide suchen« bedeutet.

17. Vers: Und Kain erkannte sein Weib (152); die ward schwanger und gebar den Henoch. Und er baute eine Stadt (153), die nannte er nach seines Sohnes Namen Henoch (154).

152 Woher kam Kains Weib? Sehr verbreitet ist die Annahme, daß Adam und Eva außer ihren Söhnen auch Töchter hatten. Töchter aber blieben üblicherweise in der Bibel unerwähnt. In diesem Fall heiratete Kain seine Schwester – ein In-

zest, der unvermeidlich war. (Adam hatte ja sogar eine Frau, die ein Teil seines eigenen Körpers war.)
Eine andere Möglichkeit wäre – von ihr war schon im Zusammenhang mit Kains Befürchtung, als Geächteter erschlagen zu werden, die Rede –, daß zahlreiche Prä-Adamiten existierten und Kain eine ihrer Frauen heiratete.
Am vernünftigsten erscheint die Vermutung, daß die Kainlegenden in einer urzeitlichen, bereits bevölkerten Welt entstanden und künstlich mit der Geschichte von Adam und Eva verknüpft wurden – was natürlich zu Ungereimtheiten führen mußte.

153 Unmittelbar nachdem wir erfahren haben, wie der Fluch Gottes Kain zu einem unsteten Wanderleben verurteilte, hören wir nun, daß Kain sich niederläßt und eine Stadt baut. Offenbar sind wir jetzt wieder bei Kain dem Ackerbauer, von dem in den ersten acht Versen des Kapitels die Rede war.
Gesellschaften von Ackerbauern schlossen sich zu ihrem Schutz eng zusammen und bauten Städte. Anders als die Hirtenstämme waren sie unbeweglich. Sie konnten nicht mit ihren Herden weiterziehen, wenn ihre Lebensbedingungen sich verschlechterten. Sie waren mit ihren landwirtschaftlichen Betrieben ortsgebunden und mußten diese und sich selbst beschützen.
Daß Kain als Ackerbauer eine Stadt baute, ist daher durchaus sinnvoll. Natürlich setzt der Bau einer Stadt eine gewisse Bevölkerungszahl voraus. Auch in einer sehr kleinen und sehr primitiven Stadt mußten ein paar Hundert Menschen wohnen. Das Rätsel der Identität von Kains Weib erweitert sich zum Rätsel der Identität der Menschen, die Kains Stadt bewohnten.

154 Wir wissen nichts von der Existenz einer urzeitlichen Stadt, die man als die Stadt Henoch identifizieren könnte. Auch wird die Stadt an keiner anderen Stelle der Bibel erwähnt.
Eine der frühesten Stadtgründungen (vielleicht die früheste überhaupt), die geschichtlich zu belegen ist, ist den Verfassern der Bibel sehr wohl bekannt. Es handelt sich um die Stadt Jericho, fünfundzwanzig Kilometer nordöstlich von Jerusalem gelegen, die häufig in der Bibel erwähnt wird. Sie dürfte im 7. Jahrtausend v. Chr. gegründet worden sein.

Es besteht jedoch kein Grund zu der Annahme, daß Henoch mit Jericho identisch ist.

18. Vers: Henoch aber zeugte Irad, Irad zeugte Mahujaël, Mahujaël zeugte Metuschaël, Metuschaël zeugte Lamech (155).

155 Die Verfasser der Bibel waren aus drei Gründen an Genealogien interessiert.
Zum ersten sind Familienverwandtschaften aller Grade in Stammesgesellschaften wichtig. Genealogien dienen dazu, die verschiedenen Individuen sippenmäßig richtig einzuordnen.
Zweitens, Genealogien helfen Lücken füllen. Solche Geschichtsperioden, über die nichts Interessantes (oder auch nur Erwähnenswertes) zu berichten ist, können rasch durch eine einfache Auflistung der Ahnenreihe abgehandelt werden.
Und drittens ermöglichen Genealogien eine kurzgefaßte historische Einordnung eines Stammes oder einer Stammesgruppe, die für die Geschichte des Volkes Israel, das Hauptthema der Bibel, nicht von Bedeutung sind. Das gilt für Kain und seine Nachkommenschaft, die nicht den Ahnen Israels zuzurechnen sind.

19. Vers: Lamech nahm zwei Frauen (156), eine hieß Ada, die andere Zilla (157).

156 Hier wird zum erstenmal Polygamie in der Bibel erwähnt, und es gibt weder hier noch in den anderen Geschichtsbüchern der Bibel einen eindeutigen Hinweis, daß die Polygamie vor dem Babylonischen Exil mißbilligt wurde.

157 Zum erstenmal seit Eva werden Frauen in der Bibel namentlich genannt – oder überhaupt erwähnt. In der ganzen Bibel beobachten wir ein starkes zahlenmäßiges Mißverhältnis in der Erwähnung von Männern und Frauen, wie das übrigens auch in den außerbiblischen Geschichtsbüchern der Fall ist. Die Weltgeschichte hat sich lange Zeit fast ausschließlich mit Männern befaßt.

20. Vers: Und Ada gebar Jabal; von dem sind hergekommen, die in Zelten wohnen und Vieh halten (158).

158 Hier wird kurz auf eine andere Sage über die Anfänge der Herdenhaltung Bezug genommen. Im zweiten Vers dieses Kapitels war Abel als Stammvater der Hirten bezeichnet worden. Die Namen Abel und Jabal sind jedoch klanglich so ähnlich, daß man sich fragen muß, ob die beiden Berichte nicht verschiedene Versionen derselben Sage sind. Unklar bleibt auch hier der Zweck der Herdenhaltung bei der Beschränkung der menschlichen Nahrung auf pflanzliche Stoffe. Die Gewinnung von Häuten, Leder und Wolle zur Bekleidung könnte eine Antwort sein. Man könnte aber auch vermuten, daß der sündhafte Ungehorsam der Nachkommen Kains sich auch über das Verbot des Fleischgenusses hinwegsetzte – allerdings finden wir für diese Spekulation keinen direkten Anhaltspunkt in der Bibel.

21. Vers: Und sein Bruder hieß Jubal; von dem sind hergekommen alle Zither- und Flötenspieler.

22. Vers: Zilla aber gebar auch, nämlich den Tubal-Kain (159); von dem sind hergekommen alle Erz- (160) und Eisenschmiede (161). Und die Schwester des Tubal-Kain war Naëma (162).

159 Die Erwähnung von Tubal-Kain erhärtet die Vermutung, daß wir es mit einer zweiten Version derselben Sage zu tun haben. Am Anfang des Kapitels werden zwei Brüder genannt – der Hirte Abel und der Ackermann Kain. Hier haben wir den Hirten Jabal und den Metallurgen Tubal-Kain. In ihrem Umkreis ist nicht von Streit und Mord die Rede. Die Bibel konzentriert sich auf die beiden als »kulturelle Protagonisten«, das heißt als Begründer menschlicher Betätigungsformen.

160 Das hebräische Wort *nehosheth* wird von Luther mit »Erz« übersetzt. Richtiger wäre es, von »Kupfer« oder »Bronze« zu sprechen. Die früheste Verwendung von Kupfer für ornamentale Zwecke finden wir bald nach 4000 v. Chr. Durch den Zusatz von Arsen oder Zinn konnte Kupfer so gehärtet werden, daß es sich auch für die Herstellung von Waffen und

Werkzeugen eignete. Diese Legierung wurde Bronze genannt. Um 3000 v. Chr. finden wir die ersten Bronzegeräte. Nach biblischen Maßstäben ist die Zeit von 4000 bis 3000 v. Chr. die Urzeit der Geschichte. Tubal-Kain könnte daher durchaus das Handwerk des Kupferschmieds betrieben haben.

161 Der Name Tubal-Kain bedeutet »Schmied von Tubal«. Tubal ist ein Gebiet in Kleinasien an der Südostküste des Schwarzen Meeres. Tatsächlich wurden die Techniken der Verhüttung und Bearbeitung von Eisen erstmals in der Nachbarschaft dieser Region entwickelt, so daß die Verbindung von Tubal-Kain mit Eisen geographisch ihre Berechtigung haben könnte.
Allerdings gibt es die Eisenverhüttung erst seit 1300 v. Chr., und erst einige Jahrhunderte später war sie allgemein verbreitet. Eisen und Kupfer gleichzeitig der Periode Tubal-Kains zuzuordnen, ist ein Anachronismus.

162 Dieses Kapitel, das Teil des J-Dokuments ist, führt, mit Adam beginnend, acht Generationen auf: 1. Adam, 2. Kain, 3. Henoch, 4. Irad, 5. Mahujaël, 6. Metuschaël, 7. Lamech, 8. Lamechs Kinder. In der Tigris-Euphrat-Region gab es Verzeichnisse von frühen Königen, von denen lediglich die Namen berichtet wurden, ohne nähere Angaben über Alter und Zeitperiode. Eine sehr frühe sumerische Liste verzeichnet acht Namen, die allerdings von den in diesem Kapitel genannten völlig verschieden sind. Man könnte sich vorstellen, daß die von den Israeliten übernommenen sumerischen Namen im Laufe der Zeit etymologisch assimiliert wurden und schließlich die im J-Dokument genannte hebräische Form erhielten.

23. Vers: Und Lamech (163) sprach zu seinen Frauen: Ada und Zilla, höret meine Rede, ihr Weiber Lamechs, merkt auf, was ich sage: Einen Mann erschlug ich für meine Wunde und einen Jüngling für meine Beule (164).

163 Lamech scheint ein bedeutender Mann gewesen zu sein. Er hat zwei Frauen, drei Söhne und eine Tochter, die alle mit Namen genannt werden, sogar die Tochter. Das J-Dokument

führt ihn mit einem prahlerischen Siegesgesang vor. Lamech könnte ein kenitischer Volksheld gewesen sein, dessen sagenhafte Heldentaten in Juda so populär waren, daß die jüdische Geschichtsschreibung sie nicht übergehen konnte.

164 Der zweite Teil des Verses bezieht sich wahrscheinlich auf nur eine Waffentat. Die hebräische Dichtung bedient sich oft aus Effektgründen eines »Parallelismus«, das heißt, sie beschreibt einen Vorgang in zwei leicht divergierenden Wendungen. Das J-Dokument könnte hier einen alten kenitischen Kriegsgesang übernommen haben.

24. Vers: Kain soll siebenmal gerächt werden, aber Lamech siebenundsiebzigmal (165).

165 Lamech frohlockt über seinen Sieg. Er hält die Tötung seines Gegners für eine Heldentat, die sich über die Tat Kains erhebt. Vielleicht (die Bibel sagt es natürlich nicht) sah er seine Überlegenheit darin, daß Kain einen unvorbereiteten und unbewaffneten Mann erschlug, während er selbst einen bewaffneten Mann im Zweikampf tötete.
Sicherlich ist dies ein Hinweis darauf, daß Streitigkeiten unter den Menschen im Verlauf der acht Generationen seit Adam sich von blutigen Fehden zwischen einzelnen Menschen zu organisierten Kriegshandlungen fortentwickelt hatten. Seit der Vertreibung aus dem Garten scheint es zu einer wachsenden moralischen Entartung der Menschheit gekommen zu sein, zumindest in der Stammeslinie Kain.
Mit diesem Siegesgesang als Höhepunkt und zugleich als Beweis für die Degeneration der Menschheit endet der Bericht des J-Dokuments über die Nachkommenschaft Kains. Sie wird einer weiteren Diskussion nicht für würdig erachtet. Die Erzählung wendet sich einer anderen Abstammungslinie Adams zu.

25. Vers: Adam erkannte abermals sein Weib, und sie gebar einen Sohn, den nannte sie Set; denn Gott hat mir, sprach sie, einen anderen Sohn gegeben (166) für Abel, den Kain erschlagen hat.

166 Der Name Set ist lautverwandt mit dem hebräischen Wort für »Ersatz« oder »gewährt«. Der Name, den Eva ihrem Sohn gibt, hat also volksetymologischen Charakter.

26. Vers: Und Set zeugte auch einen Sohn und nannte ihn Enosch (167). Zu der Zeit fing man an, den Namen des Herrn anzurufen (168).

167 Die beiden Brüder Kain und Set hatten Söhne mit ähnlichen Namen: Henoch und Enosch (hebräisch *hannoch* und *enosch*). Es könnte sein, daß die Nachkommen Sets ebenfalls von der sumerischen Königsliste abgeleitet wurden, so daß die beiden Abstammungslinien von Adam – die eine über Kain, die andere über Set – zwei verschiedene Versionen der sumerischen Quelle wären.

168 Der zweite Teil des Verses scheint zu bedeuten, daß zur Zeit des Enosch die Menschen begannen, statt eines namenlosen oder falschen Gottes Jahwe anzubeten. Zumindest nach dem J-Dokument würde dies den Anfang des Jahwismus anzeigen (aus dem sich Judentum, Christentum und Islam entwikkelten).
Das J-Dokument unterscheidet also in diesem Kapitel deutlich zwischen den zwei Linien der Nachkommenschaft Adams. Die Linie Kain war gekennzeichnet durch Mord, Polygamie, die Entwicklung von Waffen aus Metall und das Führen von Kriegen; für die Linie Set (aus der nach dem Bericht der Bibel die Israeliten hervorgingen) war die Entstehung der wahren Religion das entscheidende Merkmal.

KAPITEL 5

1. Vers: Dies ist das Buch von Adams Geschlecht (169). Als Gott (170) den Menschen schuf, machte er ihn nach dem Bilde Gottes

169 Das ist eine einführende Redewendung; sie leitet einen neuen Abschnitt ein, der kaum einen Zusammenhang mit den unmittelbar vorher beschriebenen Ereignissen hat.

170 Der Gebrauch des Wortes »Gott« statt »der Herr« oder »Gott der Herr« zeigt, daß wir nach drei Kapiteln aus dem J-Dokument wieder zum P-Dokument zurückkehren.

2. Vers: und schuf sie als Mann und Weib und segnete sie (171) und gab ihnen den Namen »Mensch« (172) zur Zeit, da sie geschaffen wurden.

171 Das P-Dokument geht jetzt zurück bis zu dem Punkt, an dem es zu Beginn des Kapitels 2 aufgehört hat. Es übergeht die Geschichten vom Garten Eden, von Eva und der Schlange, von Kain und Abel, von den Nachkommen Kains. Es befaßt sich nicht mit ihnen – und anscheinend weiß es auch nichts von ihnen.

172 Das P-Dokument betont erneut die gleichzeitige Erschaffung von Mann und Frau. Nicht nur der Mann wird Adam (»Mensch«) genannt, sondern beide, Mann und Frau. Das Wort *adam* ist hier gleichbedeutend mit »Menschheit« oder »Menschengeschlecht«. Es ist also durchaus möglich, daß eine große Zahl von Männern und Frauen erschaffen wurde.

3. Vers: Und Adam (173) war 130 Jahre alt (174) und zeugte einen Sohn, ihm gleich und nach seinem Bilde (175), und nannte ihn Set;

173 Jetzt wird von Adam als Individuum gesprochen; aber das muß nicht bedeuten, daß nur ein Mensch zu Beginn erschaffen wurde. Wir wechseln lediglich von der Menschheit all-

gemein auf einen bestimmten Menschen über, von dem die Linie der Israeliten abstammt.

174 Das J-Dokument gibt bei der Aufzählung der Nachkommen Kains keine Lebensalter oder Zeitperioden an. Die Priester, die das P-Dokument verfaßten, legten größeren Wert auf diese Details.

175 Das P-Dokument erwähnt Kain und Abel nicht. Wenn wir das P-Dokument für sich betrachten, ist Set der Erstgeborene Adams. Das könnte den Hinweis auf »einen Sohn, ihm gleich und nach seinem Bilde«, erklären.
In Genesis 1, 26 heißt es: »Und Gott sprach: Lasset uns Menschen machen, ein Bild das uns gleich sei.« Man könnte sich vorstellen, daß dieser Vers sich nur auf den Mann und die Frau (oder die Männer und Frauen) bezieht, die direkt von Gott erschaffen wurden. Durch den Hinweis, daß Set dem Adam »gleich und nach seinem Bilde«, und daher nach Gottes Bilde, geboren wurde, wird bekräftigt, daß alle Nachkommen Adams und damit alle Menschen nach Gottes Bilde geschaffen sind. Zum mindesten würde das zutreffen für alle Nachkommen Sets, und das schließt, wie wir später sehen werden, die ganze Menschheit ein.
Eine andere Möglichkeit: Hier soll Set von dem gottlosen Kain und dessen Nachkommen unterschieden werden. Kain war nicht nach dem Bilde Adams und damit Gottes; aber was wird in diesem Fall aus dem tugendhaften Abel? Wahrscheinlich ist es sinnvoller, beide Dokumente für sich zu betrachten und nicht den Versuch zu machen, P-Dokument und J-Dokument miteinander zu vermischen.

4. Vers: und lebte danach 800 Jahre und zeugte Söhne
und Töchter (176),

176 Wenn Adams Zeugungsfähigkeit der unsrigen vergleichbar war, dann könnte er in den achthundert Jahren, die ihm zur Verfügung standen, Vater von vierhundert Söhnen und Töchtern geworden sein. Wenn diese alle ebenso langlebig und ebenso fruchtbar waren, dann würden in nur vier Generationen fünfundzwanzig Milliarden Menschen geboren worden sein.

Tatsächlich lebten um 3500 v. Chr. (nach der traditionellen Chronologie in etwa die Zeit der unmittelbar auf Adam folgenden Generationen) etwa zehn Millionen Menschen auf der Erde – eine Zahl, die leicht erreicht werden konnte, wenn langlebige Menschen nach Gottes Segen und Befehl handelten: »Seid fruchtbar und mehret euch und füllet die Erde.«
Das könnte auch ein anderes Problem lösen. Wenn Kain ebenso langlebig war, brauchte er nur einige Jahrhunderte zu warten, bis eine genügend große Anzahl von Menschen auf der Erde lebte, aus denen er sich eine Frau wählen, mit denen er eine Stadt bauen und von denen er, nicht zu vergessen, Unheil zu erwarten hatte.
Allerdings bleiben wir mit dem Problem konfrontiert, wie wir diese langen Lebensspannen erklären sollen.
Das P-Dokument nennt nicht die Namen der Söhne und Töchter, die Adam nach Set zeugte. Dasselbe gilt für alle anderen Nachkommen, die in diesem Kapitel aufgezählt werden. Es wird immer nur ein Sohn genannt, alle anderen Kinder werden ignoriert. Die Söhne, die genannt werden, sind die Vorfahren der Israeliten. Alle anderen Abstammungslinien werden eine kommende Katastrophe nicht überleben und bleiben deshalb unerwähnt.

5. Vers: daß sein ganzes Alter ward 930 Jahre, und starb (177).

177 Adam und seine Nachkommen (zumindest die im P-Dokument genannten) lebten weit länger, als die heute anerkannte maximale Lebensspanne eines Menschen beträgt (etwa 115 Jahre).
Wenn man die Berichte der biblischen Geschichte weiterverfolgt, nimmt die Lebensdauer der Menschen stufenweise ab, bis am Ende des Buches Genesis 150 Jahre und zur Zeit des Königs David 70 Jahre als sehr hohes Alter gelten.
Könnte es sein, daß die früheren Menschen sehr lange lebten und daß die kurze Lebensspanne des modernen Menschen ein Zeichen von Degeneration ist?
Vom wissenschaftlichen Standpunkt aus gesehen, wäre das eine Umkehrung der tatsächlichen Verhältnisse. Der *Homo sapiens* hatte immer eine Lebensfähigkeit von einhundert Jahren oder

etwas mehr (eine längere Lebensdauer als die jedes anderen Säugetiers); aber in der Frühzeit hatte er fast nie die Chance, sie zu erreichen. Das Leben war äußerst hart und risikoreich, nur wenige Menschen wurden fünfzig Jahre oder älter. Das war jedenfalls so bis zur Mitte des neunzehnten Jahrhunderts.

Aus geschichtlicher Zeit kennen wir Fälle, in denen Menschen nach zuverlässigen Berichten über neunzig Jahre alt wurden – Sophokles im fünften Jahrhundert v. Chr., Isokrates im vierten Jahrhundert v. Chr., Cassiodorus im sechsten Jahrhundert n. Chr., Tizian im sechzehnten Jahrhundert n. Chr. und so weiter – aber es waren vergleichsweise wenige.

Erst durch die Fortschritte der modernen Medizin, vor allem in der Seuchenbekämpfung, begann die durchschnittliche Lebensspanne zu wachsen.

Wenn Menschen einmal das Alter von sechzig Jahren erreicht haben, fordern die Degenerationskrankheiten ihren Tribut (Krebs, Arthritis, Herzversagen, Schlaganfälle, Niereninsuffizienz und so fort). Auf diesem Gebiet hat die Medizin bis heute keine großen Erfolge erzielen können. Ein Mensch über sechzig Jahre hat heute eine kaum höhere Lebenserwartung als zu Zeiten des Sophokles, vor vierundzwanzig Jahrhunderten. Natürlich erreichen heute viel mehr Menschen ein Alter von sechzig Jahren als zu der damaligen Zeit.

Wie kann man unter diesen Bedingungen die übergroße Lebensspanne Adams und seiner unmittelbaren Nachkommen erklären?

Manche sind der Ansicht, die hier genannten »Jahre« seien in Wirklichkeit Lunarmonate, da der Kalender noch keine Sonnenjahre kannte. Es gibt $12^1/_3$ Lunarmonate im Jahr, so daß Adams Lebenszeit, in Lunarmonate umgerechnet, sechsundsiebzig Jahre betragen hätte, was annehmbar zu sein scheint.

Das für die Zeit der Geburt des ältesten Sohnes angegebene Lebensalter würde dann allerdings absurd niedrig sein, und die Lebensdauer späterer Nachkommen, die ja immer niedriger wurde, dürfte so kaum zu erklären sein.

Die wahrscheinlichere Auslegung wird mit den sumerischen Königslisten zusammenhängen. Für jeden der früheren Könige ist die Regierungszeit angegeben, und diese geht in die Zehntausende von Jahren. Für zwei Könige wird eine Regierungs-

zeit von je 64 800 Jahren genannt.
Die Verfasser des P-Dokuments wollten so exzessive Daten nicht akzeptieren. Sie waren bereit, an lange Lebenszeiten zu glauben – aber in Grenzen. Allen Nachkommen Adams, ebenso wie Adam selbst, werden Lebensspannen von weniger als tausend Jahren zugewiesen. Das P-Dokument zeigt sich hier konservativ.
Die Lebensspannen der Nachkommen Adams sind ein wichtiger Faktor bei der Errechnung des Zeitpunktes der Schöpfung. Das Ergebnis (das meist mit 4004 v. Chr. angesetzt wird) ist zwar für die Erschaffung der Erde oder für die Geburt der Menschheit unbrauchbar; aber es ist eine ziemlich gute Schätzung für die Entstehung der sumerischen Kultur.

6. Vers: Set war 105 Jahre alt und zeugte Enosch
7. Vers: und lebte danach 807 Jahre und zeugte Söhne und Töchter,
8. Vers: daß sein ganzes Alter ward 912 Jahre, und starb.
9. Vers: Enosch war 90 Jahre alt und zeugte Kenan (178)

178 Kenan könnte die Version des P-Dokuments für den Kain des J-Dokuments sein.

10. Vers: und lebte danach 815 Jahre und zeugte Söhne und Töchter,
11. Vers: daß sein ganzes Alter ward 905 Jahre, und starb.
12. Vers: Kenan war 70 Jahre alt und zeugte Mahalalel (179)

179 Mahalalel könnte die Version des P-Dokuments für den Mahujaël des J-Dokuments sein.

13. Vers: und lebte danach 840 Jahre und zeugte Söhne und Töchter,
14. Vers: daß sein ganzes Alter ward 910 Jahre, und starb.
15. Vers: Mahalalel war 65 Jahre alt und zeugte Jared (180)

180 Jared könnte die Version des P-Dokuments für den Irad des J-Dokuments sein.

16. Vers: und lebte danach 830 Jahre und zeugte Söhne und Töchter,
17. Vers: daß sein ganzes Alter ward 895 Jahre, und starb.
18. Vers: Jared war 162 Jahre alt und zeugte Henoch (181)

181 Hier ist ein Name im P-Dokument und im J-Dokument identisch. In beiden wird Henoch als Nachkomme Adams genannt.

19. Vers: und lebte danach 800 Jahre und zeugte Söhne und Töchter,
20. Vers: daß sein ganzes Alter ward 962 Jahre, und starb.
21. Vers: Henoch war 65 Jahre alt und zeugte Metuschelach (182).

182 Metuschelach könnte die Version des P-Dokuments für den Metuschaël des J-Dokuments sein.

22. Vers: Und Henoch wandelte mit Gott (183). Und nachdem er Metuschelach gezeugt hatte, lebte er 300 Jahre und zeugte Söhne und Töchter,

183 Die Phrase »wandelte mit Gott« oder Varianten davon werden in der Bibel gebraucht, um anzuzeigen, daß ein Mensch fromm ist und ein tugendhaftes Leben führt, entsprechend Gottes Geboten.

23. Vers: daß sein ganzes Alter ward 365 Jahre (184).

184 Henochs Lebenszeit von 365 Jahren ist im Vergleich zu den anderen in diesem Kapitel genannten sehr kurz, weniger als die Hälfte in jedem einzelnen Fall.
Die Zahl 365 gab Anlaß für die Spekulation, daß Henoch dem Sonnenmythos zuzurechnen sei, daß er eine Version des Sonnengottes darstelle, die durch den Monotheismus des P-Dokuments vermenschlicht wurde.
Das ist natürlich eine reine Hypothese. Das babylonische (und israelitische) Jahr gründete sich auf den Mondkalender. Es bestand aus entweder zwölf oder dreizehn Lunarmonaten und konnte daher 354 oder 383 Tage dauern (wobei die mittlere

Dauer allerdings 365 Tage betrug). Die Zahl 365 dürfte also für die Verfasser der Bibel nicht dieselbe Bedeutung gehabt haben wie für uns. Die Übereinstimmung dürfte Zufall sein.

24. Vers: Und weil er mit Gott wandelte, nahm ihn Gott hinweg, und er ward nicht mehr gesehen (185).

185 Während von den übrigen in diesem Kapitel genannten Menschen einhellig gesagt wird: »und starb«, heißt es von Henoch: »nahm ihn Gott hinweg, und er ward nicht mehr gesehen«. Hier scheint der biblische Bericht auszusagen, daß Henoch nicht starb, sondern lebend in den Himmel versetzt wurde.

Die Juden späterer Zeiten glaubten das. Sie nahmen an, daß er im Himmel die Wirkungsweise des Universums kennenlernte und Kenntnis von der Zukunft erhielt.

Im zweiten vorchristlichen Jahrhundert und später erschienen verschiedene Bücher mystischen Charakters, die dem Henoch zugeschrieben wurden. Diese Bücher befaßten sich mit einigen biblischen Legenden und sagten die Art und Weise des Weltendes voraus.

Zumindest eines dieser Bücher war so bekannt, daß es im Neuen Testament erwähnt wird. Im vierzehnten Vers des aus einem Kapitel bestehenden Briefes des Judas lesen wir: »Es hat aber auch Henoch von ihm geweissagt, der siebte von Adam an...«, und es folgen dann zweieinhalb Verse mit Zitaten aus dem Buch.

Diese Vorstellung, daß ein Mensch lebend in den Himmel versetzt wird, könnte ihren Ursprung in dem Mythos vom Sonnengott oder von einem in den Himmel versetzten Heroen haben, der ein Sonnengott wurde. Henoch ist, wie Judas betont, die siebte Generation von Adam an (jedenfalls nach dem P-Dokument). Im Verzeichnis der früheren sumerischen Könige ist der siebte En-men-dur-Anna, der als Hüter geistlicher Mysterien und Wissender der kommenden Dinge beschrieben wird. Mehr noch, er war König von Sippar, wo der sumerische Sonnengott Schamasch besonders verehrt wurde. Die Verfasser des P-Dokuments waren jedoch so sorgfältig darauf bedacht, alle Spuren des Polytheismus zu tilgen, daß wir nicht sicher sein können, wie weit der Parallelismus reicht.

25. Vers: Metuschelach war 187 Jahre alt und zeugte Lamech (186)

186 Hier haben wir wieder einen Namen im P-Dokument, der identisch mit einem Namen im J-Dokument ist. Zudem ist Lamech der Sohn des Metuschelach im P-Dokument und des Metuschaël im J-Dokument.

26. Vers: und lebte danach 782 Jahre und zeugte Söhne und Töchter,
27. Vers: daß sein ganzes Alter ward 969 Jahre (187), und starb.

187 Metuschelach erreichte mit 969 Jahren ein Rekordalter unter allen im P-Dokument verzeichneten Nachkommen Adams, und er lebte auch länger als jeder andere in der Bibel erwähnte Mensch. Daher die bekannte Redensart: »So alt wie Methusalem.«

28. Vers: Lamech war 182 Jahre alt und zeugte einen Sohn
29. Vers: und nannte ihn Noah (188) und sprach: Der wird uns trösten in unserer Mühe und Arbeit auf dem Acker, den der Herr verflucht hat (189).

188 Noah ist die hebräische Bezeichnung für »Ruhe« oder »Trost«.

189 In diesem Vers, der die Bezeichnung »Herr« gebraucht und auf den Fluch hinweist, der die Vertreibung Adams und Evas aus dem Garten zur Folge hat, dringt ein Stück J-Dokument in ein Kapitel des P-Dokuments ein.
Noah ist der erste Mensch nach Kain und Abel, mit dessen Person wichtige Ereignisse verbunden sind, von denen die Bibel berichtet. Die Verfasser der Bibel scheinen es deshalb wohl für unzureichend gehalten zu haben, ihn mit der trockenen statistischen Aufzählung des P-Dokuments abzutun. Der Vers aus dem J-Dokument wurde eingefügt, um der Erzählung mehr Lebendigkeit zu geben.
Wenn wir die Lebensalter der verschiedenen im P-Dokument

aufgezählten Personen zur Zeit der Geburt ihrer Söhne addieren, kommen wir zu dem Ergebnis, daß Adam bei der Geburt Lamechs 874 Jahre alt war. Er starb, als Lamech 56 Jahre alt war. Adam starb als erster der in der Liste genannten Personen. Sogar Henoch war nur 252 Jahre alt, als Lamech geboren wurde, und er überlebte Adam um 57 Jahre.
Noah wurde 126 Jahre nach Adams Tod und 69 Jahre nach Henochs Versetzung in den Himmel geboren. Lamech mag empfunden haben, daß mit Adam auch der Fluch starb, der durch Adams Sünde auf die Erde gekommen war, und daß Henochs Frömmigkeit die Folgen der Sünde aufhob. Vielleicht erwartete man, daß Noah, der erste in der Liste genannte Mensch, der nach dem Tod Adams, des Verursachers der Sünde, und nach der Versetzung des frommen Henoch in den Himmel geboren wurde, in einer besseren Zeit leben würde.

30. Vers: Danach lebte er 595 Jahre und zeugte Söhne und Töchter,
31. Vers: daß sein ganzes Alter ward 777 Jahre (190), und starb.

190 Lamech hatte nach den Maßstäben dieses Kapitels ein ziemlich kurzes Leben. Eine mögliche Erklärung wäre der Ausspruch Lamechs im J-Dokument, daß Kain siebenmal, er selbst aber siebenundsiebzigmal gerächt werden sollte. Vielleicht lieferte diese alte Legende, die zu primitiv war, um in das P-Dokument aufgenommen zu werden, immerhin diese Zahl für die zahlenbewußten Verfasser.
Lamech starb, als Noah 595 Jahre alt war. Metuschelachs überlange Lebenszeit hatte zur Folge, daß er seinen Sohn Lamech um fünf Jahre überlebte und starb, als Noah 600 Jahre alt war. Die im Buch Genesis erwähnten Personen werden im allgemeinen als »Patriarchen« bezeichnet (ein griechisches Wort, das »Vater-Herrscher« bedeutet), weil so viele von ihnen die Ahnherren von Stämmen oder Nationen waren. Wegen des hohen Alters fast aller Patriarchen wird das Wort auch als Bezeichnung für einen besonders alten oder sehr ehrwürdigen Mann verwendet. Die in den Kapiteln 2 bis 5 der Genesis erwähnten Stammväter werden als »antediluvianische (vor der Flut lebende) Patriarchen bezeichnet. Das Wort »vorsintflutlich« hat spä-

ter die abwertende Bedeutung von »überaltert« und »rückständig« bekommen.

32. Vers: Noah war 500 Jahre alt und zeugte Sem, Ham und Jafet (191).

191 Hier ist das P-Dokument weniger präzise als üblich. Man könnte spekulieren, ob die drei Söhne Sem, Ham und Jafet Drillinge waren oder ob alle drei zu unbestimmter Zeit vor Noahs 500. Geburtstag geboren wurden.
Im allgemeinen wird jedoch angenommen, daß die drei Söhne nacheinander in kurzer Folge geboren wurden, und zwar zu einer Zeit, als Noah etwa 500 Jahre alt war. Die Reihenfolge, in der sie aufgezählt werden, gilt auch als Geburtsfolge, so daß Sem der älteste ist.
Hier werden zum erstenmal im P-Dokument mehrere Söhne eines Patriarchen namentlich benannt. Das hat seinen Grund. Bald wird eine Katastrophe kommen, die alle menschlichen Wesen außer Noah und seiner Familie ausrotten wird. Das bedeutet, daß die ganze Menschheit nach der Erzählung der Bibel ihre Abstammung auf Noah zurückführen muß. Alle Menschen, die vor Noah lebten – außer Noahs direkten Vorfahren –, haben keine Nachkommenschaft mehr. Sie sind daher unwichtig und brauchen nicht benannt zu werden.
Die Bibel unterteilt die Menschheit nach Noah jedoch in drei große Gruppen, und zwar nach seinen drei Söhnen, die mit ihm die Katastrophe überlebten. Alle drei Söhne müssen daher benannt werden.

Kapitel 6

1. Vers: Als aber die Menschen sich zu mehren begannen auf Erden und ihnen Töchter geboren wurden,
2. Vers: da sahen die Gottessöhne (192), wie schön die Töchter der Menschen waren, und nahmen sich zu Frauen, welche sie wollten.

192 Hier folgen nun acht Verse aus dem J-Dokument, das seine eigene Geschichte nach dem Siegesgesang Lamechs mit einer Schilderung der ständig wachsenden moralischen Verderbtheit der Welt weiterführt.
Bei dieser Textstelle scheint es sich um eine Beschreibung verbotener Beziehungen zu handeln, die auf zügellose Sexualität und Lasterhaftigkeit schließen lassen; aber es wird nicht klar, bei wem die Schuld liegt. Der Ausdruck »Gottessöhne« deutet auf göttliche Wesen hin. Man erhält den Eindruck, daß Gott über einen Hofstaat herrscht, der aus gottähnlichen, aber ihm untergeordneten Wesen besteht. Das ist natürlich Polytheismus – mit Gott als Oberhaupt unzähliger anderer Götter.
Weil dieses polytheistische Relikt aus alten Volkssagen für spätere Kommentatoren unannehmbar war, unterstellte man, daß die »Gottessöhne« die männlichen Mitglieder der Linie Set (oder Angehörige der oberen Klassen) waren, während die »Töchter der Menschen« der Linie Kain angehörten (oder Frauen der unteren Klassen waren). Aber das klingt nicht sehr überzeugend. Im Buch Hiob lesen wir: »Es begab sich aber eines Tages, da die Gottessöhne kamen und vor den Herrn traten...« (Hiob 1,6). Hier dient der Ausdruck »Gottessöhne« eindeutig dazu, himmlische Wesen etwa in der Art von Engeln zu beschreiben. Es gibt keine Kontroverse über diese Interpretation.
Wenn die Gottessöhne himmlische Wesen waren und ihren Willen hilflosen menschlichen Frauen aufzwangen, warum wurde dann die Erde dafür bestraft? Um dieser Frage aus dem Weg zu gehen, deuten manche Kommentatoren an, daß die »Töchter der Menschen« mit lasziven Verlockungen bewußt die tugendhaften »Gottessöhne« verführten, um ihre sündhaften sexuellen Begierden zu befriedigen. (Die eigentliche Schwierigkeit der Interpretation hängt wohl damit zusammen, daß die Verfasser einen ungeeigneten Ausschnitt aus dem J-Dokument dazu heranzogen, um eine Rechtfertigung für die Flut zu finden.)

3. Vers: Da sprach der Herr: Mein Geist soll nicht immerdar im Menschen walten, denn auch der Mensch ist Fleisch (193). Ich will ihm als Lebenszeit geben hundertundzwanzig Jahre (194).

193 Der Sinn dieses Verses ist unklar. Vielleicht erinnert sich Gott, daß der Mensch sterblich ist und daß den einzelnen Sündern nur eine beschränkte Zeit zur Verfügung steht, um ihn mit ihrer Verderbtheit zu belästigen. Vielleicht findet er auch Entschuldigungen für die Menschen. Sie sind nur Fleisch und darum schwach und zur Sünde verurteilt; das Gehäuse des Fleisches ist ein unvollkommenes Gefäß für den Heiligen Geist.

194 Wenn der erste Satz des Verses so zu interpretieren ist, daß Gott sich der Sterblichkeit des Menschen erinnert, dann muß man im zweiten Satz eine Bestrafung des Menschen für seine Verderbtheit sehen. Während bis jetzt einzelne Sünder Gott mit ihrer Frevelhaftigkeit fast tausend Jahre lang beleidigen konnten, wird jetzt die Lebensspanne der Menschen auf nur ein Achtel dieser Zeit herabgesetzt, auf einhundertzwanzig Jahre. Und in der Tat nimmt die Lebensdauer der Patriarchen nach Noah ständig ab.
Wie schon erwähnt, liegt die höchste Lebensdauer des Menschen knapp unter einhundertzwanzig Jahren.
Die übliche Interpretation dieses Verses ist allerdings nicht die einer Strafe, sondern einer Gnade. Sie knüpft an den Gedanken an, daß Gott Entschuldigungen für die Menschheit sucht. Der Satz wird so ausgelegt, daß Gott die Strafe für weitere einhundertzwanzig Jahre aussetzen wird – für den Fall, daß die Menschen doch noch Reue zeigen und sich vom Weg der Sünde abwenden.

4. Vers: Zu der Zeit und auch später noch, als die Gottessöhne zu den Töchtern der Menschen eingingen und sie ihnen Kinder gebaren, wurden daraus die Riesen (195) auf Erden. Das sind die Helden der Vorzeit, die hochberühmten (196).

195 Das hebräische Wort, das hier mit »Riesen« übersetzt wird, ist *nephilim*. Die Übersetzung ist vermutlich nicht ganz sinnentsprechend; denn eine gewaltige physische Größe ist hier kein wesentliches Merkmal. Das Wort bezieht sich vielmehr auf mächtige Krieger oder auf Helden, die die Griechen »Heroen« nannten, ohne besonderen Bezug auf unübliche Größe. In einigen revidierten Übersetzungen der Bibel hat man diese

Schwierigkeiten umgangen, indem man das hebräische Wort unübersetzt ließ.

Im gewissen Sinne gab es übrigens »zu der Zeit« tatsächlich Riesen auf der Erde. Lange bevor der *Homo sapiens* erschien, mehr als siebzig Millionen Jahre vorher, stampften Dinosaurier über die Erde. Manche wogen bis zu neunzig Tonnen. Nach ihrem Aussterben gab es riesenhafte Säugetiere. Das größte, vor etwa zwanzig Millionen Jahren lebende, war das Baluchitherium, das ein Gewicht von ungefähr zweiundzwanzig Tonnen erreichte. Es gab flugunfähige Vögel wie den Aepyornis auf Madagaskar, der bis zu einer halben Tonne wog.

Der Gattung Mensch verwandter war der Gigantopithecus, der größte je lebende Primat. Er ähnelte einem riesenhaften Gorilla, war in aufrechter Haltung 2,70 Meter groß und wog über dreihundert Kilogramm. Er starb vor ungefähr drei Millionen Jahren aus.

Alle diese Riesen sind jedoch Entdeckungen der Neuzeit. Es ist unglaubhaft, daß der Bibelvers sich auf sie bezieht.

196 In den Sagen alter Völker erscheinen berühmte Männer der Vergangenheit als Heroen mit herausragenden körperlichen Eigenschaften. Die Vergangenheit wird immer glorifiziert. Homer, der um 800 v. Chr. schrieb, führte seinen Zeitgenossen immer wieder vor Augen, wieviel stärker und heldenhafter doch ihre Vorfahren waren. In vielen Sagen primitiver Völker entstammen die großen Männer der Vergangenheit Verbindungen von Göttern und Menschen.

Achilles war der Sohn der Meeresnymphe Thetis; Herakles war ein Sohn des Zeus; Aeneas war der Sohn der Aphrodite; Romulus war ein Sohn des Mars, und so fort. Eine solche Art mythischer Vorstellungen spiegelt sich in diesem Vers der Bibel. Er ist ein Stück vertrauten Heroenkults aus der polytheistischen Vergangenheit, den die Verfasser der Bibel hier eingeflochten haben, um die moralische Verderbtheit der Zeit hervorzuheben.

Daß diese hochberühmten Männer von übermenschlicher Körpergröße sein mußten, ist eine natürliche Folgerung aus den übertriebenen Erzählungen von ihren Heldentaten. Ein anderer Aspekt war das Staunen der barbarischen Invasoren vor den großartigen Werken der Zivilisationen, mit denen sie konfron-

tiert wurden. Als die dorischen Griechen in den Peloponnes eindrangen, standen sie überwältigt vor den kolossalen Stadtmauern von Mykenä und Tiryns, den Bollwerken der geschlagenen Mykenischen Kultur. Unfähig, die Möglichkeiten einer so fortgeschrittenen Technologie zu begreifen, kamen die Dorer zu der Überzeugung, daß diese Mauern nur von Riesen hatten gebaut werden können.
In der gleichen Weise bestaunten die israelitischen Invasoren die kunstvollen Befestigungswerke der kanaanitischen Städte. Auch sie hatten den Eindruck, mit Riesen zu kämpfen. Die Spione, die ausgesandt wurden, das Land Kanaan zu erkunden, berichteten: »Wir sahen dort auch Riesen ... und wir waren in unseren Augen wie Heuschrecken ...« (4. Mose 13,33). Das muß man aber wohl als eine Metapher von dramatischer Übertreibung bewerten.

5. Vers: Als aber der Herr sah, daß der Menschen Bosheit groß war auf Erden und alles Dichten und Trachten ihres Herzens nur böse war immerdar,
6. Vers: da reute es ihn (197), daß er die Menschen gemacht hatte auf Erden, und es bekümmerte ihn in seinem Herzen,

197 Das Wort »reute« erweckt den Eindruck, als sei Gott zu der Überzeugung gekommen, einen Fehler gemacht zu haben; die Menschheit war für ihn ein Experiment, das mißglückt war. In späteren Zeiten wurde der Gottesbegriff transzendenter, Gott war allwissend und konnte keinen Fehler machen. Der Gott der frühen Legenden jedoch hatte noch mehr menschliche Züge.

7. Vers: und er sprach: Ich will die Menschen, die ich geschaffen habe, vertilgen von der Erde, vom Menschen an bis hin zum Vieh und bis zum Gewürm und bis zu den Vögeln unter dem Himmel; denn es reut mich, daß ich sie gemacht habe (198).

198 Da die Erde und alle ihre Lebensformen nur auf die Bedürfnisse des Menschen hin geschaffen waren, wurden sie nutzlos ohne die Menschheit und konnten mit ihr vernichtet werden. Gottes Plan war offenbar, alles ins Chaos zurückzuführen und das ganze Experiment des Kosmos als Fehlschlag fallenzulassen.

8. Vers: Aber Noah fand Gnade vor dem Herrn (199).

199 Daß der Plan einer Vernichtung des Kosmos nicht vollständig verwirklicht wurde, war der Tatsache zu verdanken, daß ein Mensch, Noah, Gnade vor den Augen Gottes fand. Das Experiment war doch kein totaler Fehlschlag; daher entschloß sich Gott, nur einen Teil zu zerstören und mit dem Rest einen neuen Anfang zu machen.

9. Vers: Dies ist die Geschichte von Noahs Geschlecht (200). Noah war ein frommer Mann und ohne Tadel zu seinen Zeiten; er wandelte mit Gott (201).

200 Hier haben wir eine neue Einleitung, die man vielleicht besser übersetzen sollte: Es folgt die Geschichte von Noah. Wir schalten jetzt wieder zum P-Dokument um, das mit dieser Einleitung die Erzählung vom Ende des Kapitels 5 weiterführt. Die nun folgende Geschichte von der Flut ist sowohl im P-Dokument wie im J-Dokument enthalten. Jedes erzählt sie auf seine charakteristische Weise. Das P-Dokument ist voll von Zahlen und Details, während das J-Dokument sich auf den dramatischeren Ablauf konzentriert. Die Herausgeber der Bibel nahmen beide Versionen herein und verflochten sie miteinander, um daraus eine einzige Geschichte zu machen. Doch der Versuch führte zu Wiederholungen und Widersprüchen.

201 Die Phrase »wandelte mit Gott«, die im vorigen Kapitel für Henoch verwendet wurde, wird hier in Verbindung mit Noah wiederholt.

10. Vers: Und er zeugte drei Söhne: Sem, Ham und Jafet.
11. Vers: Aber die Erde war verderbt vor Gottes Augen und voller Frevel.

12. Vers: Da sah Gott auf die Erde, und siehe, sie war verderbt; denn alles Fleisch hatte seinen Weg verderbt auf Erden.

13. Vers: Da sprach Gott zu Noah: Das Ende alles Fleisches ist bei mir beschlossen, denn die Erde ist voller Frevel von ihnen (202); und siehe, ich will sie verderben mit der Erde (203).

202 In drei Versen sagt das P-Dokument dreimal, daß die Erde verderbt war, und zweimal, daß sie voller Frevel war; aber es führt keine Einzelheiten an. Das P-Dokument weiß nichts von der Vermischung der Menschen mit den Gottessöhnen und nichts von den *nephilim*.
Vielleicht haben die Herausgeber der Bibel eine präzise Rechtfertigung für Gottes Entschluß, die Erde zu vernichten, liefern wollen und deshalb im J-Dokument nach geeigneten Versen gesucht, die man diesem Abschnitt der Bibel voranstellen könnte. Sie stießen dabei auf die Gottessöhne und die *nephilim*, die zwar nicht recht passend und mystifizierend waren, doch sie konnten wohl nichts Besseres finden.

203 Gottes Absicht ist, wie sich bald zeigen wird, das Leben auf der Erde durch eine Flut zu vernichten. Man braucht nicht viel Phantasie, um eine Flut als Mittel der Verwüstung zu begreifen.
Sumer war ein ebenes Land zwischen zwei großen Strömen. Wie es bei jedem großen Strom der Fall ist (wir brauchen nur an den Nil zu denken), führt ein außergewöhnliches Ansteigen des Wasserspiegels zu Überflutungen. In einem so flachen Land wie Sumer würde es keiner besonders großen Flut bedürfen, um weite Teile des ganzen Gebietes zu überschwemmen.
Eine besonders schreckliche Flut mußte im Gedächtnis späterer Generationen lebendig bleiben, und besonders schreckliche Fluten ereigneten sich zweifellos. 1929 berichtete der englische Archäologe Sir Charles Leonard Woolley, daß er bis zu drei Meter dicke Schichten von Flußablagerungen bei Ausgrabungen in der Nähe des Euphrat gefunden habe. Sumerische Aufzeichnungen sprechen von Ereignissen »vor der Flut« und »nach der Flut«.

Natürlich würde eine so schreckliche Flut Aufzeichnungen zerstören, besonders gründlich in einer primitiven Zeit, in der die Schrift – wenn überhaupt – kaum in Gebrauch gekommen war. Aus diesem Grunde mußten Ereignisse »vor der Flut« schnell einen legendären und höchstwahrscheinlich sehr übertriebenen Charakter annehmen. Die Listen der sumerischen Könige zum Beispiel, die Zehntausende von Jahren regierten, stammen aus der Zeit vor der Flut. Es gab keine ähnlichen Berichte über Könige, die nach der Flut regierten. Die Lebensspannen der vor- und nachsintflutlichen Patriarchen in der Bibel sind ebenfalls Beispiele dieser Zäsur.
Der dramatische Bericht von der sumerischen Flut war Bestandteil des Gilgamesch-Epos, das in der ganzen frühzeitlichen Welt verbreitet war und daher auch die Mythen anderer Völker beeinflußt hat.
Gilgamesch kommt auf der Suche nach der Unsterblichkeit zu Utnapischtim, der die große Flut überlebt hat und unsterblich geworden ist. Die Geschichte, die er Gilgamesch erzählt, ist der biblischen Legende von der Sintflut sehr ähnlich. Utnapischtim wird daher auch der sumerische Noah genannt. Richtiger dürfte es sein, Noah als den biblischen Utnapischtim zu bezeichnen.
Überschwemmungen werden im allgemeinen wie andere Naturkatastrophen nicht durch menschliches Handeln verursacht. In der Frühzeit konnte man sich ihre Ursache nicht erklären. Die Sumerer schrieben das Ereignis einer Laune der Götter zu. Die Verfasser der Bibel konnten für ihre Version der sumerischen Sage die Launenhaftigkeit der Götter nicht als Grund akzeptieren und suchten (nicht ganz erfolgreich) nachzuweisen, daß die Menschheit selbst für die Katastrophe verantwortlich war.

14. Vers: Mache dir einen Kasten (204) von Tannenholz (205) und mache Kammern darin und verpiche ihn mit Pech innen und außen.

204 Das hebräische Wort *tevah*, das Kasten bedeutet, wird auch mit »Arche« übersetzt. Das Wort »Arche« ist eine Ableitung des lateinischen *arca*, das einen geschlossenen Behälter kennzeichnet.

Wir dürfen wohl vermuten, daß die frühesten Wasserfahrzeuge Flöße oder offene Boote waren, die mit Rudern oder Stangen bewegt wurden oder auch mit Segeln ausgestattet waren. Anfangs waren sie alle nach oben offen. Sie mußten bei wolkenbruchartigen Regenfällen vollaufen und sinken. Das Konzept eines nach allen Seiten geschlossenen Schiffes, das dieser Gefahr nicht ausgesetzt war, mußte das eines riesigen Kastens sein. Der Vers würde in heutiger Sprache so beginnen: Mache dir ein geschlossenes Schiff.

205 Die Bedeutung des von Luther mit »Tannenholz« übersetzten hebräischen Wortes *gopher* ist unbekannt. Wir wissen nicht, welche Holzart gemeint ist.

15. Vers: Und mache ihn so: Dreihundert Ellen sei die Länge, fünfzig Ellen die Breite und dreißig Ellen die Höhe (206).

206 Wie üblich schwelgt das P-Dokument in Zahlen. Eine Elle mißt etwa sechsundvierzig Zentimeter. Die Maße der Arche waren demnach etwa 138 Meter Länge, 23 Meter Breite und 13,8 Meter Höhe. Der Rauminhalt betrug etwas mehr als 42000 Kubikmeter. Utnapischtims Arche, die nach der Weisung des sumerischen Gottes Ea gebaut war, war ein Würfel mit einer Kantenlänge von je 55 Metern, was einem Rauminhalt von etwa 166000 Kubikmetern entspricht.
Noahs Arche hatte nur einen Rauminhalt von etwas mehr als einem Viertel der Arche Utnapischtims, aber ihre Maße entsprachen eher denen eines Schiffes.

16. Vers: Ein Fenster (207) sollst du daran machen obenan, eine Elle groß. Die Tür sollst du mitten in seine Seite setzen. Und er soll drei Stockwerke haben, eines unten, das zweite in der Mitte, das dritte oben (208).

207 Ein einziges Fenster in einem großen Wasserfahrzeug, das, wie wir sehen werden, viele Tiere aufnehmen soll, erscheint geradezu absurd. In anderen Übersetzungen wird das »Fenster« durch »Dach« ersetzt, womit die geschlossene Form

der Arche hervorgehoben wird. Das hebräische Wort, das hier mit »Fenster« übersetzt ist, bedeutet »Licht«. Die rabbinische Legende spricht von einem kostbaren Edelstein, der die Arche mit Licht erfüllte.
Es ist sinnlos, zu genau auf die Konstruktionsdetails der Arche einzugehen. Weder die Sumerer noch die Israeliten hatten Erfahrung mit großen Schiffen oder mit der Seefahrt. Die Beschreibung der Arche ist ein Phantasieprodukt von Landbewohnern, die von seemännischen Dingen keine Ahnung hatten.

208 Utnapischtims Arche war mit sieben Decks eine kunstvollere Konstruktion.

17. Vers: Denn siehe, ich will eine Sintflut kommen lassen auf Erden, zu verderben alles Fleisch, darin Odem des Lebens ist, unter dem Himmel. Alles, was auf Erden ist, soll untergehen.

18. Vers: Aber mit dir will ich meinen Bund (209) aufrichten, und du sollst in die Arche gehen mit deinen Söhnen, mit deiner Frau und mit den Frauen deiner Söhne.

209 Unter Bund ist ein feierlicher Vertrag zu verstehen.

19. Vers: Und du sollst in die Arche bringen von allen Tieren, von allem Fleisch, je ein Paar (210), Männchen und Weibchen (211), daß sie leben bleiben mit dir.

210 »Je ein Paar« bedeutete für die Verfasser der Bibel keine sehr große Menge. Für sie existierten wahrscheinlich nicht mehr als ein paar Hundert verschiedene Tierarten. Der griechische Philosoph Aristoteles, ein genauer und intelligenter Beobachter, konnte um 300 v. Chr. nur ungefähr fünfhundert Arten von Tieren aufzählen.
Heute wissen wir, daß es allein von Säugetieren etwa fünfzehntausend Arten gibt. Natürlich ist nur ein Bruchteil davon in den biblischen Ländern vertreten, und wenn die Sintflut ein lokales Phänomen der Tigris-Euphrat-Region war (was unzweifelhaft zutrifft), dann würde es sich nur um diesen Teil handeln.
Gott sagt jedoch, daß er alles Fleisch verderben will, und zu-

sätzlich zu den Säugetieren gibt es noch fünfzehntausend Arten anderer landbewohnender Wirbeltiere und eine gewaltige Anzahl von Arten anderer Landtiere. Es gibt mindestens eine Million Insektenarten, und fast täglich werden weitere entdeckt. Allein fünfhundert verschiedene Arten von Fliegen sind uns bekannt.
Wenn man Gottes Anweisungen wörtlich nimmt, muß die Arche zwischen zwei und vier Millionen Tiere beherbergt haben, davon etwa vier Fünftel Insekten.

211 Je ein Männchen und ein Weibchen von jeder Art zu haben, ist keine Garantie für ein Überleben. Das Todesrisiko bei Tieren ist so groß, daß ohne ein starkes System elterlicher Fürsorge und eine Menge Glück ein einziges Elternpaar nicht ausreichen wird, eine Art am Leben zu erhalten. Die Chancen sind natürlich besser, wenn alle Tiere Pflanzenfresser sind und es daher kein räuberisches Verhalten gibt, wie es ja für diese Epoche der biblischen Geschichte angenommen wird.

20. Vers: Von den Vögeln nach ihrer Art, von dem Vieh nach seiner Art und von allem Gewürm auf Erden nach seiner Art: von den allen soll je ein Paar zu dir hineingehen, daß sie leben bleiben (212).

212 Nicht erwähnt werden die Tiere des Meeres; sie sind von der Flut nicht betroffen. Mikroben waren natürlich noch unbekannt.

21. Vers: Und du sollst dir von jeder Speise nehmen, die gegessen wird (213), und sollst sie bei dir sammeln, daß sie dir und ihnen zur Nahrung diene.

213 Die Tierwelt ernährt sich vermutlich noch vegetarisch, wie es in Genesis 1, 29–30 angeordnet ist. Das bedeutet, daß Noah große Mengen von allen Pflanzen sammeln mußte. Wenn man die Verse der Bibel wörtlich nimmt, bezieht sich dieser Versteil auf alle Landpflanzen, von denen es zumindest eine Viertelmillion Arten gibt.

22. Vers: Und Noah tat alles, was ihm Gott gebot.

Kapitel 7

1. Vers: Und der Herr (214) sprach zu Noah: Geh in die Arche (215), du und dein ganzes Haus; denn dich habe ich gerecht erfunden vor mir zu dieser Zeit.

214 Der letzte Vers des sechsten Kapitels sprach von »Gott«, der erste Vers des siebten Kapitels spricht vom »Herrn«. Das ist ein Hinweis, daß wir wieder beim J-Dokument sind.

215 Das J-Dokument fährt da fort, wo es in Genesis 6,8 aufgehört hat. Noah hat Gnade vor dem Herrn gefunden, der deshalb ihn und sein Haus in die Arche einziehen läßt. Das J-Dokument befaßt sich nicht mit dem Ausmessen oder der Einrichtung der Arche. Sie ist einfach da.

2. Vers: Von allen reinen Tieren (216) nimm zu dir je sieben (217), das Männchen und sein Weibchen (218), von den unreinen Tieren (219) aber je ein Paar (220), das Männchen und sein Weibchen.

216 In diesem Vers werden plötzlich »reine Tiere« erwähnt, ohne diese zu definieren. Reine Tiere sind Tiere, die zum Opfer genommen werden dürfen – zum Beispiel Rinder, Schafe oder Ziegen. Die Kriterien für die Unterscheidung reiner Tiere von unreinen werden erst im 3. Buch Mose (Levitikus) gegeben. Das J-Dokument nimmt offenbar an, daß die Unterscheidung immer bekannt war.

217 Während Noah im P-Dokument angewiesen wird, ein einziges Paar von jeder Art Lebewesen ohne Unterschied zu nehmen, erhält er im J-Dokument den Befehl, sieben Paare von jeder Art reiner Tiere zu nehmen. Offensichtlich ist diese Maßnahme nicht zur Sicherung des Überlebens der Arten gedacht, sondern um genügend Opfertiere bei der Beendigung der Flut zu haben.

218 Hier finden wir wieder einen automatischen, als selbstverständlich hingenommenen männlichen Chauvinismus. Das

P-Dokument spricht von »Männchen und Weibchen«, wobei das Männchen immer zuerst genannt wird. Das J-Dokument spricht von »dem Männchen und seinem Weibchen«, womit es das Weibchen auf den Status des Eigentums herabsetzt.

219 »Unreine Tiere« sind solche, die nicht zum Opfer zugelassen sind – wie Schweine, Pferde, Kamele u.a. Auch dieser Begriff wird erst im 3. Buch Mose erläutert.

220 Hier ist es in der King James Bible unklar, ob es sich um ein Paar oder zwei Paare handelt. Die Übersetzung Luthers läßt keinen Zweifel offen, daß es sich um je ein Paar handelt.

3. Vers: Desgleichen von den Vögeln unter dem Himmel je sieben (221), das Männchen und sein Weibchen, um das Leben zu erhalten auf dem ganzen Erdboden.

221 Die Vögel müssen allgemein mit sieben Paaren je Art in die Arche gebracht werden. Unreine Vögel werden nicht erwähnt. Möglicherweise spricht das J-Dokument nur von gezähmten Tieren; denn alle gezähmten Vögel waren rein, während einige gezähmte Säugetiere unrein waren. Das würde auf eine geringere Fassungskraft und eine realistischere Aufgabenstellung für die Arche schließen lassen als die Version des P-Dokuments, nach der die Arche zwei Exemplare jeder existierenden Tierart aufnehmen sollte.

4. Vers: Denn von heute an in sieben Tagen will ich regnen lassen auf Erden vierzig Tage und vierzig Nächte (222) und vertilgen von dem Erdboden alles Lebendige, das ich gemacht habe.

222 Das J-Dokument kümmert sich nicht um exakte Zahlenangaben, aber die Zahl Vierzig hat einen gewissen rituellen Aussagewert. Mose war vierzig Tage auf dem Berge Sinai, und er lebte dreimal vierzig Jahre. Elia wurde vierzig Tage lang von Raben mit Speise versorgt; Jesus fastete vierzig Tage lang. Man könnte weitere Beispiele anführen.

5. Vers: Und Noah tat alles, was ihm der Herr gebot.

6. Vers: Er war aber sechshundert Jahre alt (223), als die Sintflut auf Erden kam.

223 Dieser Vers stammt aus dem P-Dokument und folgt auf Genesis 6,22. Er ist ein weiteres Beispiel für die Wichtigkeit, die das P-Dokument Zahlenangaben beimißt. Nebenbei bemerkt: Metuschelach stirbt erst, als Noah sechshundert Jahre alt ist, wenn man die Zahlen aufrechnet, die im fünften Kapitel der Genesis angegeben werden. Es ist unklar, ob Metuschelach bereits tot war; wenn nicht, könnte man sich fragen, warum Noah so gefühllos war, seinen greisen Großvater zurückzulassen. Wenn man die Zahlenangaben des fünften Kapitels zugrunde legt, ergibt sich übrigens, daß Noah 1056 Jahre nach der Erschaffung der Welt geboren wurde und die Flut sich demnach 1656 Jahre nach der Erschaffung der Welt ereignete. Akzeptiert man die Schätzung von Erzbischof Ussher, nach der die Schöpfung im Jahre 4004 v. Chr. stattfand, dann ereignete sich die Sintflut im Jahre 2348 v. Chr. Das würde nur um einige Jahrhunderte von den sumerischen Aufzeichnungen abweichen, nach denen die Große Flut etwa um 2800 v. Chr. stattfand.

7. Vers: Und er ging in die Arche mit seinen Söhnen, seiner Frau und den Frauen seiner Söhne vor den Wassern der Sintflut.

8. Vers: Von den reinen Tieren und von den unreinen, von den Vögeln und von allem Gewürm auf Erden

9. Vers: gingen sie zu ihm in die Arche paarweise (224), je ein Männchen und Weibchen, wie ihm Gott geboten hatte.

224 Es bleibt ungewiß, ob hier ein einziges Paar von jeder Art gemeint ist oder in manchen Fällen sieben Paare je Art, die paarweise in die Arche gingen. Die Doppeldeutigkeit mag dadurch entstanden sein, daß Kompilatoren der Bibel versucht haben, die beiden Versionen in Einklang zu bringen.

10. Vers: Und als die sieben Tage vergangen waren, kamen die Wasser der Sintflut auf Erden.

11. Vers: In dem sechshundertsten Lebensjahr Noahs am siebzehnten Tag des zweiten Monats (225), an

diesem Tag brachen alle Brunnen der großen Tiefe auf und taten sich die Fenster des Himmels auf (226)

225 Die Verse 7 bis einschließlich 10 sind Teil des J-Dokuments und beschreiben den Einzug in die Arche. Die Herausgeber der Bibel scheinen den Text jedoch revidiert zu haben, da sie die Bezeichnung Gott statt Herr verwenden und, wie wir gesehen haben, die tatsächliche Zahl der Tiere je Art im unklaren lassen.
Mit dem Vers 11 jedoch kehren wir zum P-Dokument zurück. Der Einzug in die Arche wird noch einmal beschrieben. Das P-Dokument gibt nicht nur das Jahr des Ereignisses an, sondern den genauen Monat und Tag seines Eintritts – typisch für die Zahlenbesessenheit seiner Verfasser.

226 Hier findet ein zumindest partieller Zusammenbruch der kosmischen Ordnung statt, da die Scheidung zwischen Land und Meer und zwischen den Wassern unter und über dem Firmament aufgehoben ist.
Wenden wir uns der tatsächlichen Großen Flut der sumerischen Geschichte zu. Bedeutet die Erwähnung der »Brunnen der großen Tiefe« in der Bibel vielleicht, daß hier mehr als eine Flußüberschwemmung stattfand? Drangen auch die Wasser des Meeres in das Land ein? Waren heftige Regenfälle von einem großen Tsunami (einer seismischen Flutwelle) begleitet?
Was könnte den Tsunami verursacht haben? Entlang der nordöstlichen Küste des Persischen Golfes verläuft die Grenze einer Erdrindenscholle. Möglicherweise hat ein Erdbeben das Meer erschüttert und eine Wasserwelle golfaufwärts getrieben.
Dramatischer noch: Vielleicht ist ein großer Meteor so unglücklich in den Golf gestürzt, daß er eine riesige Flutwelle auslöste. Für keine dieser spekulativen Vermutungen gibt es einen Beweis, aber keine ist auch völlig auszuschließen.

12. Vers: und ein Regen kam auf Erden vierzig Tage und vierzig Nächte (227).

227 Hier wird ein Vers aus dem J-Dokument mitten in eine Passage des P-Dokuments eingeflochten. Er wiederholt die

Phrase von dem vierzigtägigen Regen aus dem vierten Vers dieses Kapitels.

13. Vers: An eben diesem Tage ging Noah in die Arche mit Sem, Ham und Jafet, seinen Söhnen, und mit seiner Frau und den drei Frauen seiner Söhne;

14. Vers: dazu alles wilde Getier nach seiner Art, alles Vieh nach seiner Art, alles Gewürm, das auf Erden kriecht, nach seiner Art und alle Vögel nach ihrer Art, alles, was fliegen konnte, alles, was Fittiche hatte;

15. Vers: das ging alles zu Noah in die Arche paarweise, von allem Fleisch, darin Odem des Lebens war.

16. Vers: Und das waren Männchen und Weibchen von allem Fleisch, und sie gingen hinein, wie denn Gott ihm geboten hatte (228). Und der Herr schloß hinter ihm zu (229).

228 Dies ist der Bericht des P-Dokuments vom Einzug in die Arche, im wesentlichen eine Wiederholung der Beschreibung im J-Dokument.

229 Der letzte Satz dieses Verses greift wieder auf das J-Dokument zurück. Er hätte am Schluß der Beschreibung des Einzuges nach dem Vers 9 folgen müssen. Aber der abschließende Charakter der Aussage hätte es schwieriger gemacht, mit dem Einzugsbericht des P-Dokuments fortzufahren. Er wurde daher an dessen Schluß gesetzt.

17. Vers: Und die Sintflut war vierzig Tage auf Erden (230), und die Wasser wuchsen und hoben die Arche auf und trugen sie empor über die Erde.

230 Noch einmal die Erwähnung der vierzigtägigen Periode aus dem J-Dokument. Die Zeitangabe bezieht sich aber diesmal nicht auf die Dauer des Regens. Sie sagt vielmehr aus, daß die Dauer der Flut (vermutlich die Gesamtdauer) vierzig Tage betrug.

18. Vers: Und die Wasser nahmen überhand und wuchsen sehr auf Erden, und die Arche fuhr auf den Wassern (231).

231 Dieser Vers ist im wesentlichen eine Wiederholung des vorhergehenden Verses. Aber hier haben wir wieder ein Zitat aus dem P-Dokument, in dem die vierzig Tage nicht erwähnt werden.

19. Vers: Und die Wasser nahmen überhand und wuchsen so sehr auf Erden, daß alle hohen Berge unter dem ganzen Himmel bedeckt wurden (232).

232 Wenn wir annehmen, daß die Flut tatsächlich auf das Tigris-Euphrat-Tal beschränkt war, dann ist die Aussage, daß »alle hohen Berge« bedeckt waren, keine Überraschung. Das Tal ist flach, die Erhebungen sind nicht groß. Bei einer starken Überschwemmung oder bei einem Tsunami oder bei beiden würde tatsächlich das ganze Gebiet bedeckt werden.
Den staunenden Überlebenden der Sintflut muß es sicherlich so vorgekommen sein, als seien »alle hohen Berge unter dem ganzen Himmel« bedeckt gewesen. Aber die Sumerer der Zeit um 2800 v. Chr. konnten kaum eine über das Zweistromland hinausreichende Vorstellung von der Ausdehnung der Erde gehabt haben.
Wenn man bereit ist, den Vers wörtlich zu nehmen – daß also die Sintflut die ganze Erde bedeckte, wie wir sie heute kennen (und die meisten Bibelleser haben das so verstanden, und viele verstehen es auch heute noch so) –, dann hätte man sich vorzustellen, daß der Meeresspiegel 8855 Meter anstieg, um auch das Himalajagebirge zu bedecken. Die Menge Wasser, die dazu notwendig gewesen wäre, würde mehr als das Dreieinhalbfache der gesamten Wassermenge auf der Erde betragen.

20. Vers: Fünfzehn Ellen hoch gingen die Wasser über die Berge, so daß sie ganz bedeckt wurden (223).

233 Fünfzehn Ellen sind ungefähr sieben Meter. In der King James Bible wird der Vers so gedeutet, daß das Wasser eine Gesamttiefe von sieben Metern hatte und daß diese ausreichte, die

Berge zu bedecken. Die Vorstellung ist absurd.
Die Übersetzung Luthers gibt, wie übrigens auch die englische Revised Standard Version, eine wohl korrektere Interpretation: »Fünfzehn Ellen hoch gingen die Wasser über die Berge.«
Anders ausgedrückt: Die Gesamttiefe des Wassers betrug sieben Meter mehr als die Höhe des Mount Everest, die 8848 Meter beträgt. Der Meeresspiegel lag also beim Höchststand der Flut 8855 Meter über dem normalen Meeresspiegel.
Wissenschaftlich gesehen ist das völlig unmöglich; denn es gibt nicht genug Wasser auf der Erde, um eine solche Überflutung herbeiführen zu können. Außerdem gibt es kein Anzeichen für eine weltweite Sintflut im dritten Jahrtausend v. Chr. Die ägyptische Geschichte z. B. verläuft durch das ganze dritte Jahrtausend v. Chr. ohne ein Anzeichen eines Zusammenbruchs, und nirgends findet sich eine Erwähnung einer großen Flut.
Wenn wir aber von der Flachheit des Tigris-Euphrat-Tales ausgehen und die Sintflut als ein lokales Phänomen dieser Region ansehen, ist eine Überflutung der Erhebungen dieser Region um sieben Meter durchaus vorstellbar.

21. Vers: Da ging alles Fleisch unter, das sich auf Erden regte, an Vögeln, an Vieh, an wildem Getier und an allem, was da wimmelte auf Erden, und alle Menschen.

22. Vers: Alles, was Odem des Lebens hatte auf dem Trokkenen (234), das starb.

234 Man kann daraus schließen, daß das Leben im Meere nicht betroffen war.
Der Tod durch Ertrinken, über den die Bibel hier so gefühllos hinweggeht, ist von besonderer Grausamkeit. Man muß sich vorstellen, wie von den Fluten eingeschlossene Menschen verzweifelt versuchen, sich auf die Höhen zu retten, wie sie vergeblich kämpfen, den Kopf über Wasser zu halten. Wir können uns auch die panische Angst der vor dem Wasser fliehenden Tiere vorstellen.
Wie groß auch die Sünden der Menschheit waren, eine barmherzigere Gottheit, so möchte man meinen, hätte doch einfach mit einem Wort schmerzlos ihre Existenz auslöschen können, um dann einen neuen Anfang zu setzen.

23. Vers: So wurde vertilgt alles, was auf dem Erdboden war, vom Menschen an bis hin zum Vieh und zum Gewürm und zu den Vögeln unter dem Himmel; das wurde alles von der Erde vertilgt. Allein Noah blieb übrig und was mit ihm in der Arche war (235).

235 In drei aufeinanderfolgenden Versen wird festgestellt, daß alle Lebewesen auf dem trockenen Lande starben. Diese unnötige Wiederholung ist darauf zurückzuführen, daß der Vers 21 aus dem P-Dokument stammt, während die Verse 22 und 23 dem J-Dokument entnommen sind. Die Verfasser der Bibel hielten es wohl für wichtig, beide Versionen aufzunehmen.

24. Vers: Und die Wasser wuchsen gewaltig auf Erden hundertundfünfzig Tage (236).

236 Das J-Dokument läßt den Regen vierzig Tage und vierzig Nächte andauern, während das P-Dokument die Wasser 150 Tage »wachsen« läßt. Diesen offensichtlichen Widerspruch versuchen manche Kommentatoren mit der Erklärung wegzuinterpretieren, ein vierzigtägiger Regen habe die Flut auf ihren Höchststand gebracht und dieser Stand habe ohne weiteren Regen 150 Tage lang angehalten (oder auch, die 150 Tage schlössen die vierzig Regentage ein).
Sinnvoller scheint die Hypothese zu sein, daß die beiden Dokumente Legenden berichten, die in verschiedenen Punkten voneinander abweichen.

Kapitel 8

1. Vers: Da gedachte Gott an Noah und an alles wilde Getier und an alles Vieh, das mit ihm in der Arche war, und ließ Wind auf Erden (237) kommen, und die Wasser fielen.

237 Dieser Wind ist vermutlich der »Geist Gottes«, der in Genesis 1,2 die Schöpfung der Ordnung aus dem Chaos einleitete. Jetzt, da das Chaos teilweise zurückgekehrt ist, muß der Geist Gottes die Ordnung erneuern.

2. Vers: Und die Brunnen der Tiefe wurden verstopft samt den Fenstern des Himmels (238), und dem Regen vom Himmel wurde gewehrt (239).

238 Dieser Vers aus dem P-Dokument geht wie die beiden vorhergehenden (7,24 und 8,1) davon aus, daß die Sintflut 150 Tage gedauert hat. In dieser Zeit hat sich die Ordnung zum Chaos hin zurückentwickelt – bis der Geist Gottes eingriff.

239 Die beiden Phrasen, daß die Fenster des Himmels verstopft wurden und daß dem Regen vom Himmel gewehrt wurde, beschreiben den gleichen Sachverhalt. Offensichtlich ist die erste Aussage dem P-Dokument, die zweite dem J-Dokument entnommen. Nur im P-Dokument wird von den Brunnen der Tiefe und den Fenstern des Himmels gesprochen und damit eine Rückkehr zum Chaos und eine Aufhebung der Schöpfungstaten des 1. Kapitels der Geneses angedeutet. Das J-Dokument spricht nur vom Regen.

3. Vers: Da verliefen sich die Wasser von der Erde (240) und nahmen ab nach hundertundfünfzig Tagen (241).

240 Der erste Teil des Verses kommt wieder aus dem J-Dokument. Er bezieht sich vermutlich auf den Regen der vierzig Tage und vierzig Nächte.

241 Der zweite Teil des Verses ist mit seiner exakten Zeitangabe typisch für das P-Dokument. Das Wasser nahm ab nach 150 Tagen.

4. Vers: Am siebzehnten Tag des siebenten Monats (242) ließ sich die Arche nieder auf das Gebirge Ararat (243).

242 Der Regen hatte am siebzehnten Tag des zweiten Monats begonnen, so daß exakt fünf Lunarmonate vergangen waren, als sich die Arche niederließ. Das sind 147,5 Tage – grob gerechnet also 150 Tage.

243 Zu der Zeit, als die Flut ihren Höchststand erreichte, befand sich die Arche nach Aussage des P-Dokuments im Ararat, einem Hochland, das heute im Westen zur Türkei gehört und im Osten die Armenische SSR bildet. Ararat, früher Urartu genannt, war in assyrischer Zeit ein blühendes Reich. Die Überlieferung, daß sich die Arche in den Bergketten von Urartu niederließ, spricht wohl eher für die Theorie von einem Tsunami als Auslöser der Sintflut. Eine Flußüberschwemmung würde treibende Gegenstände flußabwärts befördern – südostwärts in den Persischen Golf. Ein gewaltiger Tsunami würde sie dagegen flußaufwärts treiben – nach Nordwesten in Richtung Urartu.
Trotz der Tatsache, daß ein Gebirgszug und ein Land genannt werden, hat sich die Vorstellung durchgesetzt, daß Ararat der Name eines bestimmten Berges ist. Tatsächlich wurde der Name schließlich auf einen Berg im äußersten Osten der Türkei übertragen, etwa 112 Kilometer nordöstlich des Vansees. Seine höchste Spitze erhebt sich 5165 Meter über den Meeresspiegel. Von Zeit zu Zeit tauchen phantasievolle Berichte von Funden hölzerner Gegenstände auf den höheren Hängen dieses Berges auf. Aber keiner dieser Berichte hielt einer ernsthaften Nachforschung stand.

5. Vers: Es nahmen aber die Wasser immer mehr ab bis auf den zehnten Monat. Am ersten Tage des zehnten Monats (244) sahen die Spitzen der Berge hervor (245).

244 Das heißt, 218 Tage nach Beginn der Sintflut und 68 Tage nach dem Höchststand der Flut war das Wasser so weit gesunken, daß die Bergspitzen hervortraten.

245 Im vorhergehenden Vers wurde gesagt, daß sich die Arche auf das Gebirge Ararat niederließ. Wenn man das so versteht, daß die Arche auf einen Berggipfel aufsetzte, was bedeu-

tete dann die Aussage in diesem Vers, daß das Wasser 68 Tage lang zurückging, bevor die Bergspitzen aus dem Wasser hervorsahen?
Eine andere Interpretation könnte diesen scheinbaren Widerspruch auflösen: Die Arche trieb nach Urartu und kam dort zum Stillstand. Als die Bergspitzen hervortraten, setzte sie auf einer von ihnen auf.

6. Vers: Nach vierzig Tagen tat Noah an der Arche das Fenster auf, das er gemacht hatte (246),

246 Wenn wir dem Lauf der Erzählung folgen, gewinnen wir den Eindruck, daß Noah vierzig Tage lang nach dem Hervortreten der Bergspitzen wartete, bis er das Fenster öffnete. Wir sind jetzt jedoch wieder beim Bericht des J-Dokuments. Nach dieser Version scheint auf einen vierzig Tage und vierzig Nächte andauernden Regen ein rascher Rückgang des Wassers gefolgt zu sein. Noah begann also mit der Erforschung der Lage in dem Augenblick, als der Regen aufhörte.

7. Vers: und ließ einen Raben ausfliegen; der flog immer hin und her (247), bis die Wasser vertrockneten auf Erden.

247 Dieser Teil der Sintfluterzählung weist Ähnlichkeit mit der sumerischen Flutsage auf. Utnapischtim schickt drei Vögel aus – eine Taube, einen Raben und eine Schwalbe, die die Lage erkunden sollen. Der biblische Rabe scheint keinen Erkundungsauftrag zu haben.

8. Vers: Danach ließ er eine Taube ausfliegen, um zu erfahren, ob die Wasser sich verlaufen hätten auf Erden.

9. Vers: Da aber die Taube nichts fand, wo ihr Fuß ruhen konnte, kam sie wieder zu ihm in die Arche; denn noch war Wasser auf dem ganzen Erdboden (248). Da tat er die Hand heraus und nahm sie zu sich in die Arche.

248 Die Taube, die Noah als zweiten Vogel aussendet, führt einen echten Aufklärungsflug durch. Der einzige Grund für die Erwähnung des Raben war, so könnte man vermuten, die Anknüpfung an die allgemein bekannte sumerische Flutsage.
Der Einsatz einer Taube mit ihrer physisch begrenzten Flugweite ist ein weiterer Hinweis darauf, daß die Flut ein lokales Ereignis war und daß die Sumerer tatsächlich zur Zeit der Sintflut ein sehr begrenztes Wissen von der Ausdehnung der Erde hatten.

10. Vers: Da harrte er noch weitere sieben Tage und ließ abermals eine Taube fliegen aus der Arche.
11. Vers: Die kam zu ihm um die Abendzeit, und siehe, ein Ölblatt (249) hatte sie abgebrochen und trug's in ihrem Schnabel. Da merkte Noah, daß die Wasser sich verlaufen hätten auf Erden (250).

249 Der Ölzweig ist ein altes Friedenssymbol. Ölbäume müssen jahrelang sorgfältig gezogen werden, bevor sie beginnen, ihre begehrten Früchte zu tragen. Ein fruchtreicher Olivenhain war immer ein Zeichen, daß ein Land in Frieden lebte; denn wenn ein fremdes Heer ein Land überfiel, vernichtete es mit Sicherheit die Olivenbäume, um den Feind für eine Anzahl von Jahren in Armut und Elend zu stürzen.
Auch die Taube ist ein Symbol des Friedens, weil sie ein freundlicher Vogel ist, der sanfte, gurrende Laute von sich gibt. Vor allem aufgrund dieses Bibelverses ist das Doppelsymbol – eine Taube, die einen Ölzweig (die Bibel spricht von einem Ölblatt) im Schnabel trägt – zum allgemein anerkannten Friedenssymbol geworden.

250 Das Land hat siebenundvierzig Tage lang unter Wasser gestanden, wenn man dem J-Dokument folgt, mindestens dreihundert Tage nach dem Bericht des P-Dokuments. Aber ein Olivenbaum ist noch am Leben.
In Wirklichkeit sterben Landpflanzen, die für eine längere Zeit von Meerwasser bedeckt sind, ebenso sicher wie Landtiere. Für die Verfasser der Bibel jedoch waren Pflanzen keine Lebewesen, sondern Auswüchse der Erde. Sie sahen es als natürlich an, daß die Auswüchse der Erde sich nach Abtrocknen des Erdbo-

dens sofort neu bildeten – oder vielleicht auch niemals verschwunden waren.

12. Vers: Aber er harrte noch weitere sieben Tage und ließ eine Taube ausfliegen; die kam nicht wieder zu ihm (251).

251 Muß nicht die Gefahr bestehen, daß das Taubenpärchen nicht wieder zusammenfindet und daß damit das Überleben der Taube gefährdet ist?
Die Geschichte von dem Raben und der Taube ist jedoch Teil der Flutlegende des J-Dokuments, und nach dieser Legende wurden sieben Paare von allen reinen Tieren mit in die Arche genommen. Da die Taube zu den reinen Tieren zählt, bestand also keine Gefahr des Aussterbens.

13. Vers: Im sechshundertundersten Lebensjahr (252) Noahs am ersten Tage des ersten Monats (253) waren die Wasser vertrocknet auf Erden. Da tat Noah das Dach von der Arche und sah, daß der Erdboden trocken war.

252 Wir sind wieder beim P-Dokument, für das die Zahlen so wichtig sind.

253 Das ist 337 Tage nach Beginn der Flut, wenn wir der Chronologie des P-Dokuments folgen.

14. Vers: Und am siebenundzwanzigsten Tage des zweiten Monats war die Erde ganz trocken (254).

254 In zwei aufeinanderfolgenden Versen wird die Erde für trocken erklärt. Zuerst am Beginn des Jahres, dann nahezu drei Monate später. Beides sind Feststellungen des P-Dokuments.
Die übliche Erklärung ist, daß zu Beginn des Jahres der Erdboden zwar völlig aufgetaucht, aber noch sumpfig und schlammig war. Erst drei Monate später war die Erde vollständig trocken, wie sie es vor der Flut gewesen war.
Wenn diese Interpretation akzeptiert wird, dann dauerte die Sinftflut vom siebzehnten Tag des zweiten Monats des 600. Le-

bensjahres Noahs bis zum siebenundzwanzigsten Tag des zweiten Monats des 601. Jahres. Das ist ein Zeitraum von zwölf Lunarmonaten und elf Tagen oder 365 Tagen. Das ist genau ein Sonnenjahr.

15. Vers: Da redete Gott mit Noah und sprach:
16. Vers: Geh aus der Arche, du und deine Frau, deine Söhne und die Frauen deiner Söhne mit dir.
17. Vers: Alles Getier, das bei dir ist, von allem Fleisch, an Vögeln, an Vieh und allem Gewürm, das auf Erden kriecht, das gehe heraus mit dir, daß sie sich regen auf Erden und fruchtbar seien und sich mehren auf Erden.
18. Vers: So ging Noah heraus mit seinen Söhnen und mit seiner Frau und den Frauen seiner Söhne,
19. Vers: dazu alle wilden Tiere, alles Vieh, alle Vögel und alles Gewürm, das auf Erden kriecht; das ging aus der Arche, ein jedes mit seinesgleichen.
20. Vers: Noah aber baute dem Herrn einen Altar und nahm von allem reinen Vieh und von allen reinen Vögeln und opferte Brandopfer auf dem Altar (255).

255 Die Erzählung wechselt wieder über zum J-Dokument. Wegen dieses Opfers waren sieben Paare von allen reinen Tieren in die Arche gebracht worden. Das P-Dokument erwähnt kein Opfer, es benötigt nur ein Paar jeder Tierart, rein oder unrein.

21. Vers: Und der Herr roch den lieblichen Geruch (256) und sprach in seinem Herzen: Ich will hinfort nicht mehr die Erde verfluchen um der Menschen willen; denn das Dichten und Trachten des menschlichen Herzens ist böse von Jugend auf. Und ich will hinfort nicht mehr schlagen alles, was da lebt, wie ich getan habe.

256 In der sumerischen Flutsage bringt auch Utnapischtim den Göttern ein Opfer dar; und diese versammeln sich um den Rauch, sich drängend »wie Fliegen«. Man gewinnt den Ein-

druck, daß die Götter nach dem Geruch der Brandopfer, die ihre Nahrung sind, lechzen, daß sie dankbar die Erneuerung der Opfergaben annehmen. Enlil, der sumerische Erdgott, der aus Haß gegen die Menschheit die Flut geschickt hat, ist erzürnt, daß einige Lebewesen davongekommen sind. Den anderen Göttern jedoch, angeführt von Ea (dem Gott des frischen Wassers, der als Freund der Menschen Utnapischtim vor der bevorstehenden Flut gewarnt hatte), gelingt es, Enlils Zorn zu besänftigen. Sie bemühen sich vermutlich deshalb so sehr um Enlils Einlenken, weil sie den Hungertod fürchten, und auch Enlil muß schließlich einsehen, daß es besser ist, Menschen leben zu lassen als auf den Geruch des Brandopfers zu verzichten. Die Bibel schwächt diese polytheistische Vorstellung erheblich ab; aber der Herr »roch den lieblichen Geruch« und beschloß sogleich, den zu Adams Zeiten verhängten Fluch über die Erde aufzuheben und sie in Zukunft nicht mehr zu verwüsten.

22. Vers: Solange die Erde steht (257), soll nicht aufhören Saat und Ernte, Frost und Hitze, Sommer und Winter, Tag und Nacht (258).

257 Die Phrase »Solange die Erde steht« soll offenbar bekräftigen, daß die Erde nicht zwangsläufig ewig ist. Wenn sie es wäre, hätte es genügt zu sagen: Saat und Ernte, Frost und Hitze, Sommer und Winter, Tag und Nacht soll nicht aufhören.
Nach Auffassung der Bibel (wenn man sie als Ganzes sieht) wird die Erde – zumindest in ihrer jetzigen Form – eines Tages ein Ende haben. Das prophetische Buch der Offenbarung des Johannes beschreibt den Prozeß in anschaulicher Detailliertheit.
Auch vom Standpunkt der Wissenschaft aus ist die Erde nicht zwangsläufig ewig. Eine Vielfalt vorstellbarer Katastrophen könnte die Erde so schwer beschädigen, daß menschliches Leben auf ihr unmöglich gemacht würde. Allerdings ist der Wahrscheinlichkeitsgrad gering. Doch auch wenn die Erde von solchen Katastrophen verschont bleibt, wird die Sonne in etwa sieben Milliarden Jahren so viel von ihrer Wasserstoffenergie verbraucht haben, daß sie in ein neues Evolutionsstadium eintreten wird.

Sie wird in allmählicher Steigerung zu einem rotglühenden Riesenstern expandieren. Ihre Oberfläche wird dann beträchtlich kühler sein als heute, aber die Gesamtfläche wird sich so gewaltig vergrößern, daß sie insgesamt erheblich mehr Hitze ausstrahlen wird. Ein Nebeneffekt der Expansion der Sonne wird sein, daß sie näher an die Erde heranrückt und diese möglicherweise mit ihr verschmilzt.
Es ist ziemlich sicher, daß die Expansion der Sonne ein Leben auf der Erde unmöglich machen wird. Es könnte sogar der Fall eintreten, daß auf dem Höhepunkt der Expansion der Sonne der massive Körper unseres Planeten verdampft.

258 Auch wenn die Erde weiterhin existiert, könnte der regelmäßige Zyklus der Natur unterbrochen werden. Das widerspräche Gottes Verheißung, daß die Rotation der Erde um ihre Achse (Tag und Nacht) und ihr Umlauf um die Sonne (Saat und Ernte, Frost und Hitze, Sommer und Winter) ohne Unterbrechung und Veränderung weitergehen wird.
Aus der wissenschaftlichen Erforschung der Vergangenheit der Erde wissen wir, daß der Planet extreme Eiszeiten durchlaufen hat. In solchen Perioden drückten riesige Eismassen die polnäheren Gebiete der Kontinente nach unten. Der Meeresspiegel senkte sich um etwa neunzig Meter, weil viel Wasser als Eis auf dem Land festgehalten wurde. Die Wetterstruktur auf dem Planeten änderte sich gewaltig.
Vergangene Eiszeiten haben das Leben auf der Erde nicht ernsthaft beeinträchtigt, weil Vereisung und Eisschmelze sich in sehr langen Intervallen vollzogen. Dazu kam, daß neues Land an den Rändern der Kontinente durch das Sinken des Meeresspiegels auftauchte und einen Ausgleich für das unter dem Eis begrabene Land bot. Und schließlich blieb das Leben im Meere von der Eiszeit fast unberührt. Allenfalls führte die etwas niedrigere Durchschnittstemperatur des Meeres zu einer größeren Sauerstoffzufuhr, die sich aber günstig auf die Lebewesen auswirkte.
Bis heute allerdings haben Menschen und ihre hominiden Vorläufer die Eiszeiten nur erfahren, als sie noch Nahrungssammler waren. Bei der nächsten Eiszeit (und eine solche dürfte früher oder später eintreten) werden aber vermutlich viel mehr Menschen auf der Erde leben als während der vergangenen Eis-

zeiten, und diese Menschen werden viel stärker durch das Leben in Städten, durch Landwirtschaft, Bergbau und so weiter ortsgebunden sein.
Die Menschheit mag trotzdem überleben – sie wird es wahrscheinlich –; aber die Verheißung einer ungestörten Folge der Jahreszeiten wird sich nicht erfüllen.

Kapitel 9

1. Vers: Und Gott segnete Noah und seine Söhne und sprach: Seid fruchtbar und mehret euch und füllet die Erde.
2. Vers: Furcht und Schrecken vor euch sei über allen Tieren auf Erden und über allen Vögeln unter dem Himmel, über allem, was auf dem Erdboden wimmelt, und über allen Fischen im Meer; in eure Hände seien sie gegeben (259).

259 Ein neuer Anfang muß gemacht werden. Daher wiederholt Gott den Segen, den er in Genesis 1,28 den ersten Menschen bei ihrer Erschaffung verliehen hat.

3. Vers: Alles, was sich regt und lebt, das sei eure Speise (260); wie das grüne Kraut habe ich's euch alles gegeben.

260 Den Menschen (und vermutlich allen tierischen Lebewesen) wird jetzt zum erstenmal erlaubt, sich von Fleisch zu ernähren. (Vom Standpunkt der Wissenschaft aus sind die Menschen natürlich immer Fleischfresser gewesen, von Beginn ihrer Evolution an, und fleischliche Nahrung allgemein ist vielleicht so alt wie das Leben selbst.) Dieser Vers entstammt dem P-Dokument und macht keinen Unterschied zwischen rein und unrein (wie das im J-Dokument der Fall ist). »Alles, was sich regt und lebt«, ist als Speise zugelassen.

4. Vers: Allein esset das Fleisch nicht mit seinem Blut, in dem sein Leben ist (261)!

261 Es ist ein verführerischer Gedanke, daß der Atem das Prinzip des Lebens ist. Daher der Vergleich des Geistes Gottes mit dem Atem in Genesis 1,2 und 8,1 und Adams Erweckung zum Leben durch den Atem Gottes. Ebenso verführerisch ist der Gedanke, daß das Blut das Lebensprinzip ist. Wir sprechen heute noch von »Fleisch und Blut«, haben aber kein Gefühl mehr für die Bedeutung dieser Redensart. Das Fleisch repräsentiert die materielle Behausung der Lebenskraft und ist selbst unbelebt. Das Blut hingegen ist die Lebenskraft selbst.

Das Blut wird durch das Herz in jeden Teil des Körpers gepumpt. Und wenn die Menschen der Vorzeit auch keine Vorstellung von der Blutzirkulation hatten, so wußten sie doch, daß in jedem Teil des Körpers Blut war und daß das Herz das ganze Leben hindurch schlug – und im Tod zum Stillstand kam. Sie wußten auch, daß der Tod eintrat, wenn zu viel Blut aus dem Körper entwichen war.

Die Wissenschaft bestreitet nicht die überragende Bedeutung sowohl des Atems als auch des Blutes für menschliche und tierische Lebewesen; sie hält jedoch das Leben nicht für ein so einfaches Phänomen, daß es in einer von beiden oder in beiden Manifestationen wesenhaft begründet sein könnte. Jede von beiden trägt ihren Teil zu einem komplexen Ganzen bei. Die Naturwissenschaft hat bei der Erforschung molekularer Strukturen als Träger des Lebens chemische Substanzen mit sehr komplizierten Wechselbeziehungen ausfindig gemacht.

Da Pflanzen nicht zu atmen scheinen und kein Blut besitzen, nahmen die Verfasser der Bibel an, daß sie keine Lebewesen, sondern Auswuchsformen des Erdbodens sind. In Wirklichkeit jedoch atmen Pflanzen, allerdings weniger wahrnehmbar als Tiere. Und wenn sie auch kein Blut haben, so zirkuliert in ihnen doch ein Saft, der gewisse Lebensfunktionen erfüllt, die denen des Blutes analog sind.

5. Vers: Auch will ich euer eigen Blut, das ist das Leben eines jeden unter euch, rächen und will es von allen Tieren fordern und will des Menschen Leben fordern von einem jeden Menschen.

6. Vers: Wer Menschenblut vergießt, dessen Blut soll auch durch Menschen vergossen werden; denn Gott hat den Menschen zu seinem Bilde gemacht (262).

262 Dies ist das erste göttliche Verbot, seit Adam untersagt worden war, die Früchte vom Baum der Erkenntnis zu essen. Mord wird jetzt verboten. Die logische Grundlage scheint zu sein, daß Blut (Leben) ein Geschenk Gottes ist und deshalb nur von Gott genommen werden darf.
Wenn ein menschliches Wesen (oder ein Tier, wie der vorhergehende Vers feststellt) »Menschenblut vergießt«, dann wird eine Blasphemie begangen; denn ein Geschenk Gottes wird gestohlen. Durch seine Tat hat der Mörder sein eigenes Gottesgeschenk, sein Leben, verwirkt. Er kann jetzt getötet werden, ohne daß der Täter die Strafe für eine Blasphemie zu fürchten hat.
Das beschreibt wiederum die Situation bei vielen Stammesordnungen, die die Schrift nicht kennen und die keine kodifizierten Gesetze haben. Wenn ein Mensch getötet wird, haben die Mitglieder der Gruppe, zu der er gehört, das Recht und sogar die Pflicht, den Täter oder irgendein anderes Mitglied seiner Gruppe zu töten und damit das Gleichgewicht wiederherzustellen. (Das ist die Gefahr, die Kain in Genesis 4,14 fürchtet.) Wenn der Stamm des Mörders glaubt, daß die Vergeltung das Maß überschritten hat, so sucht er seinerseits das Gleichgewicht erneut herzustellen. Das Ergebnis ist eine »Blutfehde«, die zu immer neuen Morden führen kann.
Die unbefriedigende Natur dieser Blutfehde war der Grund, daß auch schriftunkundige Gesellschaften versucht haben, diese unter Kontrolle zu bringen. In allen schriftkundigen Gesellschaften mit einer kodifizierten Rechtsordnung muß das Verbrechen des Mordes von einem Richter nach bestimmten gesetzlichen Normen geahndet und eine der Schwere der Tat entsprechende Strafe verhängt werden – und mit dieser Strafe muß die Angelegenheit endgültig abgeschlossen sein.
Die Strafe muß nicht immer die Todesstrafe sein; denn es kann sich bei der zu richtenden Tat beispielsweise um Körperverletzung mit tödlichem Ausgang, um Totschlag aus Leidenschaft oder in Notwehr handeln.
In diesem Bibelvers werden keine graduellen Unterschiede gemacht. Das allein läßt schon auf ein sehr primitives Stadium der menschlichen Entwicklung schließen.
Man hat in diesem Vers eine Rechtfertigung der Todesstrafe gesehen. Man hat in ihm auch eine Begründung dafür gefunden,

daß Mord nicht so schlimm oder so schuldhaft ist, wenn kein Blut dabei vergossen wird. Odo, Bischof von Bayeux, ein Halbbruder Wilhelms des Eroberers, ging mit einer Keule in die Schlacht. Einen Feind durch eine Gehirnverletzung zu töten, schien ihm mehr im Sinne Gottes zu sein, als mit Schwertern, Speeren oder Pfeilen sein Blut zu vergießen.

8. Vers: Und Gott sagte zu Noah und seinen Söhnen mit ihm (263):

263 Im J-Dokument beschließt Gott, sein eigenes Werk nicht ein zweites Mal zu zerstören – stillschweigend, »in seinem Herzen« (siehe Genesis 8,21). Hier im P-Dokument spricht Gott seinen Entschluß direkt Noah und seinen Söhnen gegenüber aus. Das P-Dokument neigt zu einer legalistischen Betrachtungsweise. Ein Vertrag, ein »Bund«, soll geschlossen werden.

9. Vers: Siehe, ich richte mit euch einen Bund auf und mit euren Nachkommen (264)

264 In gewissem Sinne war das Verbot, von den Früchten des Baumes der Erkenntnis zu essen, ein Vertrag. Adam willigte ein, die Früchte nicht zu essen, und als Gegenleistung würde Gott den Tod nicht in die Welt kommen lassen. Durch das Essen der Frucht brach Adam den Vertrag.
Jetzt wird der Vertrag in einer positiveren Form erneuert. Noah und seine Söhne sollen sich verpflichten, den Verfügungen Gottes gegen den Mord und gegen das Verzehren von Blut zu gehorchen, und als Gegenleistung wird Gott die Welt nicht wieder zerstören und das Fortbestehen des Lebens garantieren.

10. Vers: und mit allem lebendigen Getier bei euch, an Vögeln, an Vieh und an allen Tieren des Feldes bei euch, von allem, was aus der Arche gegangen ist, was für Tiere es sind auf Erden (265).

265 Das klingt so, als ob Gott sich vertraglich verpflichte, jede Art von Lebewesen zu erhalten; und sicherlich haben die Menschen in der Vergangenheit geglaubt, daß alle Arten nicht nur von Anfang an existierten, sondern auch bis zum Ende der

Zeit weiter existieren würden. Heute wissen wir, daß viele Arten ausgestorben sind und daß jedes Jahr weitere Arten aussterben – gewöhnlich als Folge menschlichen Fehlverhaltens.

11. Vers: Und ich richte meinen Bund so mit euch auf, daß hinfort nicht mehr alles Fleisch verderbt werden soll durch die Wasser der Sintflut (266) und hinfort keine Sintflut mehr kommen soll, die die Erde verderbe (267).

266 Da ganz offensichtlich die Edikte gegen Mord und gegen das Verzehren von Blut niemals allgemein von den Menschen beachtet worden sind, können wir nur annehmen, daß Gott sich seit Noahs Zeit damit begnügen will, den einzelnen Sünder zu bestrafen und nicht »alles Fleisch« allgemein wie zuvor. Außerdem sollte die Strafe nicht die Form einer Sintflut haben. Es stehen Gott wohl auch andere Methoden zur Verfügung.

267 Vom Standpunkt der Wissenschaft aus betrachtet, kann das Versprechen, keine weitere Sintflut über die Erde kommen zu lassen, nicht fehlgehen; denn es gibt nicht genügend Wasser auf der Erde, um eine solche Flut zu ermöglichen – und es gab sie auch nicht zu Noahs Zeiten.
Wenn wir jedoch als »Erde« das verstehen, was die Sumerer dafür hielten – nämlich ein Flußtal mit den unmittelbar benachbarten Regionen –, dann ist das Versprechen nicht eingehalten worden. Es hat unzählige Flutkatastrophen in den letzten viertausend Jahren gegeben, und einige von ihnen haben wahrscheinlich mehr Todesopfer gefordert als die sumerische Große Flut um etwa 2800 v. Chr. Tatsächlich vergeht kein Jahr ohne größere Überschwemmung an irgendeinem Ort.

12. Vers: Und Gott sprach: Das ist das Zeichen des Bundes (268), den ich geschlossen habe zwischen mir und euch und allem lebendigen Getier bei euch auf ewig:

268 Damit ein Vertrag gesetzlich verbindlich wird, muß der Vertragsabschluß bezeugt werden. Gott bestimmt als Zeugen ein atmosphärisches Phänomen.

13. Vers: Meinen Bogen habe ich in die Wolken gesetzt (269); der soll das Zeichen sein des Bundes zwischen mir und der Erde.

269 Der »Bogen« ist der Regenbogen. Der Vers könnte so interpretiert werden, daß Gott das Universum zumindest teilweise im Verlauf der Sintflut in das Chaos zurückversetzt hat. Jetzt erschafft er zum Zeichen einer neuen Ordnung den Regenbogen, der vorher nicht existierte. Andererseits hat die Schöpfungsgeschichte nach dem P-Dokument das Universum als »vollendet« bekräftigt. Man könnte also alternativ vermuten, daß der Regenbogen schon vor der Sintflut existierte, jetzt aber einen neuen Sinn erhielt.
Der Regenbogen hat die Phantasie der Menschen immer mit Staunen und ehrfürchtiger Scheu erfüllt. Durch seine Stellung und seine Form schien er eine Brücke der Kommunikation zwischen Himmel und Erde zu sein. In den griechischen Mythen erreicht Iris, die Botin der Götter, die Erde über den Regenbogen. Tatsächlich hat »Iris« die Bedeutung »Regenbogen«. In den altnordischen Mythen ist der Regenbogen auch die Brücke, über die die Götter zur Erde herabkommen, und am Abend der Entscheidungsschlacht zwischen den Göttern und den Mächten des Bösen bricht die Regenbogenbrücke unter den donnernden Tritten der Helden Walhalls zusammen.
Aus der wissenschaftlichen Forschung wissen wir, daß der Regenbogen ein Spektrum ist, eine Zerlegung des weißen Sonnenlichts (das eine Mischung winziger Wellen verschiedener Länge ist) in eine Progression ansteigender Wellenlängen, von der kürzesten, die das Gehirn als violettes Licht registriert, bis zur längsten, die ihm als rotes Licht erscheint. Die Strahlenbrechung kann durch prismatische Körper aus Glas oder mit anderen Mitteln künstlich erzeugt werden. Nach einem Regen schweben noch winzige Tröpfchen in der Luft, und jedes von ihnen wirkt wie ein kleines Prisma. Alle zusammen erzeugen den Regenbogen, zu dem nur Sonne, Luft und Wassertröpfchen benötigt werden. Regenbogen gab es zweifellos schon Milliarden von Jahren, bevor es Menschen gab.

14. Vers: Und wenn es kommt, daß ich Wetterwolken über die Erde führe, so soll man meinen Bogen sehen in den Wolken.

15. Vers: Alsdann will ich gedenken an meinen Bund zwischen mir und euch und allem lebendigen Getier unter allem Fleisch, daß hinfort keine Sintflut mehr komme, die alles Fleisch verderbe.

16. Vers: Darum soll mein Bogen in den Wolken sein, daß ich ihn ansehe und gedenke an den ewigen Bund zwischen Gott und allem lebendigen Getier unter allem Fleisch, das auf Erden ist.

17. Vers: Und Gott sagte zu Noah: Das sei das Zeichen des Bundes, den ich aufgerichtet habe zwischen mir und allem Fleisch auf Erden (270).

270 Das ist eine Passage ständiger Wiederholungen. Gott hatte einst die tierische Welt (einschließlich des Menschen) gedrängt, fruchtbar zu sein, sich zu mehren und die Erde zu füllen, und er hatte dann diesen Segen durch eine universale Sintflut aufgehoben. Jetzt scheint er besorgt zu sein, ob die Menschen ihm glauben werden, daß seine Zusicherung diesmal wirklich ernst gemeint ist und ohne Einschränkung gültig sein soll. Deshalb wiederholt er sie mehrere Male.

18. Vers: Die Söhne Noahs, die aus der Arche gingen, sind diese: Sem, Ham und Jafet. Ham aber ist der Vater Kanaans (271).

271 Das J-Dokument führt jetzt seinen Bericht weiter. Der Bezug auf Kanaan scheint zu diesem Zeitpunkt irrelevant und unnötig zu sein.
Die Verfasser der Bibel sind jedoch hauptsächlich an der Geschichte der Israeliten interessiert, und die Israeliten leben im Land Kanaan mit dem Recht des Eroberers.
Da die Bibel die Geschichte unter theologischem Aspekt betrachtet, werden alle Ereignisse nach ihrer Übereinstimmung mit dem Willen Gottes und ihrer Gründung auf Gerechtigkeit interpretiert. Glück ist das Ergebnis des Gehorsams gegenüber dem Gesetz Gottes, Unglück ist auf Ungehorsam zurückzuführen. Wenn das Land Kanaan erobert worden ist und wenn

die Menschen, die früher dort gewohnt haben, von den Israeliten versklavt worden sind, dann muß man darin eine Konsequenz der Tatsache sehen, daß die Kanaaniter oder einer ihrer Vorfahren Böses getan haben.
Kanaan, der Sohn des Ham und der Enkel Noahs, ist der Stammvater der Kanaaniter. Und weil jetzt ein Ereignis beschrieben werden soll, daß als Erklärung für die Versklavung der Kanaaniter dient, wird Kanaan in die Erzählung eingeführt.

19. Vers: Das sind die drei Söhne Noahs; von ihnen kommen her alle Menschen auf Erden (272).

272 Es würde ebenso naiv sein, die Redewendung »alle Menschen auf Erden« hier wörtlich zu nehmen, wie bei der Geschichte der Sintflut. Die folgenden Details werden klarstellen, daß die Verfasser der Bibel nur von Teilen der Region sprechen, die wir heute als den Mittleren und Nahen Osten bezeichnen – die Gebiete nämlich, die sie kannten. Es ist selbstverständlich, daß sie Amerika, Australien oder entlegene Inseln nicht kennen konnten; aber auch die entfernteren Gegenden Europas, Asiens und Afrikas waren ihnen unbekannt.
Selbst wenn wir nur ein begrenztes Gebiet betrachten, finden wir keine Anzeichen dafür, daß die sumerische Große Flut etwa den Mittleren und Nahen Osten auf eine einzige Familie reduziert hätte. Gebiete wie Ägypten, Kleinasien, Kreta und so fort waren sowohl vor wie nach der traditionell angenommenen Zeit der Sintflut stark bevölkert, und es gibt nirgendwo einen Hinweis auf einen katastrophischen Zusammenbruch.

20. Vers: Noah aber, der Ackermann, pflanzte als erster einen Weinberg (273).

Dieser Vers wird gewöhnlich als historischer Beleg gewertet, daß Noah der erste Weinbauer war. In Wirklichkeit ist der Weinbau viel älter als die mutmaßliche Lebenszeit Noahs, so wie auch der Ackerbau viel älter ist als die mutmaßliche Lebenszeit Kains. Ägyptische Aufzeichnungen, die bis 2400 v. Chr. zurückreichen (etwa die nach der biblischen Chronologie angenommene Zeit der Sintflut), nennen bereits den Weinbau als eine alte und hochentwickelte Form menschlicher Tätigkeit.

21. Vers: Und da er von dem Weine trank, ward er trunken (274) und lag im Zelt aufgedeckt (275).

274 Man mag vermuten, daß Noah, der die Wirkung des Weins nicht kannte und dem sein Geschmack gefiel, mehr davon trank, als ihm bekömmlich war. Auf diese Art wird man wohl allgemein in prähistorischen Zeiten die Wirkung des Alkohols entdeckt haben.

275 Früchte gären auf natürliche Weise unter bestimmten Bedingungen. Solche Früchte rufen beim Genuß Wirkungen hervor, die manchmal als angenehm empfunden werden. Den Verlust der normalen nüchternen Beziehung zur Umwelt mögen die Verfasser der Bibel als Auflehnung gegen die göttliche Weltordnung interpretiert haben.
Man wird zunächst gegorene Früchte gesammelt, dann bewußt nach Wegen gesucht haben, die Gärung zu beschleunigen, und schließlich den Genuß von Wein in den Mittelpunkt religiöser Festlichkeiten gestellt haben. (Die griechischen Feiern zu Ehren des Gottes Dionysos sind dafür ein Beispiel.)
Ein modernes Beispiel ist die synthetische Substanz Lysergsäurediäthylamid, besser bekannt unter dem Namen LSD. Seine halluzinatorische Wirkung wurde zufällig von einem Chemiker entdeckt. Schon bald aber bemächtigten sich Leute dieser Entdeckung, die einen tieferen Sinn und Wert in den vom LSD hervorgerufenen psychotischen Sensationen sahen und diesem Prozeß eine quasi-religiöse Funktion zuschrieben.
Es ist denkbar, daß dieser Bibelvers ein Überbleibsel einer früheren Legende ist, die Noah eine Art dionysische Orgie zelebrieren ließ. Die schockierte Prüderie der Bibelautoren dürfte den Überschwang wohl erheblich gedämpft haben.

22. Vers: Als nun Ham, Kanaans Vater (276), seines Vaters Blöße sah (277), sagte er's seinen beiden Brüdern draußen (278).

276 Wieder wird Kanaan erwähnt. Man hat darüber spekuliert, ob der Bösewicht in dieser Geschichte in Wirklichkeit nicht Kanaan war. Es wäre jedoch schwer zu verstehen, warum die Bibel das nicht deutlich aussprechen sollte. Es wäre doch im

Interesse der Geschichte Israels gewesen, Kanaan so böse wie möglich erscheinen zu lassen.

277 Der Ausdruck »Als nun Ham... seines Vaters Blöße sah« könnte eine euphemistische Wendung sein, die etwas viel Schlimmeres andeuten soll als die bloße (vielleicht zufällige) Zeugenschaft für die Nacktheit eines in betrunkener Betäubtheit liegenden Vaters. Vielleicht war Ham Zeuge der dionysischen Orgie seines Vaters und nahm an ihr teil oder ermutigte ihn sogar dazu.

278 Was immer Ham auch tat, wesentlich war für die biblischen Erzähler, daß er sich darüber belustigte und es Sem und Jafet erzählte, vermutlich in der Erwartung, daß diese seine Empfindung teilen würden. Es liegt auf der Hand, daß er damit dem Unrecht noch eine Kränkung folgen ließ und so sein Vergehen verschlimmerte.

23. Vers: Da nahmen Sem und Jafet ein Kleid und legten es auf ihrer beider Schultern und gingen rückwärts hinzu und deckten ihres Vaters Blöße zu; und ihr Angesicht war abgewandt, damit sie ihres Vaters Blöße nicht sähen.

24. Vers: Als nun Noah erwachte von seinem Rausch und erfuhr, was ihm sein jüngster Sohn (279) angetan hatte (280),

279 Da Sem, Ham und Jafet immer in dieser Reihenfolge genannt werden, hat man allgemein angenommen, daß Ham der zweite Sohn, also »ein jüngerer Sohn« war.
Der Ausdruck »jüngster Sohn« könnte vielleicht auf den Fehler eines frühen Kopisten zurückzuführen sein, der sich bis heute unkorrigiert erhalten hat. Man hat auch vermutet, daß »jüngster Sohn« hier als »Enkel« zu verstehen sei, daß also Kanaan gemeint sei. Andere gehen davon aus, daß Ham, wie später erwähnt wird, vier Söhne hatte, deren jüngster Kanaan war, so daß die ganze Geschichte sich nicht auf Noah und Ham bezöge, sondern auf Ham und Kanaan. Es ist jedoch ein hoffnungsloses Unterfangen, diese Unstimmigkeit auf der Grundlage der biblischen Verse klären zu wollen.

280 Die Redensart »ihm ... angetan hatte« könnte sich einfach darauf beziehen, daß Ham (oder Kanaan) Noahs beschämenden Zustand gesehen und sich darüber belustigt hatte.
Es gibt jedoch Theorien, daß hier mehr – und Schlimmeres – im Spiel war. Im 3. Buch Mose ist die Redensart »die Scham entblößen« ein Euphemismus für sexuelle Beziehungen. Das kommt in Luthers Übersetzung nicht zum Ausdruck. Dort ist von »geschlechtlichem Umgang« die Rede. Die schon erwähnte deutsche Einheitsübersetzung des Alten Testaments hält sich enger an die ursprüngliche Ausdrucksform. In ihr heißt es: »Niemand von euch darf sich einer Blutsverwandten nähern, um ihre Scham zu entblößen. Ich bin der Herr. Die Scham deines Vaters, nämlich die Scham deiner Mutter, darfst du nicht entblößen. Sie ist deine Mutter, du darfst ihre Scham nicht entblößen« (3. Mose 18,6–7). Diese und die folgenden Verse verbieten den Inzest.
Sollte Ham (oder Kanaan) Noahs Trunkenheit mißbraucht haben, um eine verbotene sexuelle Handlung zu begehen? Einige Spekulationen gehen sogar dahin, daß nicht ein Inzest, sondern eine Kastration stattgefunden hat.
Es gibt mythische Kastrationslegenden. Die bekannteste findet sich in den griechischen Mythen. Kronos kastrierte seinen Vater Uranos und riß die Herrschaft über das Universum an sich. (Kastration hat hier den Sinn, daß der der männlichen Funktionen beraubte Herrscher für seine Rolle disqualifiziert ist. Außerdem soll sie verhindern, daß der Herrscher weitere Kinder zeugt, die später ein Erbrecht geltend machen könnten.)
Wäre es möglich, daß Ham (oder Kanaan) Noah kastrierte, um sich der Herrschaft über die Welt zu bemächtigen (die unmittelbar nach der Sintflut noch relativ gering bevölkert war), und daß Sem und Jafet gemeinsam diesen Versuch verurteilten? Das alles bleibt reine Spekulation. Die wörtliche Interpretation der Bibel beschuldigt Ham keines größeren Verbrechens als eines zufälligen Voyeurismus.

25. Vers: sprach er: Verflucht sei Kanaan (281) und sei seinen Brüdern ein Knecht aller Knechte!

281 Das scheint nun doch die Vermutung zu bestätigen, daß die ursprüngliche Version der Legende sich auf Kanaan und

nicht auf Ham bezogen hat. Vielleicht aber versuchen hier die biblischen Verfasser, Kanaan aus Gründen der historischen Folgerichtigkeit zu belasten.
Es hat Interpreten gegeben, die Ham als Neger hinstellten und den Fluch als Rechtfertigung für die Versklavung der Schwarzen heranzogen. Selbst wenn eine solche Argumentation zulässig wäre, so wird doch schon bald deutlich, daß diese Interpretation falsch ist. Im nächsten Kapitel werden die Nachkommen Hams beschrieben, und es wird klargestellt, daß sie wohlbekannte Völker des Altertums sind, die nicht der schwarzen Rasse angehören.

26. Vers: Und sprach weiter: Gelobt sei der Herr, der Gott Sems, und Kanaan sei sein Knecht!
27. Vers: Gott breite Jafet aus und lasse ihn wohnen in den Zelten Sems (282), und Kanaan sei sein Knecht!

282 Niemand hat diesen Vers zu erklären oder die Bedeutung der Floskel aufzuzeigen vermocht, daß Jafet in den Zelten Sems wohnen solle. Vielleicht wurde beim Kopieren etwas ausgelassen oder verzerrt. Es dürfte sinnlos sein, sich aufs Raten zu verlegen.

28. Vers: Noah aber lebte nach der Sintflut dreihundertundfünfzig Jahre,
29. Vers: daß sein ganzes Alter ward neunhundertundfünfzig Jahre (283), und starb.

283 Noah ist der letzte biblische Patriarch, von dem gesagt wird, daß er mehr als neunhundert Jahre lebte. Insgesamt sind es sieben von ihnen: Adam, Set, Enosch, Kenan, Jared, Metuschelach und Noah. Von jetzt an nehmen die angegebenen Lebenszeiten immer mehr ab, bis die heutige normale Lebensspanne erreicht ist.
Hier ist das P-Dokument übrigens vorsichtiger in seiner Aussage als die sumerischen Mythen. Utnapischtim wird nach der Flut von den Göttern Unsterblichkeit verheißen. Noah erhält diese Zusage nicht. Er lebt nicht einmal so lange wie sein Großvater Metuschelach.

Kapitel 10

1. Vers: Dies ist das Geschlecht der Söhne Noahs: Sem, Ham und Jafet (284). Und es wurden ihnen Söhne geboren nach der Sintflut.

284 Nach dieser zweiten Schöpfung gehen die Verfasser der Bibel daran, die Nationen des ihnen bekannten Teils der Welt zu klassifizieren, um sich dann mit den Israeliten befassen zu können, die das Zentralthema ihrer Weltgeschichte sind.
Die drei Söhne Noahs repräsentieren die drei großen Völkerfamilien, die den biblischen Erzählern bekannt waren.
Im allgemeinen werden als Nachkommen Sems die Bewohner der Arabischen Halbinsel und der nördlich angrenzenden Gebiete, einschließlich der Tigris-Euphrat-Region, dargestellt. Da zu ihnen die Israeliten selbst gehören, wird Sem die Ehrenstellung des ältesten Sohnes eingeräumt.
Die Sprachen dieser Nachkommen Sems werden nach heutiger Klassifizierung als »semitisch« bezeichnet. Sie umfassen das Hebräische, Assyrische, Aramäische und Arabische.
Als Nachkommen Hams werden hauptsächlich die Bewohner des an Asien angrenzenden Nordostens Afrikas bezeichnet. Aus diesem Grunde werden auch die ursprünglich in diesem Gebiet verbreiteten Sprachen »hamitisch« genannt. Sie umfassen das Koptische, die Berbersprachen Nordafrikas und einige der Sprachen Äthiopiens wie das Amharische.
Die Nachkommen Jafets werden als die Bewohner der Regionen nördlich und östlich des Tigris-Euphrat-Tales beschrieben. Manchmal wird die Bezeichnung »japhetitisch« auch für gewisse Sprachen des Kaukasusgebietes verwendet. Es hat sich jedoch der Begriff »indoeuropäisch« für diese Sprachengruppe durchgesetzt, da verwandte Sprachen in einem breiten Streifen von Spanien bis Indien verbreitet sind.
Die Verfasser der Genesis waren allerdings von sprachlichen Zusammenhängen unbeeinflußt. Moderne philologische Begriffe sind hier nicht anwendbar. Die biblischen Erzähler ließen sich eher von politischen Verbindungen und von geographischen Verwandtschaften leiten. Solche Zusammenhänge zeugen oft von gemeinsamer Abstammung, soweit das nach der Sprache beurteilt werden kann – aber nicht immer.

2\. Vers: Die Söhne Jafets (285) sind diese: Gomer (286), Magog (287), Madai (288), Jawan (289), Tubal (290), Meschech (291) und Tiras (292).

285 Diese Verse sind Teil des P-Dokuments, und wie in der Schöpfungsgeschichte wird der Stoff der Erzählung so geordnet, daß er einem Höhepunkt zustrebt. Es beginnt daher mit Jafet, dem jüngsten Sohn Noahs, dann folgt Ham, und zum Schluß kommt Sem, der älteste Sohn, der der Stammvater der Israeliten ist.
Die Namen der Völker und der von ihnen bewohnten Länder scheinen den Zustand der Welt zur Zeit des Assyrerreiches darzustellen, also im siebten Jahrhundert v. Chr. oder ungefähr ein Jahrhundert vor der Babylonischen Gefangenschaft.
Der Name Jafet könnte der griechischen Mythologie entlehnt sein, die auf dem Wege über Kreta, Zypern und die Philister Eingang in die israelitische Überlieferung gefunden hatte. Jafet wird von manchen Altertumsforschern mit Japetos gleichgesetzt, einem der Titanen der griechischen Mythologie. Die beiden Namen sind in der Tat fast identisch. Wenn wir die griechische Endung »-os«, die zur Kennzeichnung des Geschlechts dient, weglassen, dann werden beide Namen in der Ursprungsform wie »Japet« ausgesprochen.
Nach der griechischen Sage war Japetos der Vater des Prometheus, der den ersten Menschen aus Lehm bildete, so wie das im J-Dokument von Jahwe berichtet wird. Japetos konnte aus diesem Grunde von den Griechen als Stammvater der Menschheit betrachtet werden. Die Israeliten wollten möglicherweise an diese Sage anknüpfen, als sie Jafet zum Stammvater der Völkerfamilie machten, zu der die Griechen gehörten.

286 Gomer ist wahrscheinlich der Ahnherr eines in assyrischen Inschriften als Gimirrai, in lateinischer Form Cimmerier, bezeichneten Stammes. In der Frühzeit lebten diese nördlich des Schwarzen Meeres (der Name Krim für einen Teil ihres Siedlungsgebietes ist von Cimmeria abgeleitet). Im 7. Jahrhundert fielen sie, von anderen Stämmen in ihrem Rücken bedrängt, in Kleinasien ein und stießen in mehreren großen Schlachten mit den Assyrern zusammen. Die Cimmerier wurden schließlich besiegt; Assyrien aber war durch diese Kämpfe

schwer angeschlagen. Die Cimmerier waren zu der Zeit, als diese »Völkertafel« ihre endgültige Schriftform erhielt, auf der Höhe ihres Ruhms, und ihr Stammvater Gomer kann mit Recht den Titel des erstgeborenen Sohnes Jafets beanspruchen.

287 Magog dürfte »das Land Gogs« repräsentieren. Gog (in der griechischen Form »Gyges«) war der König der Lyder, eines Volkes im westlichen Kleinasien. Er war einer der bedeutendsten Gegner der cimmerischen Invasoren und starb um 652 v. Chr. im Kampf gegen sie.

288 Madai bezieht sich vermutlich auf die Meder, die das Gebiet östlich von Assyrien bewohnten und an der endgültigen Zerschlagung des Assyrischen Reiches beteiligt waren.

289 Der Name Jawan könnte eine archaische Form des griechischen Ion sein, der der Stammvater der ionischen Griechen war. Die Ionier waren um 1000 v. Chr. ostwärts gewandert und hatten die Inseln des Ägäischen Meeres und Teile der Westküste Kleinasiens besetzt. Von den verschiedenen griechischen Stämmen waren sie den Israeliten am nächsten und dürften in der Zeit der Assyrer ihnen am besten bekannt gewesen sein. Ihr Stammesname wurde dann auf die Griechen allgemein übertragen.

Unser Wort »Grieche« zum Beispiel ist aus dem Lateinischen abgeleitet. Die Römer übernahmen diese Bezeichnung von einem obskuren Stamm im Westen und wendeten ihn dann auf die Griechen allgemein an. Die Griechen selbst nannten sich Hellenen und führten ihre Abstammung auf Hellen zurück, zu dessen Söhnen Ion gehörte.

290 Tubal dürfte sich auf einen Stamm beziehen, den Herodot als Tibarenoi bezeichnet. Dieser Stamm wohnte in einem Gebiet südöstlich des Schwarzen Meeres. Der Name des Schmiedes Tubal-Kain wurde schon an einer früheren Stelle der Genesis genannt.

291 Meschech könnte mit einem Volk identisch sein, das in assyrischen Inschriften Muski genannt wird. Sie hatten einen König namens Mita (griechisch Midas), der von 721 bis 705

v. Chr. regierte. Es dürfte eine Beziehung zu den Phrygern bestehen, über die Midas herrschte und die die Vormachtstellung im westlichen Kleinasien besaßen, bis sie von den Cimmeriern besiegt wurden und ihre Macht an die Lyder überging.

292 Tiras ist wohl der Name eines Volkes, das die Griechen Tyrsenoi nannten. Sie sollen aus Kleinasien nach Italien gezogen sein. Wenn das zutrifft, würde Tiras die Etrusker repräsentieren.

3. Vers: Die Söhne Gomers sind diese: Aschkenas (293), Rifat und Togarma (294).

293 Aschkenas könnte identisch sein mit Ashguza, der in assyrischen Inschriften genannt wird. Der Name scheint sich auf die Nomadenstämme zu beziehen, die den Griechen als Skythen bekannt waren und die einige Zeit vor 1000 v. Chr. aus dem zentralasiatischen Raum in die Gebiete nördlich des Schwarzen Meeres eingedrungen waren. Ihr Druck nach Süden gegen die Cimmerier hatte diese nach Kleinasien abgedrängt. Die Skythen übernahmen das Gebiet der Cimmerier im Steppenland nördlich des Schwarzen Meeres. Unter diesem Gesichtspunkt könnte Aschkenas (Scythia) sehr wohl als der älteste Sohn Gomers (Cimmeria) betrachtet werden.
Aus unbekannten Gründen sahen die späteren Juden Aschkenas als den Stammvater der Teutonen an. Daher werden die Jiddisch (eine Ableitung des Deutschen) sprechenden Juden Aschkenasim genannt, um sie von den Ladino (eine Ableitung des Spanischen) sprechenden Juden zu unterscheiden, die Sephardim genannt werden, von Sefarad, einer jüdischen Bezeichnung für Spanien.

294 Über Rifat ist nichts bekannt. Es gibt auch keine stichhaltigen Vermutungen über die Herkunft des Namens.
Togarma wird von einigen Altertumsforschern mit einem Stamm in Verbindung gebracht, den die Assyrer Tilgarimma nannten. Dieser Stamm lebte im Einzugsgebiet des oberen Euphrat.

4. Vers: Die Söhne Jawans sind diese: Elischa (295), Tarsis (296), die Kittiter (297) und die Rodaniter (298).

295 Elischa ist sprachverwandt mit dem in assyrischen Dokumenten genannten Alaschiyah, das sich auf Zypern bezieht. Diese Insel war schon in assyrischer Zeit von den Griechen kolonisiert worden. Von allen griechischsprachigen Ländern lag sie Kanaan am nächsten, nur dreihundertzwanzig Kilometer nordwestlich. Der hebräische sowohl wie der assyrische Name könnte eine Ableitung von Hellas sein, dem Namen, den die Griechen für die von ihnen besiedelten Länder verwendeten.

296 Tarsis ist höchstwahrscheinlich Tarsos, eine bedeutende griechische Stadt an der Südküste Kleinasiens, einhundertsechzig Kilometer nördlich von Zypern. Tarsos war schon in assyrischer Zeit eine bedeutende Stadt.

297 Die Kittiter dürften die Bewohner von Kition sein, einer Stadt an der Südküste Zyperns. Zypern wäre dann zweimal in diesem Vers erwähnt.

298 Die Rodamiter könnten die Bewohner der Insel Rhodos sein, dreihundertzwanzig Kilometer westlich von Zypern gelegen. Es wird aber auch eine Beziehung zu Dardania nicht ausgeschlossen, der Region im nordwestlichen Kleinasien, in der vor 1200 v. Chr. die Stadt Troja gestanden hatte.

5. Vers: Von diesen haben sich ausgebreitet die Bewohner der Inseln der Heiden (299). Das sind die Söhne Jafets nach ihren Ländern, ihren Sprachen (300), Geschlechtern und Völkern.

299 »Heiden« ist die Übersetzung des lateinischen Wortes »gentiles«, einer Ableitung von »gens«, das »Volksstamm« bedeutet. Die Israeliten bezeichneten mit diesem Wort alle Menschen, die nicht ihrem Stamm angehörten. Daraus entstand schließlich die Unterscheidung zwischen Juden und Heiden. In gewissem Sinne kann diese Benennung von jeder Gruppe verwendet werden, um Außenstehende zu bezeichnen. Für die Mormonen zum Beispiel gelten noch heute alle Nicht-Mormo-

nen (auch die Juden) als Heiden.
»Von diesen haben sich ausgebreitet die Bewohner der Inseln der Heiden.« Man muß den etwas unklaren Satz wohl so verstehen, daß ihre Nachkommen in die verschiedenen Küstenländer einwanderten und diese bevölkerten.
Eine solche Interpretation würde bedeuten, daß sie alle Küstenländer der Welt bevölkerten, einschließlich Nord-und Südamerikas und Australiens. Das aber ist höchst unwahrscheinlich. Die Regionen, die unter den Namen der Stammväter aufgeführt werden, beschränken sich ausschließlich auf Kleinasien, die ihm vorgelagerten Inseln und möglicherweise auf die Nordküste des Schwarzen Meers. Die Israeliten dieser Zeit kannten keine entlegeneren Gebiete.

300 Hier wird angenommen, daß die Nachkommen Jafets verschiedene Sprachgruppen bildeten. Das ist schwer verständlich, wenn wir davon ausgehen, daß alle diese Völker Abkömmlinge einer einzigen Familie, der Noahs, in einer nicht zu entfernten Vergangenheit waren. Die biblische Erklärung der Sprachverschiedenheit wird im nächsten Kapitel gegeben.

6. Vers: Die Söhne Hams (301) sind diese: Kusch (302), Mizraim (303), Put (304) und Kanaan (305).

301 Das P-Dokument ist der Linie Jafets so weit nachgegangen, wie das erforderlich schien. Sie wird nicht weitergeführt und auch später nicht wiederaufgenommen. Das P-Dokument wendet sich jetzt den Nachkommen Hams zu.

302 Bei der Kommentierung von Genesis 2,13 habe ich auf die mögliche Verwechslung zweier Länder hingewiesen, auf die der Name Kusch sich beziehen könnte: Nubien, das unmittelbar südlich an Ägypten grenzt, oder das Kossäerland östlich des Tigris. Hier ist zweifellos Nubien gemeint.

303 Mizraim ist der hebräische Name für Ägypten. An allen anderen Stellen der Bibel ist Mizraim als »Ägypten« übersetzt, ein Wort griechischen Ursprungs.
Es mag seltsam erscheinen, daß Nubien die Stellung des erstgeborenen Sohnes Hams einnimmt, während das mächtige und

kulturell führende Ägypten den zweiten Rang erhält. Aber zur Zeit der Aufstellung der Völkertafel war Ägypten schwach und befand sich von 715 bis 664 v. Chr. unter nubischer Herrschaft.

304 Put wird gewöhnlich als Repräsentant des westlich von Ägypten gelegenen Landes betrachtet, das die Griechen Libyen nannten.

305 Kanaan ist natürlich das Land, das Israel in späterer Zeit beherrschte. Wenn wir Genesis 10,6 auf moderne geographische Begriffe übertragen, muß der Vers lauten: Die Söhne Hams sind diese: Nubien, Ägypten, Libyen und Kanaan. Das markiert tatsächlich die Ausdehnung des ägyptischen Reiches in der Zeit seiner größten Macht zwischen 1800 und 1200 v. Chr.

Die Sprachen Nubiens, Ägyptens und Libyens waren in der biblischen Zeit einander sehr ähnlich und gehörten zur selben Sprachfamilie (hamitisch). Die Sprache der Kanaaniter jedoch war völlig anders und mit dem Hebräischen verwandt. Die Kanaaniter sprachen also eine, wie wir heute sagen würden, semitische Sprache. Wenn die Sprache als Kriterium für die Bestimmung der Abstammung gelten würde, müßte Kanaan zu den Nachkommen Sems gerechnet werden.

Die Kompilatoren der Völkertafel sahen aber das Kriterium eher in der politischen als der sprachlichen Zugehörigkeit. Und nicht zu vergessen: Sie hatten ein Interesse daran, die kanaanäisch-israelitische Verwandtschaft nicht als zu eng erscheinen zu lassen, da es sonst hätte schwierig werden können, die Unterwerfung und Versklavung der Kanaaniter zu rechtfertigen.

7. Vers: Und die Söhne des Kusch (306) sind diese: Seba, Hewila, Sabta, Ragma und Sabtecha. Aber die Söhne Ragmas sind diese: Saba und Dedan.

306 Die fünf Söhne und zwei Enkel Kuschs vertreten hier Regionen, die mit ziemlicher Sicherheit in verschiedenen Teilen Arabiens gelegen waren. Es kam im Altertum gelegentlich vor, daß Stämme der arabischen Küste des Roten Meeres die afrikanische Küste beherrschten und umgekehrt. Es wäre denkbar,

daß dieser Vers an die Verbindung zwischen Nubien und Arabien erinnern soll.

8. Vers: Kusch aber zeugte den Nimrod (307). Der war der erste, der Macht gewann auf Erden (308),

307 An diesem Punkt übernimmt wieder das J-Dokument die Erzählung. Die Herausgeber der Bibel unterbrachen anscheinend die trockene Aufzählung von Namen im P-Dokument immer dann, wenn sich im J-Dokument eine interessante und farbenfreudige Schilderung fand.

308 Nimrod war offenbar ein Herrscher und Eroberer.

9. Vers: und war ein gewaltiger Jäger vor dem Herrn (309). Daher spricht man: Das ist ein gewaltiger Jäger vor dem Herrn wie Nimrod.

309 »Ein gewaltiger Jäger vor dem Herrn« ist eine idiomatische Floskel für »ein sehr großer Jäger«. Offensichtlich war Nimrods jägerisches Können sprichwörtlich geworden.
Wie wir im nächsten Vers sehen werden, war der Schauplatz seiner Großtaten das Tigris-Euphrat-Tal; die Jagd war ein beliebter Zeitvertreib der assyrischen Monarchen. Die assyrische Kunst war von großer Eindringlichkeit und Monumentalität. Eines ihrer bevorzugten Sujets war die Darstellung der assyrischen Könige bei der Jagd auf Großwild.
Einer der ersten großen assyrischen Eroberer war Tukulti-Ninurta I., der von 1234 bis 1198 v. Chr. regierte. Von seiner Basis Assyrien am oberen Tigris dehnte er sein Herrschaftsgebiet im Norden nach Urartu (Armenien) und im Süden nach Babylonien aus.
Die Griechen im Westen dürften vage Erzählungen von seinen Eroberungen (unmittelbar vor dem Trojanischen Krieg) gehört haben; denn in späterer Zeit war bei ihnen die Sage von einem Erobererkönig verbreitet, den sie Ninos nannten, eine gräzisierte Form des zweiten Teils des Namens Tukulti-Ninurta, der das Assyrerreich gegründet haben soll. Vielleicht wußten auch die Israeliten von diesen frühen Eroberungszügen, und Tukulti-Ninurta wurde für sie Nimrod.

10. Vers: Und der Anfang seines Reiches war Babel (310), Erech (311), Akkad (312) und Kalne (313) im Lande Sinear (314).

310 Die bedeutenden Städte von Nimrods Reich werden aufgezählt. Babel ist besser in der griechischen Version Babylon bekannt. Babylon war ein kleines, unbedeutendes Dorf bis etwa 1900 v. Chr., als ein Stamm vom mittleren Euphrat, die Amoriter, es unter ihre Herrschaft brachte und zur Hauptstadt eines expandierenden Reiches machte.
Unter dem sechsten König der Amoriter, Hammurabi (1728–1686), wurde Babylon um 1700 eine Weltmetropole und behielt diesen Rang zweitausend Jahre lang.

311 Erech ist die Stadt Uruk am unteren Euphrat. Ihre Geschichte reicht bis mindestens 3600 v. Chr. zurück. Uruk war einer der mächtigen sumerischen Stadtstaaten, der mythische Gilgamesch einer ihrer Könige. Kurz nach 2300 v. Chr. wurde Uruk von einem der großen Eroberer der Geschichte regiert – Lugalzagesi von Umma. Er war der erste bekannte Herrscher eines Großreiches in der Tigris-Euphrat-Region.

312 Akkad wird in alten Inschriften Agade genannt. Seine genaue Lage ist unbekannt. Wahrscheinlich lag es am Euphrat, ungefähr 230 Kilometer stromaufwärts von Uruk.
Akkad war zunächst unter sumerischer Herrschaft, bis 2300 v. Chr. ein akkadischer Herrscher, Sargon von Agade, an die Macht kam. Er breitete sein Herrschaftsgebiet aus, besiegte Lugalzagesi im Jahre 2264 v. Chr. und gründete ein akkadisches Reich.

313 Die Stadt Kalne ist unbekannt. Heute ist man allgemein der Ansicht, daß ihre Nennung auf einem Irrtum beruht und daß Kalne nicht der Name einer Stadt ist, sondern das hebräische Wort für »jede von ihnen«. Der Vers müßte also eigentlich lauten: Und der Anfang seines Reiches war Babel, Erech und Akkad, jede von ihnen im Lande Sinear Sumer.

314 Es besteht Übereinstimmung, daß das Land Sinear Sumer oder im weiteren Sinne die Tigris-Euphrat-Region ist.

11. Vers: Von diesem Lande ist er nach Assur (315) gekommen und baute Ninive (316) und Rehobot-Ir (317) und Kelach (318),

315 Assur ist das Gebiet entlang des Oberlaufs des Tigris-Stromes. Die Stadt Assur, die dem Gebiet den Namen gab, lag am Tigris ungefähr 370 Kilometer nördlich von Babylon. Sie wurde schon um 2700 v. Chr. gegründet. Assur ist besser in der griechischen Sprachversion Assyria bekannt.
Assyrien war Teil des Akkadischen Reiches und später des Amoriterreiches. Als die Amoriter dem Vordringen der Kassiten (der Bewohner des mittelöstlichen Kusch) erlagen, wurde Assyrien eine unabhängige Region mit der Hauptstadt Assur.

316 Ninive war die Hauptstadt Assyriens im letzten Jahrhundert seiner Existenz. Obwohl es nicht vor 700 v. Chr. bestand (oder allenfalls ein kleines Dorf war), stieg es im siebten Jahrhundert zur Hauptstadt auf, als Assyrien den Höhepunkt seiner Macht erreicht und seine Herrschaft auch auf Judäa ausgedehnt hatte. Für die Juden der Spätzeit war Ninive der Inbegriff Assyriens und seiner Zwangsherrschaft über das jüdische Volk.

317 Rehobot-Ir ist als Stadt unbekannt. Das Wort ist möglicherweise die Verzerrung einer Redewendung, die »breite Straßen« bedeutet. Statt »Ninive und Rehobot-Ir« müßte es vielleicht richtiger heißen Ninive, eine Stadt mit breiten Straßen.

318 Assur war die erste Hauptstadt Assyriens, als dieses noch ein unbedeutendes Land war. Der assyrische König Salmanassar I. (1265–1235 v. Chr.), der Vater Tukulti-Ninurtas I., erbaute eine neue Hauptstadt in Kelach, 32 Kilometer südlich des späteren Standorts von Ninive. Der Vers erwähnt also die drei Hauptstädte Assyriens: Assur, Kelach und Ninive.

12. Vers: dazu Resen (319) zwischen Ninive und Kelach. Das ist die große Stadt (320).

319 Eine Stadt mit dem Namen Resen oder einem ähnlichen Namen ist in den alten Inschriften nicht zu finden. Ein Wort,

das ähnlich klingt wie »Resen«, bezeichnet eine Art Wasserreservoir. Es wäre vorstellbar, daß die Bibel sich hier auf ein solches Reservoir oder auf einen Aquädukt zwischen den beiden Hauptstädten des späteren Assyrischen Reiches bezieht.

320 Die »große Stadt« bezieht sich nicht auf Resen, sondern entweder auf Ninive oder Kelach, möglicherweise auch auf beide.
Der gesamte Text der Verse 8–12 ist eine sehr kurze und ausgewählte Zusammenfassung der Geschichte der Tigris-Euphrat-Region über einen Zeitraum von ungefähr zweitausendfünfhundert Jahren hinweg. Er umfaßt Sumer (Erech), Akkad, die Amoriter (Babel) und Assyrien (Assur, Kelach und Ninive). Nimrod, unter dessen Namen alle diese Länder und Städte zitiert werden, scheint in der Erinnerung der Israeliten zu einer Art Überheros geworden zu sein, dem die Taten mehrerer Eroberer der Region zugeschrieben werden: Gilgamesch, Lugalzagesi, Sargon, Salmanassar, Tukulti-Ninurta.

13. Vers: Mizraim zeugte die Luditer, die Anamiter, die Lehabiter, die Naftuhiter (321),

321 Vermutlich sind diese Namen alle mit Regionen in Ägypten oder in der Umgebung von Ägypten (Mizraim) verbunden; zu identifizieren sind sie nicht.

14. Vers: die Patrusiter, die Kasluhiter (322) und die Kaftoriter (324); von denen sind gekommen die Philister (323).

322 Patrusiter und Kasluhiter haben wie die im vorigen Vers genannten Luditer, Anamiter, Lehabiter und Nafuhiter im Hebräischen das Plural-Suffix -im. Sie sind nicht die Namen von Familien oder Stammvätern, sondern von Volksstämmen. Alle diese Stämme sind mit den Ägyptern verwandt.

323 Im Gegensatz zur Lutherbibel nennt die King James Bible ebenso wie andere Übersetzungen (zum Beispiel die schon genannte Einheitsübersetzung für die katholischen deutschsprachigen Bistümer) die Kasluhiter als die Vorfahren

der Philister (hebräisch *philistim*). Die Philister kontrollierten in späterer Zeit den südlichen Teil der Küste Kanaans. Sie waren mächtige Feinde Israels zur Zeit der Richter und des Königs Saul. Sie werden hier als Nachkommen Hams aufgeführt und stehen in enger Beziehung zu Ägypten.
Kurz vor 1200 v. Chr., gegen Ende des ägyptischen Neuen Reiches, drangen Barbarenstämme von der Küstenseite her nach Ägypten ein. Die Ägypter nannten die Invasoren »Seevölker«. Sie wurden vernichtend geschlagen; aber Ägypten verbrauchte dabei seine letzten Kraftreserven.
Die abgeschlagenen Seevölker ließen sich an der kanaaäischen Küste (unter dem Namen Philister) nieder, und zwar gerade zu der Zeit, als die Israeliten von Osten nach Kanaan eindrangen. Die Israeliten betrachteten die Philister als Nachkommen Mizraims, da sie offenbar von Ägypten her gekommen waren.
Man nimmt allgemein an, daß die Philister – zumindest teilweise – griechischer Abstammung waren. Es wäre also eigentlich angemessener, sie als Nachkommen Jafets, und nicht Hams, zu betrachten. (Ähnlich wie ja Nimrod dem mittelöstlichen Kusch, zumindest geographisch, näherstand als dem nubischen Kusch und deshalb eigentlich eher ein Nachkomme Sems als Hams sein müßte.)

324 Nach der Übersetzung Martin Luthers sind die Philister Nachkommen der Kaftoriter. Auf diese Abstammung weisen auch andere Bibelstellen hin. Bei Jeremia werden sie »die gekommen sind von der Insel Kaftor« genannt (Jer 47,4). Und bei Amos 9,7 werden »die Philister aus Kaftor« erwähnt.
Die Schwierigkeit liegt darin, daß wir nicht genau wissen, wo Kaftor liegt. Vielfach wird angenommen, daß es sich um Zypern, Kreta oder die Südküste Kleinasiens handeln könnte. Vielleicht hatten alle diese Gebiete Kontingente zu den »Seevölkern« gestellt; aber welches Gebiet die Verfasser der Bibel meinen, wissen wir nicht. (Die Verwirrung in diesem Kapitel entstand vor allem durch die phantasievollen legendären Einschübe aus dem J-Dokument, weniger durch die nüchterne Aufzählung des P-Dokuments.)

15. Vers: Kanaan aber zeugte Sidon, seinen ersten Sohn (325), und Het (326)

325 Kanaan wird als der Vater der verschiedenen kanaanitischen Stämme geschildert. Da diese den Israeliten alle bekannt sind, werden zahlreiche Nachkommen aufgeführt.
Sidon ist eine Stadt am Mittelmeer, etwa 210 Kilometer nördlich von Jerusalem. Das Umland der Stadt ist der heutige Libanon. Es war den Griechen unter dem Namen Phönikien bekannt.
Da die Phöniker niemals von den Israeliten unterworfen wurden und da Sidon die mächtigste der phönikischen Städte in der Zeit der israelitischen Könige war, wird Sidon als der erstgeborene Sohn Kanaans genannt.

326 Het ist der Stammvater der Hethiter, die in der Bibel manchmal als die »Söhne Hets« bezeichnet werden. Da die Hethiter in der Bibel immer unter den Stämmen der Kanaaniter aufgeführt werden, könnte der Eindruck entstehen, es handle sich bei ihnen um einen unbedeutenden Volksstamm.
Die alten ägyptischen und babylonischen Urkunden berichten jedoch von den Cheta oder Chatti als einem mächtigen Volk nördlich von Kanaan.
Tatsache ist, daß ein mächtiges Hethiterreich das östliche Kleinasien beherrschte und stark genug war, um sogar das Ägyptische Reich anzugreifen und sich ihm gegenüber zu behaupten. Das Hethiterreich verlor jedoch seine Großmachtstellung und verfiel. Zur Zeit, als die Israeliten Kanaan eroberten, waren die Hetither in der Tat nur noch ein unbedeutender Volksstamm, und ihre ehemalige Größe wird in der Bibel nicht erwähnt.

16. Vers: und den Jebusiter (327), den Amoriter
(328), den Girgasiter (329),

327 Die weiteren Nachkommen Kanaans werden nicht als Personen, sondern als Stämme aufgeführt. Der ruhmreiche Besitz der Jebusiter war die Stadt, die König David in späterer Zeit eroberte, befestigte und zu seiner Hauptstadt machte: Jerusalem.

328 Die Amoriter waren ein mächtiger Volksstamm, der die Tigris-Euphrat-Region zwischen 1700 und 1500 v. Chr. beherrschte. Zur Zeit der Eroberung Kanaans durch die Israeliten

waren jedoch, wie bei den Hethitern, nur noch Reste der früheren Macht vorhanden. Auch die Amoriter erscheinen in der Bibel als ein unbedeutender Stamm, dessen vergangene Größe nicht erwähnt wird.

329 Von den Girgasitern ist nichts bekannt.

17. Vers: den Hewiter (330), den Arkiter (331),
den Siniter (332),

330 Bei den Hewitern könnte es sich durchaus um die Churri handeln, die das Königreich Mitanni im oberen Tigris-Euphrat-Tal begründeten. Seine Blütezeit war zwischen 1475 und 1275 v. Chr.; dann wurden sie von den Hethitern unterworfen, kurz bevor beide in der ersten Welle des assyrischen Ansturms zerschlagen wurden und ihre Selbständigkeit verloren.

331 Die Arkiter waren die Bewohner der Stadt Arka in Phönikien.

332 Die Siniter scheinen in Sianna, einem Ort in der Nähe von Arka, gelebt zu haben.

18. Vers: den Arwaditer (333), den Zemariter (334) und den Hamatiter (335). Nachher haben sich die Geschlechter der Kanaaniter weiter ausgebreitet,

333 Die Arwaditer waren die Bewohner der phönikischen Stadt Arwad.

334 Die Zemariter waren die Bewohner von Simarra, einem anderen Ort in der Nähe von Arka.

335 Die Hamatiter waren die Bewohner von Hamat, einer Stadt in Syrien.

19. Vers: und ihre Grenzen (336) waren von Sidon in der Richtung auf Gerar (337) bis nach Gaza (338), in der Richtung auf Sodom (339), Gomorra, Adma, Zeboim bis nach Lascha (340).

336 Die Verfasser der Bibel sind nach detaillierter Aufzählung der im Lande Kanaan ansässigen Stämme nun daran interessiert, seine genaue Ausdehnung (die »Grenzen« der Kanaaniter) festzulegen; denn Kanaan wurde ja das Heimatland der Israeliten.

337 Gerar liegt im südlichen Kanaan, ungefähr 240 Kilometer südlich von Sidon und etwa 27 Kilometer von der Küste landeinwärts.

338 Gaza liegt ungefähr auf gleicher Höhe wie Gerar, aber direkt an der Küste. Kanaan hat also eine nordsüdliche Ausdehnung von 240 Kilometern – nicht gerade viel nach modernen Begriffen, aber doch recht weiträumig in einer Zeit, als man gewöhnlich zu Fuß reiste.

339 Nach der Festlegung der nord-südlichen Ausdehnung ist es nun notwendig, auch die ost-westliche Begrenzung zu bestimmen.
Sodom, Gomorra, Adma und Zeboim lagen im Südosten Kanaans. Ihre genaue Lage ist nicht bekannt; denn sie wurden bei einer Katastrophe in sehr früher Zeit zerstört (ein Ereignis, das im 18. Kapitel der Genesis beschrieben wird). Man vermutet die Lage dieser Städte jedoch im Gebiet des Toten Meeres. Es gibt Spekulationen, nach denen sie vom südlichen Teil des Toten Meeres bedeckt werden. Dieses Gebiet soll nach einem Erdbeben oder einem Vulkanausbruch überflutet worden sein – ein Geschehnis, das die biblische Erzählung von der Zerstörung der Städte inspiriert haben könnte.
Wenn wir annehmen, daß Sodom irgendwo im Südteil des Toten Meeres liegt, dann beträgt die ost-westliche Ausdehnung von Gaza bis Sodom etwa 105 Kilometer.

340 Lascha wird nur an dieser Stelle in der Bibel erwähnt. Sein Standort ist unbekannt. Es ist jedoch möglich, daß es sich bei dieser Stadt um Lajisch, später Dan genannt, handelt, das etwa 47 Kilometer südöstlich von Sidon liegt.
Wenn das zutrifft, wird Kanaan als ein grob rechteckiges Land an der Südostküste des Mittelmeers beschrieben, das ein Gebiet von etwa 25 000 Quadratkilometern umfaßt. Das würde unge-

fähr der Größe und Gestalt des amerikanischen US-Staates Vermont in umgekehrter Lage entsprechen.

20. Vers: Das sind die Söhne Hams nach ihren Geschlechtern, Sprachen, Ländern und Völkern.
21. Vers: Sem aber (341), dem Vater aller Söhne Ebers (342), Jafets älterem Bruder (343), wurden auch Söhne geboren.

341 Die Genealogien Jafets und Hams sind hiermit abgeschlossen. Die Völkertafel geht jetzt zu Sem über.

342 Sem wird hier als der Vorfahre Ebers ausgewiesen, des Stammvaters der Hebräer, zu denen auch die Israeliten gehören.

343 In der King James Bible wird an dieser Stelle scheinbar Sem als Bruder des älteren Jafet bezeichnet (»the brother of Japhet the elder«). Es handelt sich aber offensichtlich um eine mißverständliche Formulierung; denn an allen anderen Stellen wird Sem eindeutig als der älteste Sohn Noahs genannt. In den revidierten englischen Fassungen wird ebenso wie in der Übersetzung Luthers hier von Sem als »Jafets älterem Bruder« gesprochen.

22. Vers Und dies sind seine Söhne: Elam (344), Assur (345), Arpachschad (346), Lud (347) und Aram (348).

344 Elam war ein Volk, das das Gebiet nördlich des Persischen Golfes und östlich des Tigris bewohnte. Es trat in sumerischer Zeit in die Geschichte ein und war ein starker Rivale aller Völker, die das Tigris-Euphrat-Tal beherrschten – die ganze assyrische Zeit hindurch.

345 Assur ist natürlich Assyrien. Hier wird sein Stammvater vom P-Dokument zum Nachkommen Sems gemacht. Sprachwissenschaftlich ist das richtiger als seine Assoziation mit Nimrod, den das J-Dokument elf Verse früher als Nachkommen Hams beschrieben hat.

346 Welches Land Arpachschad vertritt, ist nicht klar. Er ist der einzige in diesem Vers genannte Name, der nicht eindeutig einen Volksstamm repräsentiert. Und doch ist er derjenige unter den fünf Kindern Sems, zu dessen direkter Abstammungslinie die Israeliten gehören. (Von der Zeit Sets an ist dies das erste Mal, daß die Israeliten jemanden als ihren Vorfahren bezeichnen, der nicht ein erstgeborener Sohn ist. Arpachschad ist der dritte Sohn Sems.)

347 Lud wird gewöhnlich als der Repräsentant Lydiens interpretiert, aber Lydien wird bereits zwanzig Verse früher dem Stammvater Magog zugeschrieben. Es erscheint auch sinnvoller, anzunehmen, daß Lydien jafetitischer Abstammung ist. Aber wen vertritt dann Lud? Die Frage bleibt offen.

348 Aram ist der Stammvater der Aramäer, eines Volkstammes, der um etwa 1100 v. Chr. im nördlichen Arabien auftaucht. Seine Überfälle schwächten für eine längere Zeit das unter Tukulti-Ninurta I. zur Großmacht aufgestiegene Assyrien. Schließlich etablierte sich ein aramäisches Königreich nördlich von Kanaan. Heute ist sein griechischer Name Syria besser bekannt.

23. Vers: Aber die Söhne Arams sind diese: Uz, Hul, Geter und Masch (349).

349 Die vier Söhne Arams vertreten vermutlich vier aramäische Unterstämme, Distrikte oder Städte. Aber ein überzeugender Nachweis ihrer Identität ist bis heute nicht gelungen.

24. Vers: Arpachschad aber zeugte Schelach, Schelach zeugte Eber (350).

350 Hier wird die Abstammungslinie der Israeliten weitergeführt.

25. Vers: Eber wurden zwei Söhne geboren. Einer hieß Peleg, weil zu seiner Zeit die Erde zerteilt wurde (351); und sein Bruder hieß Joktan (352).

351 Der Name Peleg ist sprachverwandt mit dem hebräischen Wort *palag*, das »teilen« bedeutet. Diese Erklärung ist volksetymologischer Art und ergibt keinen deutlichen Sinn. Sie mag jedoch eine Beziehung zu der im nächsten Kapitel berichteten Legende haben.

352 Peleg vertritt die direkte Abstammungslinie der Israeliten. Die Nachkommen Joktans werden daher mit einer Aufzählung in den folgenden Versen nur kurz abgehandelt.

26. Vers: Und Joktan zeugte Almodad, Schalef, Hazarmawet, Jerach,
27. Vers: Adoram, Usal, Dikla,
28. Vers: Obal, Abimaël, Saba,
29. Vers: Ofir, Hewila und Jobab (353). Das sind alles Söhne Joktans.

353 Dreizehn Söhne Hoktans werden hier aufgezählt. Sie vertreten vermutlich dreizehn verwandte Stämme oder zumindest dreizehn nahe beieinander wohnende Stämme mit ähnlicher Sprache und Kultur. Allgemein wird angenommen, daß die Söhne Joktans im südlichen Arabien lebende Stämme vertreten.

30. Vers: Und ihre Wohnsitze waren von Mescha bis man kommt nach Sefar, an das Gebirge im Osten (354).

354 Weder Meschar noch Sefar werden an anderer Stelle der Bibel genannt. Beide können nicht lokalisiert werden.

31. Vers: Das sind die Söhne Sems nach ihren Geschlechtern, Sprachen, Ländern und Völkern.
32. Vers: Das sind nun die Nachkommen der Söhne Noahs nach ihren Geschlechtern und Völkern. Von denen her haben sich ausgebreitet die Völker auf Erden nach der Sintflut.

Kapitel 11

1. Vers: Es hatte aber alle Welt einerlei Zunge und Sprache (355).

355 Wenn tatsächlich die ganze Menschheit unmittelbar nach der Flut aus einer einzigen Familie bestand, dann sprachen sicherlich sie und die nächsten Generationen ihrer Nachkommen alle eine einzige Sprache.
Die geschichtliche Wirklichkeit im vierundzwanzigsten Jahrhundert v. Chr., der überlieferten Zeit der Sintflut, sah anders aus. Unzweifelhaft gab es bereits eine Vielzahl von Sprachen auf Erden, sogar in dem begrenzten Raum, der den mittelöstlichen Kulturen dieser Zeit bekannt war. Die sumerische, akkadische und ägyptische Sprache waren grundverschieden voneinander, und es existierten zweifellos Hunderte, wenn nicht Tausende anderer Sprachen außerhalb des Nahen/Mittleren Ostens, die jeweils alle für die Angehörigen einer anderen Sprachgruppe unverständlich waren.
Wir haben keine wissenschaftlichen Anhaltspunkte dafür, wann und ob eine einheitliche Weltsprache sich in verschiedene Stammes- und Volkssprachen trennte. Wir wissen nicht einmal, wann der Mensch die Fähigkeit des sprachlichen Ausdrucks erlangte und in welchen Stufen sich die sprachliche Kommunikation entwickelte. Wahrscheinlich werden wir das nie wissen; doch es spricht vieles für die Vermutung, daß es bereits Jahrtausende vor Beginn der Zivilisation differenzierte Sprachgruppen gab.

2. Vers: Als sie nun nach Osten (356) zogen, fanden sie eine Ebene im Lande Sinear (357) und wohnten daselbst.

356 In der King James Bible und auch in einigen deutschen Übersetzungen heißt es, daß sie »von Osten aufbrachen«. Das würde sinngemäß bedeuten, daß die Sumerer in das Tigris-Euphrat-Tal von Osten her einwanderten. Das könnte in der Tat der Fall gewesen sein. Zumindest könnten sie in einer früheren Zeit die Gebirgszüge entlang des nordöstlichen Tigrisufers bewohnt haben.

Wenn die Arche sich jedoch auf das Gebirge Ararat niederließ, wie traditionell angenommen wird, dann müßten die Nachkommen Noahs von Nordwesten her in das Land Sumer eingewandert sein. Die Bibelübersetzer stimmen in diesem Punkt nicht überein. Die englische Revised Standard Version spricht wie die Übersetzung Martin Luthers davon, daß sie »nach Osten zogen«.
»Osten« bedeutet für die Verfasser der Bibel immer »östlich von Kanaan«. Das würde auf eine Wanderung in die östlichen Länder hinweisen (zu denen Sumer gehörte), ohne daß der Ausgangspunkt der Wanderung genannt wird.

357 Im vorigen Kapitel wird von Nimrod gesagt, »der Anfang seines Reiches war... im Lande Sinear«. Aus diesem Grunde wird oft angenommen, daß das Ereignis, von dem jetzt berichtet werden soll, sich während der Regierungszeit Nimrods zutrug und daß er die treibende Kraft dazu war. Die Bibel selbst sagt das jedoch nicht ausdrücklich.

3. Vers: Und sie sprachen untereinander: Wohlauf, laßt uns Ziegel streichen und brennen (358)! – und nahmen Ziegel als Stein und Erdharz (359) als Mörtel

358 In prähistorischen Zeiten wurde feuchter Lehm oder Ton verwendet, um geflochtene Körbe zu verschmieren. Wenn der Lehm in der Sonne getrocknet war, konnte man in den Körben flüssige Stoffe transportieren. Wurden solche lehmbestrichenen Körbe nahe an einem Lagerfeuer aufbewahrt, dürfte der Lehm noch stärker gehärtet worden sein. Auf diese Weise entdeckte man mehr oder weniger zufällig, daß gebackener Lehm eine Art künstlicher Stein wurde. So kamen Ziegel und Töpferwaren in Gebrauch. Der älteste feuergebackene Ton wurde tatsächlich in dem Gebiet gefunden, das später von den Sumerern besiedelt wurde. Die ersten Ziegelbauten entstanden um 6000 v. Chr., also einige tausend Jahre vor der für die Sintflut angenommenen Zeit.

359 Das hier mit »Erdharz« übersetzte hebräische Wort bedeutet eigentlich »Bitumen« oder »Erdpech«. Bitumen ist eine weiche, klebrige, wasserundurchlässige Masse, die aus Kohlen-

wasserstoffen besteht. Chemisch ist es mit dem Erdöl verwandt. Es handelt sich um natürliche oder künstliche Abdünstungsreste von Erdöl.
Der Nahe Osten hat, wie wir heute wissen, reiche unterirdische Erdölvorkommen. Ein Teil davon dringt langsam an die Erdoberfläche und verdunstet teilweise, wobei Bitumen entsteht. Bitumen dient nicht nur als Imprägnierungsmittel, sondern wird auch als Mörtel verwendet, der die Ziegel fest verbindet und so eine Mauer wie aus einem Stück entstehen läßt.

4. Vers: und sprachen: Wohlauf, laßt uns eine Stadt und einen Turm bauen (360), dessen Spitze bis an den Himmel reiche (361), damit wir uns einen Namen machen; denn wir werden sonst zerstreut in alle Länder (362).

360 Seßhafte Agrarvölker hatten das Bestreben, zu ihrem Schutz Städte zu bauen, und das schloß auch die Errichtung von Türmen ein. Ein Turm konnte als Beobachtungsstand dienen, von dem die Annäherung eines Feindes bemerkt und rechtzeitig Alarm gegeben werden konnte. Wenn er befestigt wurde, konnte er als Zitadelle Zufluchtsort für Frauen und Kinder oder letztes Bollwerk der Verteidigung sein.

361 Ein Turm konnte auch kultischen Zwecken dienen. Seit man Sonnengötter, Himmels- und Sturmgötter verehrte, versuchte man, den Wohnungen dieser Götter im Himmel näher zu sein, damit die Gebete und der Geruch der Brandopfer ihr Ziel sicherer erreichten.
In hügeligen Ländern setzte man deshalb einen Altar auf die Berg- oder Hügelspitze. Das dürfte bei den im Hügelland lebenden Sumerern üblich gewesen sein, bevor sie in das Tigris-Euphrat-Tal einwanderten. In der flachen Ebene dieses Gebietes könnten sie es aber als notwendig empfunden haben, einen künstlichen Hügel zu errichten, damit ihre religiösen Riten mit Sicherheit auch von den Göttern bemerkt würden. Vielleicht gab eine solche Überlegung den Anstoß dazu, einen Turm zu errichten, »dessen Spitze bis in den Himmel reiche«.

362 Wenn kein Turm gebaut wurde, bestand die Gefahr, daß das Volk sich wegen der Unfähigkeit zu einer starken Verteidigung (militärischer Turm) oder zur Mobilisierung göttlicher Mächte (kultischer Turm) nicht »einen Namen machen«, das heißt Berühmtheit durch kriegerischen Erfolg erlangen würde. In diesem Fall würde es aus seinem Land vertrieben werden und »zerstreut in alle Länder«.

5. Vers: Da fuhr der Herr hernieder, daß er sähe die Stadt und den Turm (363), die die Menschenkinder bauten.

363 Wir haben hier eine weitere primitive Legende des J-Dokuments, in der Gott nur eine sehr begrenzte Macht zuerkannt wird. Er muß auf die Erde herabkommen, um sich die Stadt und den Turm anzusehen.

6. Vers: Und der Herr sprach: Siehe, es ist einerlei Volk und einerlei Sprache unter ihnen allen, und dies ist der Anfang ihres Tuns; nun wird ihnen nichts mehr verwehrt werden können von allem, was sie sich vorgenommen haben zu tun (364).

364 Gott scheint nach dieser Darstellung die Macht einer geeinten Menschheit zu fürchten. Man hat den Eindruck, daß Gott verärgert ist über die Vermessenheit der Menschen, die es wagen, einen Bau zu errichten, der hoch genug sein soll, um bis an den Himmel zu reichen. Gott muß befürchten, daß die Menschheit versuchen wird, den Himmel zu stürmen und zu erobern. Und er muß rasch Maßnahmen ergreifen, um dem zuvorzukommen.
Es gibt natürlich eine andere Möglichkeit der Interpretation: Gott wünscht nicht, daß die Menschen sich törichte Ziele setzen, die ihre Fähigkeiten überschreiten (nicht wenige Menschen würden eine solche Lektion heute für sehr angemessen halten). Das wäre eine subjektive Auslegung; wörtlich genommen vermittelt dieser Vers ein primitives Gottesbild.

7. Vers: Wohlauf, laßt uns (365) herniederfahren und dort ihre Sprache verwirren, daß keiner des anderen Sprache verstehe (366)!

365 Hier scheinen wir es mit einem anderen Überbleibsel einer alten polytheistischen Vorstellung zu tun zu haben, die die Herausgeber der Bibel nicht entfernen konnten oder wollten.

366 Durch das Verfahren der »Sprachverwirrung« (in deren Folge jede Menschengruppe eine eigene, allen anderen unverständliche Sprache spricht) zerstört Gott die Einheit der Menschheit und bewirkt damit eine geistige Rückentwicklung zum Chaos, die der physischen durch die Sintflut entspricht.

8. Vers: So zerstreute sie der Herr von dort in alle Länder, daß sie aufhören mußten, die Stadt zu bauen (367).

367 Vor allem verloren sie, wie zu vermuten ist, ihre Fähigkeit, den Bau des Turms fortzuführen.
Die Sumerer bauten Türme zu kultischen Zwecken. Diese wurden Zikkurat (sumerisch für »Spitzturm« oder »Bergspitze«) genannt. Eine solche Zikkurat wurde auf Anordnung eines sumerischen Königs begonnen und blieb unvollendet, vielleicht weil die Arbeiten wegen der kriegerischen Auseinandersetzungen mit Sargon von Agade eingestellt werden mußten. Jahrhundertelang blieb diese Zikkurat unvollendet und wurde vielleicht gerade deswegen als Monument eines gescheiterten großen Plans berühmt. Sie könnte als Modell für die Legende vom Turmbau zu Babel gedient haben.

9. Vers: Daher heißt ihr Name Babel, weil der Herr daselbst verwirrt hat aller Länder Sprache (368) und sie von dort zerstreut hat in alle Länder.

368 Nach der biblischen Interpretation geht der Name Babel auf das hebräische Wort *balal* zurück, das »vermischen« oder »verwirren« bedeutet. Diese volksetymologische Erklärung ist eindeutig falsch. »Babel« ist die hebräische Version des babylonischen Wortes *Bab-ilu*, das »Tor Gottes« bedeutet.
Es gab in Babel (Babylon) auch eine unvollendete Zikkurat, die wahrscheinlich sehr alt war. Sie muß nicht unbedingt die Legende inspiriert haben; aber vielleicht war diese babylonische Zikkurat der Grund für die Verfasser der Bibel, den legendären

Turm dort zu postieren.
Die unvollendete Zikkurat in Babylon wurde *Etemenanki* genannt, das heißt »Haus der Gründung von Himmel und Erde«. Im sechsten Jahrhundert v. Chr. ließ Nebukadnezar, der Babylonien auf dem Gipfel seiner Macht regierte, ihren Bau vollenden (oder erneuern). Sie wurde die größte je erbaute Zikkurat. Sie bestand aus sieben sich nach oben verjüngenden Stockwerken (als Symbol der sieben Planeten). Den Sockel bildete ein Quadrat von neunzig Meter Seitenlänge. Das ganze Bauwerk ragte etwa neunzig Meter in die Höhe. Seine Errichtung war eine bemerkenswerte Leistung, wenn man den Stand der Baukunst zu dieser Zeit in Betracht zieht. Die Zikkurat war das größte Bauwerk seiner Zeit in Südwestasien.
Viele Menschen kennen die biblische Legende vom unvollendeten Turm zu Babel, aber nur wenige wissen wahrscheinlich, daß er schließlich vollendet worden ist.

10. Vers: Dies ist das Geschlecht Sems (369): Sem war 100 Jahre alt (370) und zeugte Arpachschad zwei Jahre nach der Sintflut (371)

369 Das P-Dokument übernimmt jetzt wieder die Berichterstattung. Es fährt fort mit der Genealogie Sems und führt diese weiter bis zur Begründung des Stammes Israel.

370 Noah war fünfhundert Jahre alt, als seine Kinder geboren wurden, und Sem war sein ältester Sohn. Da die Sintflut über die Erde kam, als Noah sechshundert Jahre alt war, muß Sem bei Beginn der Flut einhundert Jahre alt gewesen sein. Die Genealogie beginnt also neu mit der Sintflut.

371 Die Flut dauerte nach dem P-Dokument ein Jahr, so daß Sem 103 Jahre alt war, als Arpachschad geboren wurde.

11. Vers: und lebte danach 500 Jahre (372) und zeugte Söhne und Töchter.

372 Sem starb also im Alter von 603 Jahren. Er erreichte nicht ganz zwei Drittel der Lebenszeit seines Vaters Noah. Von jetzt ab werden die Lebensspannen ständig kürzer.

12. Vers: Arpachschad war 35 Jahre alt und zeugte Schelach
13. Vers: und lebte danach 403 Jahre und zeugte Söhne und Töchter.
14. Vers: Schelach war 30 Jahre alt und zeugte Eber
15. Vers: und lebte danach 403 Jahre und zeugte Söhne und Töchter.
16. Vers: Eber war 34 Jahre alt und zeugte Peleg (373)

373 Wenn wir die Lebensalter dieser »nachsintflutlichen Patriarchen« zur Zeit der Zeugung ihrer Kinder addieren, so kommen wir zu folgender Datierung: Peleg wird 102 Jahre nach Beginn der Sintflut geboren oder 1758 Jahre nach der Erschaffung der Welt, das heißt im Jahre 2246 v. Chr. Zu dieser Zeit lebte Noah noch; denn er starb 350 Jahre nach der Sintflut.

17. Vers: und lebte danach 430 Jahre und zeugte Söhne und Töchter.
18. Vers: Peleg war 30 Jahre alt und zeugte Regu
19. Vers: und lebte danach 209 Jahre (374) und zeugte Söhne und Töchter.

374 Peleg starb im Alter von 239 Jahren, das heißt im Jahre 2007 v. Chr. Noah lebte zu dieser Zeit noch und war 940 Jahre alt. Er überlebte Peleg um zehn Jahre und starb im Jahre 1998 v. Chr.
Wenn die Feststellung in Genesis 10,25, daß zu Pelegs Zeit die Erde zerteilt wurde, sich auf die Legende vom Turmbau zu Babel bezieht, würde der Turm etwa in der Zeit zwischen 2247 und 2008 v. Chr. gebaut worden sein. Das ist die späte Sumerezeit, und diese Datierung ist durchaus akzeptabel – das heißt für den Bau des Turmes, wenn auch nicht für die Sprachverwirrung.

20. Vers: Regu war 32 Jahre alt und zeugte Serug
21. Vers: und lebte danach 207 Jahre und zeugte Söhne und Töchter.
22. Vers: Serug war 30 Jahre alt und zeugte Nahor
23. Vers: und lebte danach 200 Jahre und zeugte Söhne und Töchter.

24\. Vers: Nahor war 29 Jahre alt und zeugte Tarah
25\. Vers: und lebte danach 119 Jahre und zeugte Söhne und Töchter.
26\. Vers: Tarah war 70 Jahre alt und zeugte Abram (375), Nahor (376) und Haran (377).

375 Abram, später Abraham genannt, ist der direkte Ahnherr der Israeliten und einiger verwandter Stämme.
Eine Addition der in diesem Kapitel genannten Lebensjahre führt zu folgendem Ergebnis: Abram wurde im Jahre 2055 v. Chr. geboren, als Noah noch lebte. Noah stirbt erst, als Abram 75 Jahre alt ist. Auch Sem lebt noch. Da Sem nach der Flut noch 502 Jahre lebte, überlebte er Abram um 35 Jahre. Er starb im Jahre 1845 v. Chr. (Noah und Sem müssen die abnehmenden Lebensspannen ihrer Nachkommen viel Kopfzerbrechen bereitet haben.)

376 Nahor wird erwähnt, weil seine Tochter Abrams Sohn und seine Enkelin Abrams Enkel heiraten werden. Auch er ist also ein direkter Ahnherr der Israeliten. Nahor ist übrigens in einer Beziehung eine seltene Ausnahme: die meisten Namen in der Bibel sind einmalig; es gibt nur wenige Fälle, in denen zwei Personen denselben Namen tragen. Nahor ist eine dieser Ausnahmen; denn er trägt den Namen seines Großvaters.

377 Haran wird genannt, weil sein Sohn in Abrams Geschichte verwickelt wird, wie wir in späteren Kapiteln erfahren.

27\. Vers: Dies ist das Geschlecht Tarahs: Tarah zeugte Abram, Nahor und Haran; und Haran zeugte Lot (378).

378 Lot, Abrams Neffe, wird später in Abrams Geschichte eine Rolle spielen. Er wird der Stammvater der Moabiter und Ammoniter werden, der Nachbarn und Feinde der Israeliten.

28\. Vers: Haran aber starb vor seinem Vater Tarah in seinem Vaterland zu Ur (379) in Chaldäa (380).

379 Wieder übernimmt das J-Dokument hier die Erzählung. Ur war eine sumerische Stadt, die nicht später als 3500 v. Chr. gegründet wurde. Sie lag am rechten Ufer des Euphrat-Stromes, ungefähr 220 Kilometer südöstlich von Babylon, genau dort, wo damals die Küstenlinie des Persischen Golfes verlief. Ur verlor unter Lugalzagesi und Sargon von Agade stark an Bedeutung, erlebte aber nach dem Zusammenbruch ihrer Reiche eine neue wirtschaftliche Blütezeit unter der »dritten Dynastie« zwischen 2050 und 1950 v. Chr. Abram wurde zu Beginn dieser Periode geboren.

380 Zu der Zeit, als die Bibel ihre schriftliche Form erhielt, war Ur eine unbedeutende Kleinstadt geworden. Es mußte als »Ur in Chaldäa« definiert werden, das heißt als eine Stadt im Gebiet der Chaldäer. Die Chaldäer waren ein arabischer Volksstamm, der 1150 v. Chr. im ehemaligen Sumererland die Herrschaft übernahm. Das Ur Abrams hatte seine Blütezeit sieben Jahrhunderte vor der Ankunft der Chaldäer, aber für die Leser der Bibel war das Land chaldäisches Territorium.

29. Vers: Da nahmen sich Abram und Nahor Frauen. Abrams Frau hieß Sarai und Nahors Frau Milka, Harans Tochter, der der Vater war der Milka und der Jiska.

30. Vers: Aber Sarai war unfruchtbar und hatte kein Kind.

31. Vers: Da nahm Tarah seinen Sohn Abram und Lot, den Sohn seines Sohnes Haran, und seine Schwiegertochter Sarai, die Frau seines Sohnes Abram, und führte sie aus Ur in Chaldäa, um ins Land Kanaan zu ziehen. Und sie kamen nach Haran (381) und wohnten dort.

381 Der übliche Handelsweg von Ur nach Kanaan folgte einem Bogen, der zunächst nach Nordwesten und dann nach Südwesten durch fruchtbares Land am Rande der Arabischen Wüste entlang führte. Haran, oder Charan, war eine bedeutende Stadt an der Nordspitze des fruchtbaren sichelförmigen Landstrichs. Den Griechen und Römern war sie als Karrhä bekannt. Sie liegt am Ostufer des Flusses Balikh, der nach Süden zum etwa einhundert Kilometer entfernten oberen Euphrat

fließt. Heute liegt die Stadt im Südosten der Türkei, knapp nördlich der Grenze zu Syrien.

32. Vers: Und Tarah wurde zweihundertfünf Jahre alt (382) und starb in Haran.

382 Tarah ist der letzte Mensch, für den die Bibel ein Alter von mehr als zweihundert Jahren nennt. Wenn wir den Zahlen des P-Dokuments folgen, starb er im Jahre 1921 v. Chr., als Abram 135 Jahre alt war. Sem und Arpachschad lebten beim Tode Tarahs noch.

Mit diesem Vers ist der Bericht der Bibel über die Urzeit abgeschlossen.

Anhang

Die Urgeschichte nach dem P-Dokument

Am Anfang schuf Gott Himmel und Erde. Und die Erde war wüst und leer, und es war finster auf der Tiefe; und der Geist Gottes schwebte auf dem Wasser.
Und Gott sprach: Es werde Licht! Und es ward Licht. Und Gott sah, daß das Licht gut war. Da schied Gott das Licht von der Finsternis und nannte das Licht Tag und die Finsternis Nacht. Da ward aus Abend und Morgen der erste Tag.
Und Gott sprach: Es werde eine Feste zwischen den Wassern, die da scheide zwischen den Wassern. Da machte Gott die Feste und schied das Wasser unter der Feste von dem Wasser über der Feste. Und es geschah so. Und Gott nannte die Feste Himmel. Da ward aus Abend und Morgen der zweite Tag.
Und Gott sprach: Es sammle sich das Wasser unter dem Himmel an besondere Orte, daß man das Trockene sehe. Und es geschah so. Und Gott nannte das Trockene Erde, und die Sammlung der Wasser nannte er Meer. Und Gott sah, daß es gut war.
Und Gott sprach: Es lasse die Erde aufgehen Gras und Kraut, das Samen bringe, und fruchtbare Bäume auf Erden, die ein jeder nach seiner Art Früchte tragen, in denen ihr Same ist. Und es geschah so. Und die Erde ließ aufgehen Gras und Kraut, das Samen bringt, ein jedes nach seiner Art, und Bäume, die da Früchte tragen, in denen ihr Same ist, ein jeder nach seiner Art. Und Gott sah, daß es gut war. Da ward aus Abend und Morgen der dritte Tag.
Und Gott sprach: Es werden Lichter an der Feste des Himmels, die da scheiden Tag und Nacht und geben Zeichen, Zeiten, Tage und Jahre und seien Lichter an der Feste des Himmels, daß sie scheinen auf die Erde. Und es geschah so. Und Gott machte zwei große Lichter: ein großes Licht, das den Tag regiere, und ein kleines Licht, das die Nacht regiere, dazu auch die Sterne. Und Gott setzte sie an die Feste des Himmels, daß sie schienen

auf die Erde und den Tag und die Nacht regierten und schieden Licht und Finsternis. Und Gott sah, daß es gut war. Da ward aus Abend und Morgen der vierte Tag.
Und Gott sprach: Es wimmle das Wasser von lebendigem Getier, und Vögel sollen fliegen auf Erden unter der Feste des Himmels. Und Gott schuf große Walfische und alles Getier, das da lebt und webt, davon das Wasser wimmelt, ein jedes nach seiner Art, und alle gefiederten Vögel, einen jeden nach seiner Art. Und Gott sah, daß es gut war. Und Gott segnete sie und sprach: Seid fruchtbar und mehret euch und erfüllet das Wasser im Meer, und die Vögel sollen sich mehren auf Erden. Da ward aus Abend und Morgen der fünfte Tag.
Und Gott sprach: Die Erde bringe hervor lebendiges Getier, ein jedes nach seiner Art: Vieh, Gewürm und Tiere des Feldes, ein jedes nach seiner Art. Und es geschah so. Und Gott machte die Tiere des Feldes, ein jedes nach seiner Art, und das Vieh nach seiner Art und alles Gewürm des Erdbodens nach seiner Art. Und Gott sah, daß es gut war. Und Gott sprach: Lasset uns Menschen machen, ein Bild, das uns gleich sei, die da herrschen über die Fische im Meer und über die Vögel unter dem Himmel und über das Vieh und über alle Tiere des Feldes und über alles Gewürm, das auf Erden kriecht. Und Gott schuf den Menschen zu seinem Bilde, zum Bilde Gottes schuf er ihn; und schuf sie als Mann und Weib. Und Gott segnete sie und sprach zu ihnen: Seid fruchtbar und mehret euch und füllet die Erde und machet sie euch untertan und herrschet über die Fische im Meer und über die Vögel unter dem Himmel und über das Vieh und über alles Getier, das auf Erden kriecht. Und Gott sprach: Sehet da, ich habe euch gegeben alle Pflanzen, die Samen bringen, auf der ganzen Erde. Und alle Bäume mit Früchten, die Samen bringen, zu eurer Speise. Aber allen Tieren auf Erden und allen Vögeln unter dem Himmel und allem Gewürm, das auf Erden lebt, habe ich alles grüne Kraut zur Nahrung gegeben. Und es geschah so. Und Gott sah an alles, was er gemacht hatte, und siehe, es war sehr gut. Da ward aus Abend und Morgen der sechste Tag.
So wurden vollendet Himmel und Erde mit ihrem ganzen Heer. Und so vollendete Gott am siebenten Tage seine Werke, die er machte, und ruhte am siebenten Tage von allen seinen Werken, die er gemacht hatte. Und Gott segnete den siebenten

Tag und heiligte ihn, weil er an ihm ruhte von allen seinen Werken, die Gott geschaffen und gemacht hatte.
So sind Himmel und Erde geworden, als sie geschaffen wurden.

Dies ist das Buch von Adams Geschlecht. Als Gott den Menschen schuf, machte er ihn nach dem Bilde Gottes und schuf sie als Mann und Weib und segnete sie und gab ihnen den Namen Mensch zur Zeit, da sie geschaffen wurden.
Und Adam war 130 Jahre alt und zeugte einen Sohn, ihm gleich und nach seinem Bilde, und nannte ihn Set; und lebte danach 800 Jahre und zeugte Söhne und Töchter, daß sein ganzes Alter ward 930 Jahre, und starb.
Set war 105 Jahre alt und zeugte Enosch und lebte danach 807 Jahre und zeugte Söhne und Töchter, daß sein ganzes Alter ward 912 Jahre, und starb.
Enosch war 90 Jahre alt und zeugte Kenan und lebte danach 815 Jahre und zeugte Söhne und Töchter, daß sein ganzes Alter ward 905 Jahre, und starb.
Kenan war 70 Jahre alt und zeugte Mahalalel und lebte danach 840 Jahre und zeugte Söhne und Töchter, daß sein ganzes Alter ward 910 Jahre, und starb.
Mahalalel war 65 Jahre alt und zeugte Jared und lebte danach 830 Jahre und zeugte Söhne und Töchter, daß sein ganzes Alter ward 895 Jahre, und starb.
Jared war 162 Jahre alt und zeugte Henoch und lebte danach 800 Jahre und zeugte Söhne und Töchter, daß sein ganzes Alter ward 962 Jahre, und starb.
Henoch war 65 Jahre alt und zeugte Metuschelach. Und Henoch wandelte mit Gott. Und nachdem er Metuschelach gezeugt hatte, lebte er 300 Jahre und zeugte Söhne und Töchter, daß sein ganzes Alter ward 365 Jahre. Und weil er mit Gott wandelte, nahm ihn Gott hinweg, und er ward nicht mehr gesehen.
Metuschelach war 187 Jahre alt und zeugte Lamech und lebte danach 782 Jahre und zeugte Söhne und Töchter, daß sein ganzes Alter ward 969 Jahre, und starb.
Lamech war 182 Jahre alt und zeugte einen Sohn (Noah). Danach lebte er 595 Jahre und zeugte Söhne und Töchter, daß sein ganzes Alter ward 777 Jahre, und starb.
Noah war 500 Jahre alt und zeugte Sem, Ham und Jafet.

Dies ist die Geschichte von Noahs Geschlecht. Noah war ein frommer Mann und ohne Tadel zu seinen Zeiten; er wandelte mit Gott. Und er zeugte drei Söhne: Sem, Ham und Jafet. Aber die Erde war verderbt vor Gottes Augen und voller Frevel. Da sah Gott auf die Erde, und siehe, sie war verderbt; denn alles Fleisch hatte seinen Weg verderbt auf Erden. Da sprach Gott zu Noah: Das Ende alles Fleisches ist bei mir beschlossen, denn die Erde ist voller Frevel von ihnen; und siehe, ich will sie verderben mit der Erde. Mache dir einen Kasten von Tannenholz und mache Kammern darin und verpiche ihn mit Pech innen und außen. Und mache ihn so: Dreihundert Ellen sei die Länge, fünfzig Ellen die Breite und dreißig Ellen die Höhe. Ein Fenster sollst du daran machen obenan, eine Elle groß. Die Tür sollst du mitten in seine Seite setzen. Und er soll drei Stockwerke haben, eines unten, das zweite in der Mitte, das dritte oben. Denn siehe, ich will eine Sintflut kommen lassen auf Erden, zu verderben alles Fleisch, darin Odem des Lebens ist, unter dem Himmel. Alles, was auf Erden ist, soll untergehen. Aber mit dir will ich meinen Bund aufrichten, und du sollst in die Arche gehen mit deinen Söhnen, mit deiner Frau und mit den Frauen deiner Söhne. Und du sollst in die Arche bringen von allen Tieren, von allem Fleisch, je ein Paar, Männchen und Weibchen, daß sie leben bleiben mit dir. Von den Vögeln nach ihrer Art, von dem Vieh nach seiner Art und von allem Gewürm auf Erden nach seiner Art: von den allen soll je ein Paar zu dir hineingehen, daß sie leben bleiben. Und du sollst dir von jeder Speise nehmen, die gegessen wird, und sollst sie bei dir sammeln, daß sie dir und ihnen zur Nahrung diene. Und Noah tat alles, was ihm Gott gebot.

Er war aber sechshundert Jahre alt, als die Sintflut auf Erden kam. In dem sechshundertsten Lebensjahr Noahs am siebzehnten Tag des zweiten Monats, an diesem Tag brachen alle Brunnen der großen Tiefe auf und taten sich die Fenster des Himmels auf.

An eben diesem Tage ging Noah in die Arche mit Sem, Ham und Jafet, seinen Söhnen, und mit seiner Frau und den drei Frauen seiner Söhne; dazu alles wilde Getier nach seiner Art, alles Vieh nach seiner Art, alles Gewürm, das auf Erden kriecht, nach seiner Art und alle Vögel nach ihrer Art, alles, was fliegen konnte, alles, was Fittiche hatte; das ging alles zu Noah in die Arche paarweise, von allem Fleisch, darin Odem des Lebens war. Und das waren Männchen und Weibchen von allem Fleisch, und sie gingen hinein, wie denn Gott ihm geboten hatte.

Und die Sintflut war auf Erden. Und die Wasser nahmen überhand und wuchsen sehr auf Erden, und die Arche fuhr auf den Wassern. Und die Wasser nahmen überhand und wuchsen so sehr auf Erden, daß alle hohen Berge unter dem ganzen Himmel bedeckt wurden. Fünfzehn Ellen hoch gingen die Wasser über die Berge, so daß sie ganz bedeckt wurden.

Da ging alles Fleisch unter, das sich auf Erden regte, an Vögeln, an Vieh, an wildem Getier und an allem, was da wimmelte auf Erden, und alle Menschen.

Und die Wasser wuchsen gewaltig auf Erden hundertundfünfzig Tage.

Da gedachte Gott an Noah und an alles wilde Getier und an alles Vieh, das mit ihm in der Arche war, und ließ Wind auf Erden kommen, und die Wasser fielen. Und die Brunnen der Tiefe wurden verstopft samt den Fenstern des Himmels. Da nahmen die Wasser ab nach hundertundfünfzig Tagen. Am siebzehnten Tag des siebenten Monats ließ sich die Arche nieder auf das Gebirge Ararat. Es nahmen aber die Wasser immer mehr ab bis auf den zehnten Monat. Am ersten Tag des zehnten Monats sahen die Spitzen der Berge hervor.

Im sechshundertundersten Lebensjahr Noahs am ersten Tage des ersten Monats waren die Wasser vertrocknet auf Erden. Und am siebenundzwanzigsten Tage des zweiten Monats war die Erde ganz trocken. Da redete Gott mit Noah und sprach: Geh aus der Arche, du und deine Frau, deine Söhne und die Frauen deiner Söhne mit dir. Alles Getier, das bei dir ist, von allem Fleisch, an Vögeln, an Vieh und allem Gewürm, das auf Erden kriecht, das gehe heraus mit dir, daß sie sich regen auf Erden und fruchtbar seien und sich mehren auf Erden. So ging Noah heraus mit seinen Söhnen und mit seiner Frau und den Frauen seiner Söhne, dazu alle wilden Tiere, alles Vieh, alle Vögel und alles Gewürm, das auf Erden kriecht; das ging aus der Arche, ein jedes mit seinesgleichen.

Und Gott segnete Noah und seine Söhne und sprach: Seid fruchtbar und mehret euch und füllet die Erde. Furcht und

Schrecken vor euch sei über allen Tieren auf Erden und über allen Vögeln unter dem Himmel, über allem, was auf dem Erdboden wimmelt und über allen Fischen im Meer; in eure Hände seien sie gegeben. Alles, was sich regt und lebt, das sei eure Speise; wie das grüne Kraut habe ich's euch alles gegeben. Allein esset das Fleisch nicht mit seinem Blut, in dem sein Leben ist! Auch will ich euer eigen Blut, das ist das Leben eines jeden unter euch, rächen und will es von allen Tieren fordern und will des Menschen Leben fordern von einem jeden Menschen. Wer Menschenblut vergießt, dessen Blut soll auch durch Menschen vergossen werden; denn Gott hat den Menschen zu seinem Bilde gemacht. Seid fruchtbar und mehret euch und reget euch auf Erden, daß euer viel darauf werden.
Und Gott sagte zu Noah und seinen Söhnen mit ihm: Siehe, ich richte mit euch einen Bund auf und mit euren Nachkommen und mit allem lebendigen Getier bei euch, an Vögeln, an Vieh und an allen Tieren des Feldes bei euch, von allem, was aus der Arche gegangen ist, was für Tiere es sind auf Erden. Und ich richte meinen Bund so mit euch auf, daß hinfort nicht mehr alles Fleisch verderbt werden soll durch die Wasser der Sintflut und hinfort keine Sintflut mehr kommen soll, die die Erde verderbe.
Und Gott sprach: Das ist das Zeichen des Bundes, den ich geschlossen habe zwischen mir und euch und allem lebendigen Getier bei euch auf ewig: Meinen Bogen habe ich in die Wolken gesetzt; der soll das Zeichen sein des Bundes zwischen mir und der Erde. Und wenn es kommt, daß ich Wetterwolken über die Erde führe, so soll man meinen Bogen sehen in den Wolken. Alsdann will ich gedenken an meinen Bund zwischen mir und euch und allem lebendigen Getier unter allem Fleisch, daß hinfort keine Sintflut mehr komme, die alles Fleisch verderbe. Darum soll mein Bogen in den Wolken sein, daß ich ihn ansehe und gedenke an den ewigen Bund zwischen Gott und allem lebendigen Getier unter allem Fleisch, das auf Erden ist. Und Gott sagte zu Noah: Das sei das Zeichen des Bundes, den ich aufgerichtet habe zwischen mir und allem Fleisch auf Erden.
Noah aber lebte nach der Sintflut dreihundertfünfzig Jahre, daß sein ganzes Alter ward neunhundertundfünfzig Jahre, und starb.

Dies ist das Geschlecht der Söhne Noahs: Sem, Ham und Jafet. Und es wurden ihnen Söhne geboren nach der Sintflut.
Die Söhne Jafets sind diese: Gomer, Magog, Madai, Jawan, Tubal, Meschech und Tiras. Die Söhne Gomers sind diese: Aschkenas, Rifat und Togarma. Die Söhne Jawans sind diese: Elischa, Tarsis, die Kittiter und die Rodaniter. Von diesen haben sich ausgebreitet die Bewohner der Inseln der Heiden. Das sind die Söhne Jafets nach ihren Ländern, ihren Sprachen, Geschlechtern und Völkern.
Die Söhne Hams sind diese: Kusch, Mizraim, Put und Kanaan. Und die Söhne des Kusch sind diese: Seba, Hewila, Sabta, Ragma und Sabtecha. Aber die Söhne Ragmas sind diese: Saba und Dedan. Das sind die Söhne Hams nach ihren Geschlechtern, Sprachen, Ländern und Völkern.
Und dies sind Sems Söhne: Elam, Assur, Arpachschad, Lud und Aram. Aber die Söhne Arams sind diese: Uz, Hul, Geter und Masch. Das sind die Söhne Sems nach ihren Geschlechtern, Sprachen, Ländern und Völkern.
Das sind nun die Nachkommen der Söhne Noahs nach ihren Geschlechtern und Völkern. Von denen her haben sich ausgebreitet die Völker auf Erden nach der Sintflut.

Dies ist das Geschlecht Sems: Sem war 100 Jahre alt und zeugte Arpachschad zwei Jahre nach der Sintflut und lebte danach 500 Jahre und zeugte Söhne und Töchter. Arpachschad war 35 Jahre alt und zeugte Schelach und lebte danach 403 Jahre und zeugte Söhne und Töchter. Schelach war 30 Jahre alt und zeugte Eber und lebte danach 403 Jahre und zeugte Söhne und Töchter. Eber war 34 Jahre alt und zeugte Peleg und lebte danach 430 Jahre und zeugte Söhne und Töchter. Peleg war 30 Jahre alt und zeugte Regu und lebte danach 209 Jahre und zeugte Söhne und Töchter. Regu war 32 Jahre alt und zeugte Serug und lebte danach 207 Jahre und zeugte Söhne und Töchter. Serug war 30 Jahre alt und zeugte Nahor und lebte danach 200 Jahre und zeugte Söhne und Töchter. Nahor war 29 Jahre alt und zeugte Tarah und lebte danach 119 Jahre und zeugte Söhne und Töchter. Tarah war 70 Jahre alt und zeugte Abram, Nahor und Haran.
Dies ist das Geschlecht Tarahs: Tarah zeugte Abram, Nahor und Haran; und Haran zeugte Lot.

Da nahm Tarah seinen Sohn Abram und Lot, den Sohn seines Sohnes Haran, und seine Schwiegertochter Sarai, die Frau seines Sohnes Abram, und führte sie aus Ur in Chaldäa, um ins Land Kanaan zu ziehen. Und sie kamen nach Haran und wohnten dort. Und Tarah wurde zweihundertundfünf Jahre alt und starb in Haran.

Dies ist das Gerüst einer fortlaufenden und auf sorgfältige Chronologie bedachten Geschichte von der Erschaffung der Welt bis zu Abram. Um sie mit Leben zu füllen, griffen die Herausgeber der Bibel auf das J-Dokument zurück, aus dem sie einfügten:

1. Einen unabhängigen Schöpfungsbericht
2. Die Geschichte von Adam und Eva und der Schlange
3. Die Geschichte von Kain und Abel und von Kains Nachkommen
4. Beispiele für die Gottlosigkeit vor der Sintflut
5. Einen unabhängigen Bericht von der Sintflut
6. Die Geschichte von Noah und Ham
7. Einen kurzen Bericht über Nimrod
8. Die Geschichte vom Turmbau zu Babel